곽선희 목사 설교집

68

# 두려워 말고 믿기만 하라

곽선희 지음

계몽문화사

# 머 리 말

'복음은 들음에서'—이는 진리이며 우리의 경험입니다. 하나님께서 우리에게 주신 복 가운데 가장 큰 복은 말씀을 주신 것입니다. '말씀이 육신을 입어서 오신 것'입니다. 말씀을 주셨고 들을 수 있게 하셨고 마음문을 열고 받아 믿게 하신 것, 참 놀라운 은혜입니다.

말씀은 단순한 지식이 아닙니다. 추상적인 이론이 아닙니다. 말씀은 선포되는 하나님의 계시적 능력인 것입니다. 말씀의 권능, 그 능력을 알고 체험하면서 비로소 '말씀 안에서 태어나는 생명적 기적'이 나타나게 됩니다. 오늘도 그 말씀이 증거되고 새롭게 선포되고 있습니다. 설교가 곧 말씀입니다. 성령의 역사와 함께 끊임없이 이루어지는 생명의 역사입니다. 이 선포되는 말씀, 증거되는 진리를 통하여 구원의 능력은 항상 새로워집니다. 말씀 안에서 새 생명이 탄생하고 말씀 안에서 영혼이 소생하며, 그 큰 능력 안에서 우리는 강건해집니다. 우상을 이기는 능력의 사람으로 성장해가는 신비롭고 놀라운 사건을 강단에서 늘 경험하고 있습니다.

여기에 또다시 설교말씀을 모아 책자로 내어놓습니다. 예수소망교회 강단을 통하여 하나님께서 우리에게 주신 말씀입니다. 이제 그 말씀을 책자로 엮어 내어놓음으로써 우리가 시간과 공간을 초월하여 개별적으로 하나님을 만나게 되는 '말씀의 역사'에 귀중한 방편이 되고자 합니다. 책자라는 그릇에 담긴 이 말씀들은 읽는 자의 마음 안에서 또다른 '말씀의 신비한 기적'을 낳게 되리라 확신합니다.

한 시간 한 시간의 설교를 위하여 간절히 기도해주신 모든 성도들과 이 책자를 출간하기까지 수고해주신 여러분께 진심으로 감사를 드립니다. 그리고 또다시 영광을 오직 하나님께 돌리면서……

곽선희

차 례

**곽선희** 목사
장로회 신학대학 졸업
프린스턴 신학석사
풀러신학 선교신학박사
인천제일교회 목사
장로회 신학대학 교수 역임
숭의여자전문대학 학장 역임
서울장로회신학교 교장 역임
소망교회 원로목사
예수소망교회 동사목사


---

곽선희 목사 설교집 제68권

# 두려워 말고 믿기만 하라

---


인쇄·2024년 12월 26일
발행·2024년 12월 30일
지은이·곽선희
펴낸이·김정수
펴낸곳·계몽문화사
등록일·1993년 10월 11일
등록번호·제2016-2호
전화·(02)995-8261
정가·23,000원
총판·비전북 / (031)907-3927
ISBN 978-89-89628-51-4 03230


---

# 두려워 말고 믿기만 하라

# 감사하는 자가 되라

그리스도의 평강이 너희 마음을 주장하게 하라 너희는 평강을 위하여 한 몸으로 부르심을 받았나니 너희는 또한 감사하는 자가 되라 그리스도의 말씀이 너희 속에 풍성히 거하여 모든 지혜로 피차 가르치며 권면하고 시와 찬송과 신령한 노래를 부르며 감사하는 마음으로 하나님을 찬양하고 또 무엇을 하든지 말에나 일에나 다 주 예수의 이름으로 하고 그를 힘입어 하나님 아버지께 감사하라

(골로새서 3 : 15 - 17)

## 감사하는 자가 되라

숀 아처의 「행복의 발견」이라는 베스트셀러가 있습니다. 이 책에 나오는 이야기입니다. 2002년 9월에 스물네 살인 파이즈라는 영국 청년이 이집트발 영국행 비행기를 탔습니다. 비행기 안에서 그는 휴대전화로 열심히 테트리스 게임을 했습니다. 비행기가 출발할 무렵 승무원이 그에게 다가와 게임은 안 된다고 말했습니다. "휴대전화 끄세요. 통신시스템에 지장이 생길 수 있기 때문에 비행기 안에서는 절대 휴대전화를 하면 안 됩니다." 한데도 그는 막무가내였습니다. 아무리 권면을 해도 정신없이 테트리스 게임만 하는 것입니다. 결국 그는 체포되어서 4개월 징역을 선고 받았습니다. 게임을 멈추지 않고 하는 것은 중독입니다. 우리 주변에서 그와 비슷한 일을 많이 봅니다. 어린아이들은 밥 먹는 것도 잊어버리고 게임을 합니다. 공부를 안 하는 것은 물론이고, 잠도 안 잡니다. 그렇게 게임에 빠져들어 가면 모르는 사이에 전혀 다른 인간이 되어버리고 맙니다. 얼굴빛부터 다릅니다. 눈빛도 다르고요.

독일 철학의 아버지라고 하는 임마누엘 칸트의 유명한 말이 있습니다. 사람이 살아갈 수 있는 힘이 세 가지가 있다는 것입니다. 첫째는 일입니다. 일이 있어야 합니다. 할 일, 꼭 필요한 일이 있어야 하고, 나아가 그 일에서 보람을 느껴야 합니다. 이대로 일하다 죽어도 좋을 만한 가치가 있는 일이어야 하고, 내 생명을 담보할 수 있어야 하고, 내 모든 걸 다 쏟아부어도 아깝지 않은 일을 만나야 합니다. 그런 일을 하고자 하는 사람은 행복한 사람입니다.

둘째는 사랑하는 사람입니다. 사랑하는 사람이 있어야 합니다. 나를 사랑하는 사람이 있어야 한다는 것이 아닙니다. 내가 사랑할 사람이 있어야 한다는 것입니다. 내가 사랑할 사람이 있어서 그를 위하여 열심히 정성을 쏟을 수 있다면 그 사람은 살 만한 사람이라는 것입니다. 저는 실제로 그런 분을 만나보았습니다. 제가 잘 아는 목사님입니다. 그 사모님이 저를 만나서 해준 이야기입니다. 그 목사님이 미국 유학을 갔다가 어느 날 갑자기 차 사고를 당해서 식물인간이 되었습니다. 그래 13년 동안이나 침대에 누워 있습니다. 세수를 해줘도 모릅니다. 음식도 입에 넣어주어야 간신히 넘깁니다. 그렇게 13년을 살아온 것입니다. 그 사모님, 얼마나 힘들었겠습니까. 그래 그분이 저를 만났을 때 제가 뭐라고 인사할까, 많이 생각하다가 잘 아는 사모님이라 목사님 얘기는 할 수가 없어서 그냥 "안녕하십니까?" 하고 인사를 했지요. 그때 그 사모님이 제게 하는 말이 이랬습니다. "아직 안 죽었어." 가슴이 섬뜩했습니다. 얼마나 힘들면 그런 말을 하겠습니까. 그러다가 1년 뒤에 다시 만났습니다. 미국에서 열린 부흥회에 오셔서 저를 다시 만난 것입니다. 그때는 이미 그 목사님이 돌아가신 뒤였습니다. 그래 이제는 제가 가벼운 마음으로 인사했습니다. "사모님, 그동안 안녕하셨습니까?" 그때 사모님이 얼른 대답하지 않고 잠깐 생각합니다. 한 해 전에 저한테 한 말이 있기 때문이지요. 그리고 이렇게 말합니다. "목사님, 저의 목사님이 식물인간으로 살아계실 때는 '저 사람은 왜 살아가지고 이렇게 날 괴롭히나? 언제까지 이렇게 나를 힘들게 만들 건가?'라고 생각했습니다. 그러나 딱 돌아가시고 나니까 이제는 제가 살아야 할 이유가 없습니다." 이러면서 제 손을 잡고 울더라고요. 저는 두고두고 생각합니다. 내가 사랑해야 할 사람이 없다면 나는 살아야 할 이유가 없다는 것입니다. 이 얼마나 중요한 이야기입니까. 사랑이란 이런 것입니다. 사랑받는 데 대해서만 신경을 쓰는 마음을 가지고는 행복할 수 없습니다. 사랑의 대상이 있어야 합니다. 누구를 사랑하든 사랑해야 하는데, 거기에 사랑을 쏟아 부어서 낙심하지 않을 수 있는, 그런 사랑의 대상이 있는 사람이 살 만한 사람이라고 임마누엘 칸트는 말하는 것입니다.

셋째는 소망입니다. 소망의 문제입니다. '소망이 없는 인내는 지옥이다. 소망은 약속이다. 하나님의 약속이 없는 소망은 거품이다. 약속과 소망이 있을 때 나의 삶은 의미가 있는 것이다. 소망은 미래를 향한 확실한 약속을 바라보고 사는 데 있다. 거기에 행복이 있다.' 소망이 흐려지면 오늘 어떠한 형편에서도 그는 행복할 수 없다는 말입니다.

오늘본문은 아주 제가 개인적으로 사랑하는 특별한 말씀입니다. 오늘본문은 말씀합니다. "감사하는 자가 되라(15절)." '감사하라'가 아닙니다. 감사하는 자가 되라— 그러니까 '감사하라'가 아니라 '감사하는 사람이 되라'라는 말씀입니다. 감사는 환경의 문제가 아닙니다. 조건의 문제도 아닙니다. 감사는 존재의 문제입니다. 적어도 이것은 알고 살아야 합니다. 감사는 절대로 환경 문제가 아닙니다. 무엇을 얻으면 감사하고, 잃으면 불만을 품는 것이 아닙니다. 감사는 인격이고, 성품이고, 체질이고, 존재입니다. 이렇게 말하면 이해가 잘 안 되겠지만, 반대로 말하면 얘기가 빨리 되는 것입니다. 뭐냐 하면, 원망입니다. 원망하는 사람은 구제불능입니다. 어떤 환경에 놓여도 원망합니다. 늘 원망하는 사람, 원망이 체질인 사람은 어디에 데려다놔도 원망합니다. 어느 직장에 가도 원망입니다. 거기서 주면 주는 대로 원망이요, 받으면 받는 대로 원망입니다. 헤어나지 못합니다. 환경과는 상관없습니다. 원망이 체질입니다. 아주 본질적으로 원망하는 것입니다.

고린도전서 10장에 보면, 사도 바울이 이스라엘 백성의 역사를 두고 이렇게 말합니다. "우리 조상들이 애굽에서 큰 은혜를 받고 감사하며, 찬송하며, 홍해를 건너며, 영광되게 출애굽을 했지만, 조그마한 일을 당할 때마다 원망하고, 또 원망하고, 또 원망하다가 죽었느니라. 그런고로 너희는 원망하지 마라." 이스라엘 백성들이 얼마나 큰 능력을 경험했습니까. 그러나 원망합니다. 물이 없다고 원망하고, 물이 쓰다고 원망하고, 고기 먹고 싶다고 원망합니다. 심지어는 부추를 못 먹었다고 원망했습니다. 여러분, 겪어보셨지요? 원망하는 사람은 구제할 길이 없습니다. 무슨 말로도 달래지 못합니다. 주면 준 대로, 받으면 받은 대로 더 원망합니다. 원망 체질입니다. 구제불능입니다. 그러면 여기에 반대가 무엇입니까? 감사 체질, 범사에 감사하는 사람이 되는 것입니까? 감사하는 자가 되라— 아주 중요한 말씀입니다. '감사는 환경 문제가 아니다. 어떤 조건이 문제가 아니고, 존재의 문제다. 이건 중생의 문제다.' 이것을 깨닫고 살아야 합니다.

우리가 오늘본문에서도 보이듯이, 사도 바울은 감사하는 자들의 대표입니다. 그는 범사에 감사했습니다. "항상 기뻐하라. 쉬지 말고 기도하라. 범사에 감사하라." 이 세 마디를 가만히 들어보십시오. 조건과는 관계가 없습니다. 감사는 범사에 감사, 기쁨은 항상 기쁨, 기도는 쉬지 말고 기도— 이것은 환경과 관계없습니다. 이걸 잊지 말아야 합니다. 그런고로 이야기합니다. "기뻐하는 자, 기도하는 자, 감사하는 자가 되라." 사도 바울은 그 옛날을 감사합니다. 그는 말합니다. "어머니의 태로부터 나를 택정하사 이방인의 사도로 삼으시고, 세상에 태어난 것부터 감사합니다." 가만히 보면 원망하는 사람은 태어난 것부터 불평합니다. '나는 왜 저런 집에 태어나지 못하고, 이런 집에 태어났나?' 이렇게 생각하는 것입니다. 아닙니다. 여러분, 꼭 잊지 말아야 합니다. 사람은 기본적으로 이 집에 태어난 것 자체부터 감사할 수 있어야 합니다. '왜 하필이면 이 아버지, 이 어머니야? 왜 이런 사람들에게서 내가 태어났나?' 이러면 죽을 때까지 원망에서 벗어나지 못합니다. 이 어머니에게서 태어난 것을 감사하고, 이 아버지의 자녀가 된 것을 감사해야 합니다. 거기서부터 출발하는 것입니다. 사도 바울은 말합니다. "어머니의 태로부터 택정함을 받아 내가 이방인의 사도가 되었노라." 과거에 주신 은혜, 내가 세상에 태어나기 전부터 주신 은혜, 내가 아무것도 모르는 유치한 때부터 받은 은혜, 그것을 다 선택적 은혜로 감사하고 있습니다.

그런가 하면, 로마서 7장의 유명한 말씀이 있습니다. "오호라 나는 곤고한 사람이로다." 원하는 선은 행하지 못하고, 원치 않는 죄만 짓는 사람— 그러므로 "오호라 나는 곤고한 사람이로다. 나는 그런 사람이다. 나는 구제불능이다. 그럼에도 불구하고 하나님의 은혜가 있어서 그 은혜로 내가 있다." 감사하는 것입니다. 내가 얼마나 비참한 존재인지를 알 때 그 절대적 은혜에 대한 감사가 생기는 것입니다. 그런가 하면, 현재 하는 일에 대해서도 사도 바울은 감사합니다. "내가 당한 일이 너희 복음의 진보가 된 것을 알기를 바라노라. 내가 감옥에 갇히기도 하고, 매를 맞기도 하고, 이런 고생 저런 고생하는 것 같으나, 내가 당한 모든 일이 복음의 진보가 된 것을 너희가 알기를 바란다. 내가 고생하는 것으로 복음이 전해지고, 내가 이렇게 어려운 시련을 겪으므로 복음이 확장되어 나가는 것을 여러분이 알기를 바란다. 나의 하는 일은 합동하여 선을 이루는 것이다. 버릴 것이 없다." 이렇게 생각하는 사람은 감사할 것이고, 현재 하는 일에 대하여 감사하며, 복음의 전 역사가 확장되는 것을 생각하며 감사합니다. 심지어는 내가 부족한 점도 많지만, 합동하여 선을 이루게 되는 것을 생각하며 감사합니다. 미래에 대하여 감사합니다.

여러분, 소망과 약속은 다릅니다. 소망은 내게 주어진 것이고, 약속은 하나님께서 주시는 것입니다. 사도 바울은 말합니다. "달려갈 길을 다 가고 믿음을 지켰다 내 앞에 면류관이 있다 내게 주실 뿐만 아니라 그 은혜를 사모하는 모든 자에게도니라." 우리 성도들에게 약속하신 면류관, 이 영원한 미래에 대한 약속을 확인해야 합니다. 이것이 없이는 행복한 사람이 없습니다. 누구도 행복할 수 없습니다. 영원한 약속을 바라보고, 그리고 오늘의 이 일을 생각할 때 범사에 감사할 수 있는 것입니다. 사도 바울은 정말로 감사하는 자였습니다. 빌립보서 1장 3절, 4절은 말씀합니다. "내가 너희를 생각할 때마다 나의 하나님께 감사하며 간구할 때마다 너희 무리를 위하여 기쁨을 항상 간구함은." 이렇게 말할 때 감옥에 있었습니다. 현재 그 고생을 하면서도 생각할 때마다 감사하고 있습니다. 여러분, 우리는 어떻습니까? 우리는 반대입니다. 생각할 때마다 원망입니다. 하지만 사도 바울은 아닙니다. 생각할 때마다 감사하고, 기도할 때마다 기쁨으로 간구합니다.

어떤 분은 기도가 눈물바다요, 기도가 하나님을 향한 원망입니다. 심지어는 하나님을 향해서 주먹질까지 합니다. "왜 안 주십니까?" 이렇게 화내고 주먹질하면서 기도하는 것입니다. 이게 뭐하는 짓입니까? 기쁨으로 간구하는 것, 이것은 체질입니다. 사도 바울이 이야기한 '생각할 때마다'라는 말을 조금 어렵게 해석하면 '이성이 구원받았다'라는 뜻입니다. 구원받은 이성입니다. 이리 생각해도 감사하고, 저리 생각해도 감사하고— 이런 생각입니다. 틈이 없습니다. 이쪽으로 생각해보아도 감사하고, 저리 생각해보아도 감사합니다. 이런 생각 자체, 그 이성 자체가 구원받은 것입니다. 그런 사람은 기도할 때마다 경건입니다. 하나님 앞에 무릎을 꿇을 때마다 원망, 불평, 무슨 많은 서원…… 이런 것 없습니다. "감사합니다!" 이 한마디로 다 끝나는 것입니다. 기도는 끝났습니다. "감사합니다!"로 끝난 것입니다.

감사 체질인 바울은 생각과 감성과 경건이 다 구원받은 그 은혜의 사람됨을 말하는 것입니다. 감사하는 자가 되기 위해서는 늘 기도해야 합니다. 늘 행복을 확인해야 합니다. 감사를 생활화해야 합니다. 그래서 체질화되어야 합니다. 오늘본문은 이 문제를 자세하게 설명해줍니다. "그리스도의 평강이 너희 마음을 주관하게 하라." 게임이 나를 지배하는 것이 아니고, 욕심이 나를 지배하는 것이 아니며, 질투와 절망이 지배하는 것이 아닙니다. 오직 그리스도의 평강이 내 마음을 지배하는 것입니다. 그리스도의 평강이 나의 마음을 지배합니다. 예수님께서 말씀하셨습니다. "나의 평안을 너희에게 주노라. 내가 주는 것은 세상이 주는 것과 다르다." 십자가에 돌아가시기 불과 몇 시간 전에 말씀하셨습니다. 십자가를 앞에 놓으신 그때 예수님의 마음속에 있었던 것— "그 거룩한 평안, 그 평강, 그것이 너희 마음을 주관하게 하라." 돈과 욕심과 명예와 세상일이 아닙니다. "그리스도의 마음과 그리스도의 평강이 내 마음을 주관하게 하라. 그리스도의 말씀이 너희 속에 있게 하라." 항상 하나님의 말씀을 묵상해야 합니다. 묵상에서 떠날 때 우리가 잘못되는 것을 너무나 많이 체험하고 있습니다. 그리고 하나님을 찬양해야 합니다. 찬양할 때 어둠을 이길 수 있습니다. 찬양할 때 절망을 이길 수 있습니다. 찬송이 그치지 않아야 합니다. 저는 종종 자다가도 생각이 납니다. 우리 어머니가 그 어려운 환경에서 부엌일을 하면서 부르시던 그 찬송 소리가 귀에 들립니다.

필립 얀시가 쓴「예수님이 읽으신 성경」이라는 재미있는 책에 이런 이야기 한 편이 나옵니다. 어떤 소년이 예언자에게 와서 물었습니다. "예언자께서는 지난 15년 동안이나 예언을 하셨는데, 달라진 것이 아무것도 없습니다. 아직도 더 예언을 계속하실 것입니까?" 예언자는 이렇게 답했습니다. "내가 예언하는 목적은 세상을 바꾸기 위한 것이 아니고, 세상이 나를 바꾸지 못하게 하기 위한 것이다." 하나님의 말씀이 내 안에 있지 않으면 세상으로 기울어집니다. 시험에 빠집니다. 하나님의 말씀을 묵상하며, 하나님의 말씀이 내 안에 충만할 때 비로소 우리는 감사하는 자가 되는 것입니다. 감사하는 자의 대표격이 다니엘입니다. 그는 하나님을 섬기는 자로서 하나님만 경배한 죄로 사자굴에 들어가게 됩니다. 이미 하나님 앞에 경배하는 자는 사자굴에 처넣겠다는 결정이 난 걸 알고도, 내가 이제 사자굴 속에 던져질 것임을 확실하게 알고도 방에 들어가 예루살렘 쪽을 향한 창문을 열어놓고, 전과 같이 늘 하던 대로 하나님 앞에 감사 기도했습니다. 다니엘은 그렇습니다. 눈앞에 죽음이 와도 감사 기도

할 수 있었습니다. 왜요? 늘 하던 것이니까, 늘 해오던 것이니까, 일생 하고 있는 것이니까요.

여러분, 감사하는 자가 되어야겠습니다. 마음에 가득히 말씀을 담아야 하고, 이성을 말씀으로 정복해야 합니다. 소망이 충만해야 합니다. 그리고 믿음이 더욱더 확실해질 때 모든 불평과 불만이 없어질 것입니다. 어두운 그림자가 다 사라질 것입니다. 다시 한번 깊이 오늘본문을 생각해보십시다. 감사하는 자가 되라— △

# 자기 일에 즐거워하는 자

또 내가 해 아래에서 보건대 재판하는 곳 거기에도 악이 있고 정의를 행하는 곳 거기에도 악이 있도다 내가 내 마음속으로 이르기를 의인과 악인을 하나님이 심판하시리니 이는 모든 소망하는 일과 모든 행사에 때가 있음이라 하였으며 내가 내 마음속으로 이르기를 인생들의 일에 대하여 하나님이 그들을 시험하시리니 그들이 자기가 짐승과 다름이 없는 줄을 깨닫게 하려 하심이라 하였노라 인생이 당하는 일을 짐승도 당하나니 그들이 당하는 일이 일반이라 다 동일한 호흡이 있어서 짐승이 죽음 같이 사람도 죽으니 사람이 짐승보다 뛰어남이 없음은 모든 것이 헛됨이로다 다 흙으로 말미암았으므로 다 흙으로 돌아가나니 다 한 곳으로 가거니와 인생들의 혼은 위로 올라가고 짐승의 혼은 아래 곧 땅으로 내려가는 줄을 누가 알랴 그러므로 나는 사람이 자기 일에 즐거워하는 것보다 더 나은 것이 없음을 보았나니 이는 그것이 그의 몫이기 때문이라 아, 그의 뒤에 일어날 일이 무엇인지를 보게 하려고 그를 도로 데리고 올 자가 누구이랴

(전도서 3 : 16 - 22)

## 자기 일에 즐거워하는 자

영국 런던의 성 토마스 성당 공사를 할 때 있었던 일입니다. 이 공사장에 그 성당을 설계하고 감독하는 감독관이 방문했습니다. 많은 사람이 거기에서 일하고 있었지요. 그 감독관이 지나가다가 일하는 사람 하나를 붙들고 물었습니다. "당신은 지금 뭘 하고 있습니까?" 그 사람이 대답하는 말을 들어보십시오. "보면 몰라요? 돌 다듬고 있잖아요. 나는 지금 돌을 다듬기 위해서 이렇게 아침부터 저녁까지 수고하고 있습니다." 또 한 사람에게 물었습니다. "당신은 지금 뭘 하고 있습니까?" "보면 몰라요? 목구멍이 포도청이라 돈 버느라고 하루 종일 여기서 수고하고 있습니다." 또 한 사람에게 물었습니다. "당신은 지금 뭘 하고 있습니까?" 한데, 이 사람만은 "예, 저는 하나님의 성전을 짓고 있습니다"라고 대답했다는 것입니다. 똑같은 일을 하고 있지만, 어떤 사람은 그저 직업으로 하는 일이고, 습관으로 하는 일이고, 부득이해서 하는 일이지만, 오직 한 사람만은 '하나님의 영광을 위하여 나는 여기에서 쓰이고 있다'라고 하는 자기 긍지를 말하더라, 이것입니다.

사람이 사람됨에서, 행복할 수 있는 보람의 길에서 가장 중요한 것은 일이 있어야 한다는 점입니다. 첫째로, 일이 있어야 합니다. 요즘 '용도 폐기'라는 말이 곧잘 쓰입니다. 스스로 생각해 보시기 바랍니다. '내가 지금 쓸모가 있나? 용도폐기가 된 지 오래 아닌가?' 이렇게 생각되십니까? '내가 정말 이 세상에 지금 존재해야 할 이유가 있는 것일까?' 쓰이는 만큼 보람도 가치도 있는 것입니다. 그러니까 일이 있어야 합니다. 그 일이 내 삶의 가치를 평가해 주기 때문에 아주 중요한 것입니다.

둘째로, 일을 즐겨야 합니다. 의미를 알고, 목적을 알아야 합니다. 노동이 아니라, 취미생활로 즐기는 것입니다. 플레이입니다. 노동이 아닙니다. 저는 한 60년 동안 차를 직접 운전하고 있습니다. 지금도 차를 운전하고 다니다 보니, 많은 목사님과 교인들이 제게 물어봅니다. "목사님, 그 운전하는 것 피곤하지 않으십니까?" "운전하는 것 힘들지 않으십니까?" 그러면 제가 이렇게 대답하지요. "아니에요. 저, 1년에 3만 킬로미터는 뛰는데요?" "목사님, 부산까지 가고 오는 것, 힘들지 않으십니까?" 그때 제가 말합니다. "이것은 노동이 아닙니다. 이것은 드라이브고, 플레이입니다." 꼭 같은 차를 운전하는데, 이걸 즐기는 사람은 드라이브고, 또 플레이지만, 어떤 사람에게 이것은 힘든 노동입니다. 똑같은 일을 해도 그것을 즐겨야 합니다. 부엌에서 음식을 만들 때도 즐기는 것입니다. 공장에서 일할 때도 즐기는 것입니다. 특별히 공부할 때 그 공부를 즐겨야 합니다. 이것이 삶을 바로 사는 길입니다.

셋째로, 대가를 구하지 않는 것입니다. 일을 하든, 무엇을 하든, 남들이 뭐라고 하든 상관없습니다. 잘했다고 하든, 못했다고 하든, 상관없습니다. 성공했다고 하든, 실패했다고 하든, 상관없습니다. 나는 나대로의 생을 즐기는 것입니다. 이 사람이 행복한 사람입니다. 아무 대가도 구하지 않는 것, 사람들의 칭찬, 사람들의 인정, 사람들의 평판, 다 상관 없습니다. 나는 내 길을 갈 뿐입니다. 나는 이 일을 바라고, 아무 대가도 바라지 않는 것, 어떤 수고에도 대가를 바라지 않는 그것이 인생을 바로 사는 길이라는 말씀입니다.

마태복음 20장에 보면 아주 귀한 포도원 농부의 비유가 있습니다. 추수철의 어느 날 주인이 급히 추수하려고 밖에 나가 일꾼을 구합니다. "내 포도원에 가서 일하라. 너도 내 포도원에 가서 일하라. 일하라." 이렇게 사람을 모아서 들여보내는데, 성경에 보면 제삼시, 제육시, 제구시, 제십일시에 거듭 이렇게 말합니다. 이걸 우리 시간으로 바꾸면 아침 9시, 12시, 오후 3시, 5시입니다. 이렇게 여러 시간에 주인이 직접 나가서 길거리에 있는 사람들더러 "내 포도원에 가서 일하라!"라고 했더라는 것입니다. 이제 저녁에 모든 사람에게 일한 대가로 임금을 주는데, 맨 나중에 온 사람부터 주었습니다. 한데, 이 사람은 한 시간밖에 일하지 않았는데도 한 데나리온을 주었습니다. 이걸 보고 아마 하루 종일 일한 어느 사람이 속으로 이렇게 기대한 것 같습니다. '아, 그럼 나한테는 다섯 데나리온쯤은 주겠구나!' 그런데, 웬일입니까. 똑같이 딱 한 데나리온을 주는 것입니다. 원망할 밖에요. 그래 따져 묻습니다. "우리는 하루 종일 일했는데, 왜 저들과 똑같이 줍니까?" 그때 주인이 대답합니다. 유명하고 중요한 말씀입니다. "네가 나와 약속한 것이 한 데나리온 아니냐? 네 것이나 가지고 가라!" 얼마나 간단한 이야기입니까. "남의 얘기까지 할 것 없다. 어떻게 주든, 그건 내 마음이고, 네 것은 너와 나의 약속. 그 절대적 관계에서 이루어진 것이다." 참 귀중한 말씀입니다.

여기서 주님 말씀하시는 교훈이 무엇입니까? 첫째는 일하라는 것입니다. "모든 사람은 일하라." 둘째는 때가 늦어 기회를 놓친 사람도 일하라는 것입니다. 젊은 사람도 늙은 사람도, 지금 숨넘어가기 직전에 있는 사람도 일하라는 것입니다. 누구나 다 일하라— 이것이 주님의 뜻이라는 것입니다. 그런가 하면, 아무 대가도 바라지 말라는 것입니다. 주인과 나와의 관계, 하나님과 나와의 관계에서 계산은 끝난 것임을 잊지 말아야 합니다. 그런고로 일 자체가 은혜입니다. 은혜로 주신 기회이기에 일할 때도 은혜로, 일을 끝낼 때도 은혜로— 이것이 인간의 기본자세라는 말씀입니다.

요한복음 5장 17절에서 예수님 말씀하십니다. "내 아버지께서 일하시니 나도 일한다." 하나님께서 일하고 계십니다. 창조하시고, 섭리하고 계십니다. 그리고 예수님께서도 일하고 계십니다. 그러므로 오늘 우리도 당연히 일해야 할 것입니다. 여기에 신학적으로 중요한 의미가 있습니다. 하나님께서 천지를 창조하신 다음에 우리 사람들을 놀고먹게 만드신 것이 아닙니다. 다스리라고 하셨습니다. 그것도 일입니다. 다스리고 일하도록 만드셨습니다. 하나님 창조의 역사, 그 일환으로 창조의 역사를 대행하여 일하도록 만드셨습니다.

문제는 죄를 지었다는 것입니다. 그렇지 않습니까. 죄지은 다음에 달라진 것이 무엇입니까? 다름이 아니라, 일이 힘들어진 것입니다. 농사를 지어야 하게 된 것이 달라진 게 아닙니다. 농사를 짓는데 잡초가 나는 것, 그게 달라진 것입니다. 꼭 같은 일을 하는데, 일이 힘들어졌다는 것입니다. 또 하나의 예는 여자가 아이를 낳게 되었다는 것입니다. 생산은 큰 축복입니다. 그러나 해산의 수고가 있게 된 것입니다. 이게 달라진 것입니다. 여자가 되었으면 아이를 낳는데, 이것을 얼마나 힘들게 낳느냐, 아니면 감사함으로 낳느냐, 하는 차이가 있는 것입니다. 제가 소망교회에서 목회할 때 어떤 여자분이 사십이 넘은 나이로 결혼을 하게 되었습니다. 그래 제가 주례를 해주었는데, 그분이 제 방에 와서 크게 근심하며 말했습니다. "결혼까지는 했지만, 제가 아이를 낳을 수 있을까요?" 그래 저는 그냥 열심히 해보라고 했습니다. 얼마 뒤 이분한테 아이가 생겼습니다. 좌우간 저는 그렇게 배를 자랑스레 내놓고 다니는 임산부는 처음 보았습니다. 임신한 것이 얼마나 좋았는지 "내가 아이를 가졌다!" 하고 여봐란 듯이 말하면서 다녔습니다. 그다음에 더 중요한 이야기가 있습니다. 병원에서 아이 엄마의 나이가 많으니까 아무래도 제왕절개 수술을 해야 할 것 같다고 한 것입니다. 그때 이분은 "아닙니다. 하나님께서 제게 주신 선물인데, 어떻게 제가 해산의 고통을 마다하겠습니까!" 하고는 자연분만을 했습니다. 뒤에 그 아이를 데리고 와서 기뻐하는 모습을 제가 보았습니다. 이 모든 수고가 고통입니까? 저주입니까? 아니지요. 잊지 말아야 합니다.

그런고로 구원받은 사람에게는 노동 자체가 자유입니다. 그 속에 의미가 있습니다. 하나님의 창조 역사에 가담하는 축복된 은사라는 것을 잊지 말아야 합니다. 특별히 사도 바울의 신학적 이해는 더욱 중요합니다. 노동은 특권입니다. 일을 주시는 분도 하나님이시요, 일을 하도록 힘과 지혜를 주시는 분도 하나님이시요, 기회를 주시는 분도 하나님이십니다. 그렇습니다. 사도 바울이 말했듯이, 씨를 뿌리는 자도 하나님께서 주신 축복이요, 거두는 자도 하나님의 축복이고, 물을 주는 자도 축복입니다. 일 자체와 추수 전체가 특권입니다. 이것이 하나님의 선택받은 자가 가는 길입니다. 그 자체가 은총입니다. 특별히 사도 바울은 그렇습니다. 다메섹 도상에서 부름을 받아 주의 사도가 된 다음부터 그의 일생 전체가 은사요 은혜요 축복이었습니다.

특별히 빌립보서 2장 13절은 제가 좋아하는 요절입니다. "너희 안에서 행하시는 이는 하나님이시니 자기의 기쁘신 뜻을 위하여 소원을 두고 행하게 하시나니 모든 일이 원망과 시비가 없이 하라." 귀한 말씀입니다. 우리가 하고 있는 일은 하나님께서 하시는 것입니다. 우리 안에서 하고 계십니다. 밖에서 보면 마치 우리가 하는 것 같지만, 내용으로는 하나님께서 하시는 일입니다. 너희 안에 하시는 일은 하나님께서 하시는 일이요— 뿐만 아니라, 기쁘신 뜻을 위하여 소원을 두고 행하게 하시나니— 소원을 두고 있다, 이것입니다. 하나님께 우리를 향하신 소원이 있는 것입니다.

여러분, 자식을 키워보셨습니까? 자식을 낳자마자 어떻게 됩니까? 이렇게 되기를 바라는 소원을 둡니다. 제 아들의 이름을 왜 요셉이라고 지었는지 아십니까? 그 아들을 낳자마자 이름을 뭐라고 지을까 고민하던 중에 제가 이런 생각을 했습니다. 저는 고향을 떠나오지 않았습니까. 요셉도 저와 마찬가지로 고향을 떠나온 사람 아닙니까. 그래 고생을 많이 했지만, 마침내 요셉은 모든 가족을 구원합니다. 그런고로 왜 요셉이라고 했느냐 하면, 네가 가문을 일으켜라, 네가 고향을 회복하라, 하는 의미로 요셉이라고 지은 것입니다. 너는 요셉이 되라, 이것입니다. 거기에 소원이 있습니다. 하나님께서 우리에게 행하실 때 소원을 두고 행하시나니— 얼마나 귀한 말씀입니까. 하나님의 소원이 우리에게 있습니다. 우리 자신은 우리에게 실망하지만, 하나님께서는 실망하지 않으십니다. 우리는 낙심하지만, 하나님께서는 낙심하지 않으십니다. 우리는 쓸모없다고 하지만, 하나님께서 보시기에는 쓸모없는 사람이 없습니다. 다 필요한 대로 쓰고 계시다는 말씀입니다. 내가 볼 때는 쓸모가 없을지 몰라도, 하나님께서 보시기에는 꼭 필요한 것입니다. 나를 쓰시는 하나님, 나와 함께하시는 하나님, 나를 통하여 영광을 받으시는 하나님—

여러분, 구약성경을 자세히 읽어보시고, 또 신약에 와서도 보시기 바랍니다. 높고 신비로운 말씀이 있습니다. 사람들이 잘하고, 능력 있게 할 때만 하나님께서 쓰시는 것이 아닙니다. 때로는 사람의 실수, 절대적으로 잘못하는 실수도 하나님께서 그 사건 자체를 고용하사 합동하여 하나님의 뜻을 이루시는 것을 볼 수 있습니다. 대표적인 예를 들어보겠습니다. 구약성경에 보면, 아브라함이 75세에 하나님의 음성을 들었는데, 하나님께서 자식을 주신다고 하셔놓고는 25년 동안이나 안 주십니다. 아내는 벌써 단산했습니다. 그러니까 아브라함은 한 십 년 동안은 하나님의 약속을 기다리다가 아내가 단산하는 것을 보고는 그만 마음을 바꿔 편법으로 이스마엘을 얻습니다. 잘못한 일입니다. 하나님께는 전혀 여쭈어보지도 않았습니다. 하나님께서 "반드시 네가 아들을 낳으리라!" 하고 말씀하신 그때 아브라함의 나이는 백 세요, 사라는 구십 세였습니다. 어찌 그런 일이 있겠느냐고 생각할 법도 하지요? 그러나 하나님께서는 말씀하십니다. "내년 이때에 네가 아들을 낳으리라." 아브라함은 믿었습니다. 그랬을 때 이것은 로마서 4장에 귀중한 사건으로 기록됩니다. "아브라함이 하나님을 믿으매……" 그 모든 나약함과 허물에도 하나님의 약속을, 또 자기 실수도 다 뒤로 하고 오늘 주시는 말씀을 받아들이는 것입니다. "내년 이때에 아들을 낳을 것이다." "예, 그렇습니까." 받아들입니다. 그래서 이삭이 태어납니다. 그러나 이삭만이 아닙니다. 이스마엘이 있습니다. 그 이스마엘 때문에 고민합니다. 아브라함이 하나님께 말씀드립니다. "저 이스마엘도 살게 하여주시기를 바랍니다." 이에 하나님께서 말씀하십니다. "걱정 마라. 그 아이는 내가 별도로 큰 민족이 되게 하리라." 이것이 하나님께서 하시는 일입니다. 우리 인간이 하는 그 많은 실수를 통하여 하나님의 일이 이루어져 간다는 것을 우리는 성경의 역사에서 보고 있지 않습니까. 너무나 귀한 일입니다. 그래서 사도 바울은 말합니다. "너희 믿음과 봉사 위에 나를 관제로 드릴지라도 나는 기뻐하리라." 그는 일을 할 때 이런 마음으로 했습니다. "일을 하다가 이대로 죽어도 좋다. 여기서 죽어도 좋다. 관제와 같이 버림이 되더라도 나는 기뻐하리라." 얼마나 통쾌한 말입니까. 여러분은 무슨 일이든 이렇게 전심전력을 대하는 마음으로 해보았습니까? 온 정열을 다하는 것입니다. 다 쏟아버리는 것입니다. '이제 여기서 끝나도 좋다.' 이런 마음입니다. 이것이 하나님의 사역자가 지닌 자아의식입니다. 그래서 오늘본문은 말씀합니다. "자기 일에 즐거워하는 자는 복이 있다." "자기 일, 하나님께서 주신 일, 하나님께서 함께하시는 일, 하나님의 큰 뜻이 있고, 경륜이 있는 이 일에서 그 뜻을 알고 행하는 사람, 자기 일을 즐거워하는 사람은 복이 있다."

혹시 결혼하셨습니까? 그 결혼 잘했다고 생각하십니까? 아니면 실수했다고 생각하십니까? 어떤 사람은 일생을 살면서도 '저 사람 만난 것은 내 일생의 실수다!' 하면서 산다고 합니다. 세상에 이렇게 미련한 일이 어디 있습니까. 한 번만 마음을 바꾸시기 바랍니다. '내가 저 사람을 만난 것은 하나님께서 내게 주신 최고의 복이다. 저 사람과 함께하는 것이 내 인생 최고의 복이다. 내가 이 예수 소망교회에 나오는 것은 최고의 특권이다.' 이런 마음 말입니다. 그리고 이 일을 위해서라면 내가 여기서 관제로 부어짐이 되고, 생이 끝난다고 하더라도 유감이 없습니다. 왜 그렇습니까? 할 일을 다 하였기 때문입니다. 오늘본문은 말씀합니다. "자기 일에 즐거워하는 자는 복이 있다." 자기 일에 즐거워하는 자, 자기 가정에, 자기 환경에, 자기 건강에, 자기 나이에, 자기 형편에, 자기 일에 즐거워하는 자는 복이 있다—

작가 샤를로테 케이슬이 「기쁨의 옆자리」라는 유명한 베스트셀러를 썼습니다. 이 책에서 그는 말합니다. '우리 삶 중에서 기쁨을 발견할 수 있는 지혜와 습관을 가져야 한다.' 아무리 어렵지만, 그 속에 기쁨이 있습니다. 한 끼의 식사를 하면서도 '아, 여기 기쁨이 있습니다!' 하고 그 기쁨을 발견할 줄 아는 사람, 그리고 기쁨을 확인할 수 있는 습관을 가진 사람은 복이 있습니다. 왜 그렇겠습니까? 이런 사람은 두려움이 없습니다. 이런 사람에게는 소망이 있습니다. 이런 사람에게는 치유의 은총이 있습니다. 그런고로 내가 먼저 기쁨을 발견하고, 내가 먼저 기뻐해야 합니다. 내가 행복하지 않고는 남을 행복하게 할 수 없습니다. 내 마음에 기쁨이 충만해야만 남을 충만하게 할 수 있습니다. 다른 사람에 대해서 비판하지도 말고, 실망하지도 마시기 바랍니다. 문제는 나한테 있습니다. 하루하루 경험하시지 않습니까. 내가 행복해할 때, 내가 행복해하는 순간 다른 사람을 행복하게 할 수 있습니다. 내가 기뻐하는 순간 다른 사람에게 기쁨을 줄 수 있고, 치유의 은사를 나타낼 수 있는 것입니다. 그런고로 내게 주어진 일, 자기 일을 기뻐하는 사람은 많은 사람을 기쁘게 합니다. 자기 일을 즐겁게 하는 사람은 하나님께 영광을 돌릴 것입니다. 일을 저주처럼 생각하고, 과거에 지은 무슨 잘못된 죄로 말미암아 오늘 내가 있는 것처럼 생각하고…… 우리가 아주 흔히 듣는 못된 이야기가 하나 있지 않습니까. '전생에 무슨 죄가 많아서……' 이것이 바로 우리의 잘못된 세계관입니다. 하나님의 심판으로 말미암아 오늘 내가 있는 것이 아닙니다. 하나님 구원의 역사, 그 은총 속에 내가 있음을 알아야 합니다. 구원받은 자에게는 그 일 자체가 은총입니다.

여러분, 잊지 말아야 합니다. 작은 일이나 큰일이나, 일이 있다는 것 자체가 은총이고 축복입니다. 창조하시는 하나님의 역사에 가담하는 것이고, 구원하시려는 하나님의 역사에 내가 동참하는 것입니다. 그런고로 기뻐해야 할 것입니다. 감사해야 할 것입니다. 여러분, 작은 일이든 큰일이든 궂은일이든, 무슨 일이 주어질 때마다 마다하지 마시기 바랍니다. 그만큼 나는 내 삶의 의미, 내 존재의 의미가 있습니다. 그러니까 감사한 마음으로 자기 일에 즐거워하는 사람, 그가 복 있는 사람입니다. △

# 내가 믿고자 하나이다

예수께서 그들이 그 사람을 쫓아냈다 하는 말을 들으셨더니 그를 만나사 이르시되 네가 인자를 믿느냐 대답하여 이르되 주여 그가 누구시오니이까 내가 믿고자 하나이다 예수께서 이르시되 네가 그를 보았거니와 지금 너와 말하는 자가 그이니라 이르되 주여 내가 믿나이다 하고 절하는지라 예수께서 이르시되 내가 심판하러 이 세상에 왔으니 보지 못하는 자들은 보게 하고 보는 자들은 맹인이 되게 하려 함이라 하시니 바리새인 중에 예수와 함께 있던 자들이 이 말씀을 듣고 이르되 우리도 맹인인가 예수께서 이르시되 너희가 맹인이 되었더라면 죄가 없으려니와 본다고 하니 너희 죄가 그대로 있느니라

(요한복음 9 : 35 - 41)

## 내가 믿고자 하나이다

심리학자 에릭 에릭슨은 인간을 이성적 존재, 또는 창조적 존재로 규정하고, 인간의 심리발달에 대해서 여덟 가지로 우리에게 설명해줍니다. 그 첫째가 믿음의 단계입니다. 신뢰감, 그것입니다. '인간은 믿음을 키워가야 한다. 우리 심리의 가장 근본은 믿음이다. 믿음에서 떠나면 그는 살 수가 없는 것이다.' 이렇게 말하면서 출생부터 두 살 사이에 믿음이 형성된다고 이야기합니다. 어린아이가 말도 못하는 것 같지만, 그 어렸을 때 어머니에게서 나와 자라면서 두 살까지, 그 사이에 믿음의 사람이 되느냐 의심이 사람이 되느냐, 신뢰감의 사람이 되느냐 불신감의 사람이 되느냐, 이것이 결정된다는 것입니다. 어떤 사람은 그 인격에 믿음이 있기에 평안합니다마는, 어떤 사람은 만사를 의심합니다. 심지어 자기가 하는 일도 의심합니다. '자기 눈도, 자기 마음도, 그 무엇도 믿을 수가 없다.' 이렇게 생각하고 불안에 떨면서 사는 불신의 존재가 있는데, 그 불신이 언제 이루어지느냐 하면, 두 살 때 이루어진다는 것입니다.

그러면서 그는 어렸을 때 경험하게 되는 중요한 사건에 대하여 이야기합니다. 첫째가 젖 뗄 때입니다. 어린아이들 입장에서 보면 어머니의 젖이 만능입니다. 아무 때든지 그것만 물면 최고의 행복이요, 만사 해결이요, 평안입니다. 하지만 어느 사이에 젖 떼야 한다면서 거기에 약을 발라놓는다, 이것입니다. 어린아이가 그걸 물었을 때, 그 쓰디쓴 느낌, 그때 몰려오는 배신감은 무서운 것입니다. '세상에 이럴 수가 있나!' 그걸 이렇게 표현합니다. 하늘이 무너지는 것 같다— 그 배신감이란 이루 말로 다 못 합니다. 둘째는 동생이 태어날 때입니다. 동생이 태어나면 그 사랑스럽던 어머니를 동생에게 빼앗기게 됩니다. 동생이 어머니를 차지하고 있는 모습을 멀리서 바라볼 때, 이건 세상이 무너지는 일입니다. 그런 고통을 느끼고, 배신감을 느낀다, 이것입니다. 그래서 이를 잘 조정하여 상처를 입지 않도록 해야 하는데, 거기서 잘못되면 일생토록 불신의 사람이 될 수밖에 없다는 것입니다. 특별히 어머니로부터 배신감을 느낄 또 다른 때가 있습니다. 어느 순간에 어머니의 말씀에서 거짓말을 발견하는 순간입니다. 그것은 인격적으로 큰 충격이 되어 두고두고 남는다고 심리학적으로 판단하고 있습니다. 참으로 중요한 이야기입니다.

사람은 전적인 신앙, 전적으로 믿는 것입니다. 그의 말도, 그의 행동도 추호의 의심도 없이 그대로 믿고 따라가는 것입니다. 이 얼마나 중요합니까. 저는 가끔 길에서 아버지 어머니가 어린아이들의 손목을 잡고 가는 걸 볼 때가 있습니다. 그럼 저는 일부러 가만히 서서 한참을 봅니다. 그 어린아이가 자신의 어머니 아버지 손목을 잡고서 그냥 동동 뛰면서 따라갑니다. 한번 생각해봅시다. 그때 아이는 자기가 어디로 가고 있는지 압니까? 모릅니다. 무엇을 하러 가는지 압니까? 모릅니다. 아이는 그 순간 어디로 가는지 상관이 없습니다. 그냥 어머니를 믿는 것입니다. 오직 믿음입니다. 그런고로 행복한 것입니다. 어디로 가는지도, 어떻게 되는지도 상관하지 않습니다. 바로 그것이 믿음에서 오는 행복인데, 이 믿음이 무너질 때 그만다 무너지고 마는 것입니다. 오늘성경에 얼마나 귀중한 말씀이 있습니까. 내가 믿고자 하나이다— '주여, 제가 믿고자 하나이다. 전적으로 믿고 싶습니다. 제가 병 고침을 받았습니다. 누가 저를 고쳤는지 모릅니다. 왜 제가 이런 불행을 당했는지도 모릅니다. 오늘 제가 이렇게 큰 은총을 입은 것도 모릅니다. 그가 누구입니까? 주여, 믿고자 하나이다.' 이 간절한 열망이 실존적인 것이라는 말씀입니다.

어떤 것으로도 다른 설명이 필요 없습니다. 전적으로 믿고, 받아들이고, 의지하고, 긍정하고 나아갈 수 있는 믿음, 그런 믿음의 사람이 되어야 합니다. 믿음은 무엇을 믿느냐, 하는 그 대상이 문제입니다. 에덴동산에서 아담과 하와가 크게 범죄 합니다. 그 이유는 딱 하나입니다. "이것을 먹는 날에는 정녕 죽으리라." 이 말씀을 그냥 믿어야 했는데, 믿지 않았던 것입니다. 많은 분들이 상상해봅니다. 그때 그 말씀을 완전히 믿었더라면 우리 인류의 운명은 달라지지 않았겠는가, 하는 것입니다. 그러나 그만 그걸 믿지 않고 '죽으리라' 하신 것을 '죽을까 하노라'로 바꾼 것, 거기서부터 의심이 생긴 것입니다. 믿음이 무너집니다. 그런고로 영혼도 인격도 다 무너져서 마침내 에덴을 잃어버리게 되었다는 이야기입니다.

오늘본문에는 나면서부터 시각장애인으로 태어난 사람이 나옵니다. 가장 불행한 사람입니다. 참 실례되는 말씀입니다마는, 인간의 몸 전체를 만 원이라고 한다면, 그 가운데 눈이 무려 칠천 원이랍니다. 적어도 시각은 신체에서 70퍼센트의 가치를 가지고 있다, 이것입니다. 그만큼 중요합니다. 그런데, 이 사람은 시각장애인으로 태어났습니다. 그 불편과 고통은 이루 말로 다할 수가 없습니다. 상상하기 어려운 고통을 당하면서도 모진 생명을 여기까지, 40세가 되도록 끌고 온 것입니다. 육체적으로, 경제적으로, 사회적으로, 심리적으로 말할 수 없는 극한의 고통입니다. 뿐만이 아닙니다. 크나큰 고통이 하나 더 있었습니다. 그것은 신학적 고민입니다. 이것이 누구의 죄 때문입니까? 그걸 알 수가 없습니다. 많은 사람이 이야기합니다. 자기 귀에도 들립니다. 아니, 자기 마음에도 들립니다. '누구의 죄 때문에 저는 이래야 합니까? 부모의 죄입니까, 저의 죄입니까? 부모의 죄라면 저는 억울하고, 저의 죄라면 나기 전에 무슨 죄가 있다는 말입니까? 누구의 죄 때문에 저는 이런 특별한 고생을 해야 합니까?' 이런 신학적 고민이 있는 것입니다. 도덕적으로는 설명할 수가 없습니다. 죄의 문제가 아니기 때문입니다. 이래서 예수님께 질문합니다. "누구의 죄 때문에 이 사람이 이렇게 된 것일까요?" 주님께서 대답하셨습니다. "하나님께서 하고자 하시는 일을 나타내고자 하심이라." 하나님의 큰 경륜 속에, 하나님의 그 은총 속에 이런 계획이 있다, 이것입니다.

베드로전서 2장 19절에는 아주 특별한 말씀이 있습니다. 사람이 당하는 고난에는 세 가지가 있다는 것입니다. 첫째는, 죄가 있어서 당하는 고난입니다. 당연히 내가 잘못해서, 나한테 죄가 있어서 당하는 고난입니다. 형벌로 당하는 고난이고, 율법의 밑에서 당하는 고난입니다. 둘째는, 애매한 고난입니다. 이것은 이유를 알 수가 없습니다. 오직 하나님께서만 아십니다. 우리는 알 수가 없지만, 언젠가는 알게 될 것입니다. 그러나 오늘은 알 수가 없습니다. 애매한 고난, 내 잘못도 아니고, 저의 잘못도 아니요, 도대체 이런 일을 왜 당해야 하는지, 그 이유를 알 수 없는 고난이 있습니다. 그리고 마지막 의를 위해 자원해서 당하는 고난이 있다고 말씀하는데, 오늘본문에 나타난 이 소경이 겪는 고난은 애매한 고난입니다. 이유를 알 수가 없습니다. 부모의 죄라고 할 수도 없고, 본인의 죄라고 할 수도 없습니다. 그렇다고 세상을 탓할 수도 없습니다. "도대체 저는 왜 이 고난을 당해야 합니까? 왜 제가 당해야 합니까? 아니, 왜 저만 당해야 합니까?" 이런 울부짖음이 있다는 것입니다. 그런 고난을 당한 사람을 예수님께서 만나주십니다. 그가 예수님을 만나면서 문제가 해결됩니다. 해답이 됩니다. 예수님께서 이 사람에게 말씀하십니다. "실로암에 가서 네 눈을 씻어라." 그 실로암에는 저도 가보았습니다마는, 한 5리 정도 되는 길입니다. 시각장애인이 거기까지 가려면 아마 세 시간은 족히 걸릴 것이라고 합니다. 지팡이 짚고, 어정어정 혼자서 가려면 많은 시간이 걸릴 텐데, 아무튼 "당장 눈을 떠라!" 하시지 않고, 멀리 있는 "실로암에 가서 씻으라!" 하셨습니다. 실로암까지 가는 이 시각장애인의 모습을 한번 상상해보십시오. 지팡이를 짚고서 혼자 길을 더듬으며 가고 있습니다. 아마도 누구와 동행하자고 했더라면 그 사람도 반대할 것입니다. 그러니 이 믿음은 이 사람만 가진 믿음이요, 이 사람만 가진 순종입니다. 그는 더듬더듬하면서 실로암까지 갑니다. 보십시오. "실로암까지 가서 씻으라!" 하셨지, 그렇게 하면 눈을 뜨리라고 말씀하신 것은 아닙니다. 이 말씀에 순종해야 합니까, 말아야 합니까? 가야 합니까, 말아야 합니까? 그냥 반항해버리고 거절해버렸더라면 이 사람은 영영 이 은혜를 받을 수 없었습니다. 그는 실로암까지 갑니다. 혼자서 갑니다. 지팡이를 의지해서 갑니다. 많은 의심이 있었을 것입니다. 이것은 지식이 아닙니다. 의지입니다. 이것은 지식의 세계가 아니고, 감정의 세계가 아닙니다. 이것은 신앙의 세계입니다. 그냥 믿고 가는 것입니다. 오직 순종뿐입니다.

여러분, 하나님의 말씀을 읽을 때나 기도할 때나, 어떤 일을 당하는지, 너무 그렇게 이성의 비판에 의시하지 마십시오. 이리 생각해보고, 저리 생각해보고, 이치에 맞고 안 맞고, 하나님의 뜻인가 아닌가, 너무 복잡하게 생각하지 마시고 그냥 순종하십시오. 아브라함의 믿음을 보십시오. "네 고향을 떠나라! 부모와 친척을 떠나라!" 라고 하실 때 그는 갈 바를 알지 못하고 갔습니다. 그냥 따른 것입니다. 하나님의 말씀에 대하여 그냥 순종한, 아주 중요한 일입니다.

어렸을 때 저는 할아버지의 말씀에 아버지가 순종하시는 모습을 보았습니다. 할아버지 말씀에 절대로 순종하셨습니다. 한마디도 거역하신 적이 없습니다. 그래서 효자라는 말을 많이 들으셨고, 제가 알기로는 효자상도 받으셨습니다. 우리 아버지가 제게 가르치시는 딱 한마디입니다. "토를 달지 마!" 어떤 말로도 설명은 안 됩니다. 가라 하시면 가는 것입니다. "왜 가느냐고 묻지 마. 하라면 하는 거야. 왜 하느냐고 묻지 마라." 그러시면서 제게 아주 엄격하셨습니다. 납득이 될 때까지 기다리면 할 일이 뭐가 있겠습니까. 사실은 다 모르고 순종하는 것입니다. 모르고 가는 것입니다. 이것은 의지의 세계요, 신앙의 세계입니다. 이 사람이 실로암에 가서 물로 눈을 씻고, 눈을 뜨게 됩니다. 깜짝 놀랐습니다. 눈을 뜬 다음에 그가 너무나 좋아서 지팡이를 내던지고 하나님을 찬양합니다. 그때 또 시험에 빠집니다. '아이고, 오늘은 안식일인데, 안식일을 범하고 네가 돌아다니는구나. 네가 어쩌자고 지팡이를 들고 다니느냐? 그거 안식일을 범하는 것이다!' 이러면서 말이 많습니다. 심지어는 출교하기로 결정했다는 말까지 있습니다. 출교를 당한 사람은 누가 그를 때려죽여도 사형죄가 성립되지 않습니다. 그만큼 무서운 것입니다. 그런데, 이 사람이 눈을 뜬 다음에 기쁜 마음으로 하나님을 찬양하고 있건만, 여기에마저도 시험 거리가 있습니다. "너를 눈뜨게 한 자가 누구냐? 안식일을 범한 걸 보니, 하나님의 사람이 아닌 것 같다." 이렇게 말이 많았습니다. 이 사람이 대답하는 한마디가 너무나 마음에 듭니다. "그건 내가 알 수 없다마는, 내가 한 가지 아는 것은 장님으로 있다가 지금 내가 눈을 떴다는 사실이다. 지금 내가 눈을 떴다. 나면서부터 장님 된 사람이 눈을 뜬 일은 고금에 없는데, 나는 눈을 떴다. 그것뿐이다." "그럼, 누가 너를 그렇게 했느냐?" "모릅니다." 여전히 모릅니다. 그러나 그는 은총에 대하여 감사하고 있습니다. 바로 그 시간에 예수님께서 이 사람을 만나주십니다.

오늘본문에 나타난 그대로입니다. 예수님께서 이 사람을 보시고 말씀하십니다. 그를 만나 이르십니다. "네가 인자를 믿느냐?" 36절 말씀입니다. "주여 그가 누구시오니이까 내가 믿고자 하나이다." 나의 눈을 뜨게 해주신 분이 누구신지, 내가 믿고자 하나이다— 여기에 굉장히 중요한 의미가 하나 있습니다. 왜냐하면, 그가 지금 장님으로 있으면서 하는 말이 아니기 때문입니다. 눈은 떴습니다. 그런데, 이 은총의 세계를 완전히 이해할 수 없습니다. 어떻게 이런 기적이 있는지, 그것조차 모르고 있는 것입니다. "제가 믿고자 하나이다. 좀 알고 싶습니다. 은총의 세계에 살면서도 은총의 원인을 모르고 있습니다." 다시 말하면, 그는 이성적으로 이해가 되지 않습니다. 납득이 되지 않습니다. 자기 자신도 모르는 일입니다. 그냥 눈을 떴을 뿐입니다. 그런고로 그는 말합니다. "믿고자 하나이다. 제가 눈을 떴습니다. 어떻게 떴는지 모르면서 제가 눈을 떴습니다. 저를 눈뜨게 하신 분이 누구이신지 모르고 제가 눈을 떴습니다. 왜 제 눈을 뜨게 하셨는지, 그걸 모르겠습니다. 믿고자 하나이다." 얼마나 귀중한 고백입니까. 그때 예수님께서 말씀하십니다. "네가 보았느니라." 이 말씀이 너무나 중요합니다. "네가 벌써 보고 있느니라. 네가 벌써 은혜 안에 있느니라. 네가 모르고 있을 뿐이지, 미처 이해하지 못하고 있을 뿐이지, 벌써 너는 은혜 안에 살고 있느니라. 네가 보고 있느니라. 네 눈을 뜨게 한 자를 네가 지금 보고 있느니라." 얼마나 귀중한 말씀입니까.

저는 여기서 생각나는 사람이 있습니다. 예수님께서 어떤 날 문둥병 환자 열 명을 고쳐주십니다. 10명이 떼로 다니다가 "주여, 우리를 불쌍히 여기소서!" 하고 소리를 지르니까 예수님께서 말씀하십니다. "그래, 내가 고쳐줄 테니 제사장에게 가서 보여라." 그들이 건강해진 다음에 제사장에게 가서 진찰을 받는데, 믿음을 가지고 갑니다. 가다 보니 문둥병이 다 나았습니다. "아, 문둥병이 나았다!" 그런데, 아홉 사람은 어디로 갔는지 모르겠습니다. 딱 한 사람만 예수님께 다시 와서 "주여, 감사합니다. 한평생 문둥병 환자로 살다가 갈 사람을 이렇듯 깨끗하게 하여주시니 감사합니다!" 하고 사례를 하였습니다. 그때 예수님께서 하신 말씀이 너무나 처절합니다. "그 아홉은 어디 있느냐? 그 아홉은 어디 있느냐?" 여러분, 여기에 비추어 생각해보십시오. 이 사람이 눈을 떴습니다. 그러면 집에 가서 파티를 하든지, 즐거운 생활을 시작할 것이지, 왜 예수님을 다시 만나려고 합니까? 그 점이 중요한 것입니다. 고난 가운데서만 주님을 만나는 것이 아닙니다. 고난에서 벗어난 다음 은총 속에서 정말로 주님을 만나야 한다는 것을 잊지 말아야 합니다. 가만히 보면 우리도 그런 경우가 있습니다. 어려운 일을 당할 때는 열심히 기도합니다. 그런데, 조금 나아지면 기도하러 안 나옵니다. 오늘 이 사람을 보십시오. "믿고자 하나이다. 그분이 누구십니까? 그분을 만나고자 하나이다.” 예수님께서 말씀하십니다. “네가 보았느니라. 벌써 네가 만나고 있느니라. 네가 은총 안에 있느니라.”

심리학자 윌리엄 제임스가 쓴 「종교적 경험의 다양성」이라는 유명한 책이 있습니다. 이 책에서 그는 말합니다. ‘율법적 관계 안에서 하나님을 아는 순간 무서운 공포와 두려움에 떨게 된다. 그러므로 두 번째 중생이 필요하다. 그것은 고난 속에, 많은 시련 속에, 내 과거와 현재 속에 하나님의 사랑이 있음을 아는 것이다. 네게 주신 고난이 유익한 것이라— 고난 속에 말씀하시니까 내게 주신 고난도 유익한 것이다. 고난을 통하여 하나님의 뜻을 이루었으니까 그러한 중생이 있어야 한다.’ 은총적 중생의식이 있어야 한다는 말입니다. 예수님께서 이 무지하고 애매한 가운데 있는 이 사람에게 말씀하십니다. “네가 보았느니라. 네가 주님을 만나고 있느니라. 네가 찾고자 하는 분을 벌써 만났느니라.” 아니, 그다음에 설명이 하나 더 있으면 좋겠습니다. “네가 나를 찾은 것이 아니라, 내가 너를 찾고 있었느니라. 내가 너를 찾았느니라.” 그는 나면서부터 시각장애인으로, 40년 동안 무지하게 고생을 했습니다마는, 이제 주님을 만납니다. 특별히 만납니다. 개인적으로 만납니다. 절대적으로 만납니다. 전설에 따르면, 이 사람은 지난 40년 동안의 어려운 고생을 오늘에 와서야 감사했다는 것입니다. “내가 시각장애인으로 있었기 때문에 주님을 만났다. 주님께서는 나를 개별적으로 만나주셨다. 이 고난을 통하여 나를 주님께로 인도하셨다.”

여러분, 우리가 당하는 많은 시련은 분명 우리를 주님께로 인도할 뿐만 아니라, 우리가 모르고 있는 가운데 벌써 주님께서는 우리와 함께하고 계십니다. 그 능력이 우리와 함께하고 계시다는 것을

잊지 말아야 합니다. "내가 다 믿고자 하나이다." 주님 말씀하십니다. "벌써 보았느니라." △

# 요나의 표적

예수께서 대답하여 이르시되 악하고 음란한 세대가 표적을 구하나 선지자 요나의 표적 밖에는 보일 표적이 없느니라 요나가 밤낮 사흘 동안 큰 물고기 뱃속에 있었던 것 같이 인자도 밤낮 사흘 동안 땅 속에 있으리라 심판 때에 니느웨 사람들이 일어나 이 세대 사람을 정죄하리니 이는 그들이 요나의 전도를 듣고 회개하였음이거니와 요나보다 더 큰 이가 여기 있으며 심판 때에 남방 여왕이 일어나 이 세대 사람을 정죄하리니 이는 그가 솔로몬의 지혜로운 말을 들으려고 땅 끝에서 왔음이거니와 솔로몬보다 더 큰 이가 여기 있느니라

(마태복음 12 : 39 - 42)

## 요나의 표적

아주 오래전 이야기입니다. 1957년 그때 저는 신학대학교 졸업반이었고, 서울에 있는 성도교회에서 전도사로 봉사하고 있었습니다. 목사님이 어느 날 저를 부르셨습니다. 유명한 황은균 목사님이셨지요. 그분이 저에게 이렇게 물으셨습니다. "지금 신학교 졸업반이라며?" "예, 그렇습니다." "그러면 설교를 해야지. 설교를 잘해야 목사가 목회를 바로 할 수 있는 거야. 그러니까 지금부터 설교를 연습해야 하지 않겠나?" 그래서 제가 "아, 그게 어디 그렇게 쉬운 일입니까." 그랬더니 "내가 한 시간 저녁예배 시간을 줄 테니까 원고를 써가지고 오게!" 하셨습니다. 드디어 제가 생전 처음으로 설교를 하게 됩니다. 그래 원고를 써서 갔더니, 목사님이 죽 읽어가시다가 이러십니다. "이 말이 여기에 필요한가?" "글쎄요?" "그럼 지워버리지, 뭐." 그러고는 그 부분을 북 지워버리시고, 원고를 다시 써오라고 하셨습니다. 그렇게 세 번을 거듭 다시 써서 갔더니 그제야 "그저 뭐 이만하면 됐어!" 하시고는 저에게 설교를 시키셨습니다. 그래서 저녁예배 시간에 목사님이 사회를 보시고 제가 설교를 했습니다. 설교가 끝난 다음 목사님이 저더러 사무실로 들어오라고 하셔서 30분 동안 사무실에서 설교에 대하여 상담을 했습니다. 그때 목사님이 저에게 이렇게 물으셨습니다. "설교하면서 제일 어려운 게 뭔가?" 제가 말하기를 "설교하면서 제일 어려운 게 자기를 이기는 것입니다" 했더니, 목사님이 크게 감동하시면서 이러셨습니다. "목회를 10년 하고도 깨닫기 어려운 건데, 자네는 벌써 이것을 깨달았으니 참 훌륭하네. 자네는 앞으로 훌륭한 목사가 될 거야. 그런데, 왜 그렇게 생각하는가?" "예, 제가 설교하면서 드는 생각이, 교인들에게 성경 많이 읽으라고 말하면서 정작 나는 성경 많이 안 읽고, 교인들에게 기도 많이 하라고 하면서 정작 나는 기도 많이 하지 않고, 구제봉사하고, 검소하게 살고, 경건하라고 하면서 정작 나는 말하는 만큼 행동하지 못하고 있다는 것이었습니다. 그렇지 않습니까. 이것이 제일 어려운 것 같습니다." 그랬더니 황 목사님이 무릎을 치시면서 크게 기뻐하셨습니다. "자네, 참으로 귀한 통찰력을 가졌구만." 그러면서 마지막으로 제게 일생토록 잊을 수 없는 귀한 교훈을 주셨습니다. "설교는 내가 기준이 되어서 '나를 따르라. 내가 성경 읽는 것처럼 읽어라. 내가 하는 것처럼 하라' 하는 순간 나는 율법자가 되고, 나 자신이 그리스도가 되는 것이네. 그리스도를 제외하고 '나를 따르라' 하는 게 되니까 그건 잘못된 것이지. 또 그런가 하면, 나는 안 하면서 남보고 하라, 나는 기도 안 하면서 남보고 기도하라, 나는 희생 안 하면서 남에게 희생하라, 하고 가르치면 그는 위선자가 되는 거야. 그리고 목회자는 율법주의자와 위선자, 이 둘의 긴장관계 속에서 목회를 하는 것이네." 참 일생 잊지 못하는 대단히 중요한 교훈이었습니다. 그러고 나서 목사님이 빙그레 웃으시면서 마지막으로 이렇게 말씀하셨습니다. "그렇게 고민이 되거든, 그때마다 요나서를 읽어보게. 알았나?" 제가 돌아와서 요나서를 두 번 세 번 읽어보니까 왜 그 말씀을 하셨는지 알 것 같았습니다. 여러분 아시는 대로 요나는 못된 사람입니다. 선지자 중에서도 아주 못된 선지자입니다. 그러나 그 요나의 말씀을 듣고 니느웨 성이 회개하고 구원받지 않았습니까. 그걸 말씀하시는 것입니다. 요나를 읽어라— 이는 제가 일생토록 기억하고 있는, 제게 주어진 매우 귀한 교훈이었습니다.

공부하는 사람들에게 쓰이는 대단히 중요한 말 한마디가 있습니다. Leading Comprehension, '독해력'입니다. 굉장히 중요한 말입니다. 책을 본다고 보는 것입니까? 깨달아야 하는 것이지요. 책을 아무리 보아도 졸고 앉았으면 아무것도 머리에 남지 않습니다. 공부를 몇 시간 동안 했느냐가 중요한 것이 아닙니다. 읽었으면 읽은 것에 대한 이해가 있어야 합니다. 그러니까 읽어도, 들어도, 보아도, 만져도, 아니, 어떤 때에는 매를 맞아도 이해하면서 읽지 않으면 깨달음이 없습니다. 그러면 그것은 다 무효가 되는 것입니다. 가령 어떤 때 우리가 아프다고 합시다. 아픔은 있는데, 뜻은 모릅니다. 원인도 모르고, 결과도 모릅니다. 느낌도 없고, 깨달음도 없습니다. 그건 이해하면서 읽은 것이 아닙니다. 책의 뜻을 알아야지, 책상에 앉아 있다고 공부가 되는 것이 아닙니다. 집중해서 책을 읽고 이해해야 합니다.

예수님께서 오셔서 말씀하셨습니다. 말씀으로만 하지 않으셨습니다. 이적을 나타내셨습니다. 그렇게 이적을 통하여, 표적을 통하여 말씀하셨지만, 많은 사람이 예수를 바로 따르지 못했습니다. 심지어는 세례 요한까지도 제자를 보내서 "오실 이가 당신이오니이까?" 하고 여쭙게 하였습니다. 예수님께서 말씀하십니다. 길지 않습니다. "장님이 눈을 뜨며, 문둥병자가 깨끗하며, 죽은 자가 살아나며, 가난한 자에게 복음이 전파된다고 하라." 그리고 "가서 말하라!" 끝! 이것이 무엇을 말합니까? 이 사건 속에, 이 표적 속에 증거가 있고, 말씀이 있다, 이것입니다. "가서 말하라. 죽은 자가 살아난다. 가난한 자에게 복음이 전파된다." 주님의 말씀입니다. 그런고로 여러분, 생각해보십시다. 표적은 넘칩니다. 표적은 충만합니다. 그런데, 표적을 읽는 능력, 곧 독해력이 없는 것입니다. 그러니 문제가 있다는 말씀입니다. 왜요? 믿지 않기 때문에, 불신하기 때문에 이해가 없는 것입니다. 이해가 없고, 그 능력, 그 말씀을 이해하지 못하니까 은혜도 없는 것입니다.

이스라엘 백성이 애굽에서 나왔습니다. 홍해가 갈라지는 기적을 보았습니다. 그리고 그 60만 대군이 바다를 육지같이 건너갔습니다. 그 엄청난 기적, 그런 표적이 어디 있겠습니까. 그러나 자세히 연구해보면, 그 표적 뒤로 불과 두 주일밖에 안 되었는데도 이스라엘 백성은 광야를 지나가다가 물이 없다고 하나님을 원망합니다. 왜 우리를 애굽에서 인도해내셨느냐고 원망합니다. 무엇을 말하는 것입니까? 도대체 홍해를 건너는 그 엄청난 표적을 왜 이해하지 못하고, 그 깊은 뜻을 깨닫지 못했는가 하는 말씀입니다. 그런고로 저들은 하나님을 원망합니다. 그리고 큰 시험에 빠지게 됩니다. 예수님께서 역사하실 때 말씀으로 하셨지만, 사건 속에서 역사하셨습니다. 그래서 그 예수님의 행적 속에 있는 말씀을 일컬어 성경은 세 단어로 말씀합니다. '테라스', '두나미스', 그리고 '세메이온'입니다. 이는 헬라말입니다. '테라스'는 '이적'이라고 번역합니다. 놀랍다는 것입니다. 장님이 눈을 뜨고, 앉은뱅이가 일어나고, 문둥병자가 깨끗해지고…… 이렇게 깜짝 놀라는 것, 이것은 이성과 자기 경험 밖에서 일이 생길 때 그 속에서 말씀하시는 것입니다. 이렇게 표적을 보고 깜짝 놀라는 것을 '테라스'라고 합니다. 그리고 '두나미스'는 '능력'을 말합니다. '이것은 하나님의 능력이다. 이 사건 속에 하나님의 능력이 있다.' 이것이 바로 '두나미스'입니다. 마지막으로 '세메이온'

은 '표적'입니다. 이 사건은 표적이다— 이 속에 말씀이 있다는 것을 깨닫게 됩니다. 그래서 공관복음에 보면 주로 이 '테라스'나 '두나미스'로 말씀합니다마는, 요한복음으로 건너가면 백 퍼센트 '세메이온'으로 말씀합니다.

사도행전에서도 표적이라고 말씀합니다. 이 사건은 표적입니다. 놀랍기만 한 것이 아닙니다. 굉장한 사건만이 아닙니다. 이것은 경제적으로, 정치적으로, 위생적으로 볼 문제가 아닙니다. 이 속에 말씀이 있습니다. '표적, 그 속에 숨겨진 말씀이 있다.' 이렇게 이해하게 됩니다. 그러니까 표적으로 충만합니다. 여러분이 너무나 잘 아시는 요한복음 3장 16절은 말씀합니다. "하나님이 세상을 이처럼 사랑하사 독생자를 주셨다." 이처럼 사랑함에 대한 표적이 독생자입니다. 이처럼 사랑한다는 데 대한 증거로 독생자를 주신 것입니다. 이걸 이해해야 하고, 이걸 읽어야 하는 것입니다.

그러나 이걸 부인하고, 이 엄청난 기적을 이 사건 속에서 말씀하고 계시건만, 그 말씀을 다 부정해버리고는 또 나와서 표적을 구합니다. 자꾸 또 다른 표적을 구하니, 예수님께서 기가 막히셔서 이렇게 말씀하십니다. 이것은 정말 기가 막혀서 하신 말씀입니다. "요나의 표적밖에는 더 보일 것이 없느니라." 슬픈 이야기입니다. 요나가 물고기 뱃속에 사흘 동안 있다가 나온 일이 있습니다. 아니, 어떻게 그것하고 예수님의 부활을 비교합니까. 말이 안 되는 것이지요. 그것은 예수님께로 볼 때는 성육신의 엄청난 희생입니다. 이 비유 자체가 인생입니다. 요나에 자기를 비유하셨다는 것은 엄청난 희생이라는 뜻입니다. 그리고 말씀하십니다. 그래도 말씀하십니다. 요나의 표적밖에는 보일 것이 없느니라— "저 니느웨 백성들은 저 요나의 말을 듣고 회개했느니라. 그리고 구원받았느니라. 앞으로 세상을 심판할 때 니느웨 백성들이 나타나서 너희를 심판할 것이다. 요나의 표적밖에는 보일 것이 없느니라." 그렇습니다. 표적을 볼 줄 알아야 하고, 읽을 줄 알아야 합니다. 말씀을 듣고 표적을 알아야 합니다. 표적을 보고, 그 속에 있는 무궁무진한 말씀, '내가 너를 사랑한다. 오늘도 너를 사랑한다. 네 영원한 생명을 내가 보증한다'라는 말씀의 음성이 들려와야 하는 것입니다. 우리 과거의 역사, 그 전부가 표적입니다.

요새 와서 많은 분들이 말합니다. "정치하는 사람들은 시원치 않고, 다 못 되어 먹었고, 하나님께서는 무엇을 하고 계시는지 모르겠고, 이 세상은 왜 이 모양이고……" 그래서 저는 역사를 똑바로 읽으라고 이야기합니다. 역사에 나타난 모든 정치가는 다 정신이 이상한 사람이었다고 이야기합니다. 세상의 역사는 히틀러나 뭇솔리니 같은, 스탈린이나 모택동 같은, 김일성 같은 정신 나간 사람들이 주도한다고 말합니다. 하지만 그 뒤에서 하나님께서는 그들을 통하여 역사하고 계십니다. 역사를 똑바로 읽어야 합니다. 이렇게 역사를 바로 읽고 나면 정치가들에게 실망할 것 없습니다. 원래가 정치가들은 다 그런 것입니다. 그럼 어떻게 합니까? 걱정할 것 없습니다. 하나님께서는 악한 자를 심판하실 때 그보다 더 악한 자를 이용하십니다. 그렇게 악한 자를 이용하시지, 선한 자를 통하여 악한 자를 지배케 하신 역사가 없습니다. 그러니까 악한 자를 심판하실 때 그보다 더 악한 자를 통하여 심판하시고, 그다음에 선한 자를 세우시는 것입니다. 이것이 하나님께서 하시는 일입니다. 역사의 맥락 속에 하나님의 음성이 있습니다. 역사는 하나님의 표적입니다. 그런가 하면, 나의 경험도 그렇습니다. 내가 당하는 경험 하나하나가 표적 아니겠습니까. 착한 일, 큰 일, 차 사고가 나기도 하고, 병들기도 하고…… 하나하나 되어가는 일들을 보십시오. 다 표적입니다. 표적이 아닐 수 없습니다.

제가 인천에서 목회할 때 거기에 한태범 장로님이라고 아주 유명한 분이 있었습니다. 그분 별명이 '예수 동생'입니다. 그분은 예수님의 동생이라고 할 만큼, 정말 그런 삶을 살았습니다. 그분 집에 가면 안방 한 모퉁이에 이만한 배낭이 하나 걸려 있습니다. 그분이 먼지 묻은 배낭을 그렇게 오래도록 걸어놓고 있는 데는 이유가 있습니다. 장로님이 북한에서 남한으로 피난 내려올 때 뒤에서 쫓아오던 중공군이 총을 쏘았습니다. 그 총을 맞고 쓰러지면서 장로님이 '아이고, 난 이제 죽었다!' 했는데, 안 죽었더랍니다. 그래 일어나 보니까 자신이 메고 있던 배낭에 총알 셋이 박혀 있는 것이었습니다. 그렇게 배낭 때문에 살았기 때문에 그것을 방에 걸어놓았고, 살면서 어려운 일이 있을 때마다 그것만 쳐다보면 은혜가 된다는 것입니다. 바로 이것이 표적입니다. 표적이 그뿐이겠습니까. 하루하루 사는 것이 전부 표적입니다. 우리의 생애 전체, 특별히 과거도 있고, 미래도 있겠습니다마는, 무엇보다 현재가 중요합니다. 오늘 들리는 말씀이 표적입니다. 주께서 문 앞에서 기다리십니다. 문을 열면 "너는 나로 더불어 먹고 나는 너로 더불어 먹으리라 문 앞에서 두드리노니 문을 열어라!" 하고 주님께서 말씀하고 계십니다.

그러므로 표적으로 주시는 말씀을 읽을 줄 알아야 합니다. 성경도 읽어야 하겠고, 오늘의 역사를 읽고 내가 당하는 경험, 내가 듣는 소문, 그 모든 것 속에 하나님의 음성이 있음을 알아야 하겠습니다.

표적을 읽을 줄 아는 Reading Comprehension, 독해력이 필요합니다. 그러면 그 속에서 음성이 들려올 것입니다. "내가 너를 사랑하노라. 과거도 현재도 미래도 내가 너를 사랑하노라." 평안한 은총, 평강, 그리고 샬롬을 경험하게 될 것입니다. 예수님께서 완악한 자에게 말씀하셨습니다. 요나의 표적밖에는 더 보일 것이 없느니라— △

# 예수님이 읽으신 성경

예수께서 성령의 능력으로 갈릴리에 돌아가시니 그 소문이 사방에 퍼졌고, 친히 그 여러 회당에서 가르치시매 뭇 사람에게 칭송을 받으시더라 예수께서 그 자라나신 곳 나사렛에 이르사 안식일에 늘 하시던 대로 회당에 들어가사 성경을 읽으려고 서시매 선지자 이사야의 글을 드리거늘 책을 펴서 이렇게 기록된 데를 찾으시니 곧 주의 성령이 내게 임하셨으니 이는 가난한 자에게 복음을 전하게 하시려고 내게 기름을 부으시고 나를 보내사 포로 된 자에게 자유를, 눈 먼 자에게 다시 보게 함을 전파하며 눌린 자를 자유롭게 하고 주의 은혜의 해를 전파하게 하려 하심이라 하였더라 책을 덮어 그 맡은 자에게 주시고 앉으시니 회당에 있는 자들이 다 주목하여 보더라 이에 예수께서 그들에게 말씀하시되 이 글이 오늘 너희 귀에 응하였느니라 하시니 그들이 다 그를 증언하고 그 입으로 나오는 바 은혜로운 말을 놀랍게 여겨 이르되 이 사람이 요셉의 아들이 아니냐 예수께서 그들에게 이르시되 너희가 반드시 의사야 너 자신을 고치라 하는 속담을 인용하여 내게 말하기를 우리가 들은 바 가버나움에서 행한 일을 네 고향 여기서도 행하라 하리라

(누가복음 4 : 14 - 23)

## 예수님이 읽으신 성경

성도 여러분이 잘 아시는 대로, 예수님께서는 전도사역을 시작하시기 바로 전에 광야로 나가셔서 40일 동안 금식기도를 하십니다. 그리고 그 뒤에 사탄을 만나시어 시험을 당하십니다. 사탄은 먼저 "이 돌들로 떡을 만들어 먹어라!" 하고 말한 다음, 예수님을 성전 꼭대기에 세워놓고 이럽니다. "뛰어내려라! 천사가 와서 붙들어주리라." 그리고 마지막으로 이렇게 말합니다. "내게 한 번만 절하라! 그러면 천하만국과 영광을 네게 주리라." 이렇게 세 가지로 의미심장한 시험을 합니다. 이때 예수님께서 대답하십니다. 우리는 이런 어려운 시험을 당할 때 자기 의지로 이기려고도 하고, 자기 능력으로, 혹은 권력으로, 혹은 지식으로, 혹은 경험이나 그 어떤 것으로 이기려고 해봅니다. 그러나 예수님께서는 그러지 않으셨습니다. 오직 성경말씀만 암송하셨습니다. 성경말씀을 암송하시는 것으로 이기셨습니다. 예수님께서 말씀하십니다. "사람이 떡으로만 사는 것이 아니요, 하나님의 입으로 나오는 말씀으로 사느니라!" 신명기 8장 3절 말씀입니다. "주 너의 하나님을 시험하지 말라!" 이것도 예수님의 말씀 같지만, 실은 신명기 6장 16절 말씀입니다. "오직 하나님께만 경배하라!" 이것도 신명기 6장 13절 말씀입니다. 보십시오. 구절구절 성경을 암송하셔서 성경말씀으로 시험을 이기셨습니다. 여기에 대단히 중요한 의미가 있습니다. 예수님께서는 성경말씀으로 대답하셨고, 성경말씀으로 사탄을 물리치셨습니다.

특별히 오늘본문말씀은 더더욱 중요한 의미가 있습니다. 예수님께서 고향인 나사렛에서 안식일에 회당에 들어가셨습니다. 그리고 성경을 읽으셨습니다. 18절, 19절 말씀입니다. 그리고 설교하시고 증거하셨습니다. 그 설교는 오늘 우리와 같지 않습니다. 긴 이야기도 아닙니다. 장황한 설명도 없으십니다. 딱 한 마디입니다. "이 글이 오늘 너희 귀에 응하였느니라(21절)." 이 말씀이 오늘 여기서, 오늘 이 현장에서 응하였느니라— 응하였다는 말은 성취되었다는 뜻입니다. 이 말씀이 오늘 여기서 이루어졌느니라— 아주 귀한 말씀입니다. 놀라운 말씀입니다. 이 속에 예수님의 성경관이 들어 있습니다. 신학적으로 매우 중요한 의미를 가지고 있습니다. 예수님께서는 성경을 어떻게 보셨는가? 저 신명기, 저 시편, 저 이사야서, 그 말씀을 어떻게 이해하셨느냐, 하는 것입니다. 하나님의 말씀으로 받아들이셨습니다. 때로 많은 사람이 종종 실수를 합니다. 다윗이 예수 그리스도에 대하여 예언의 말을 할 때 조금 잘못하면 '시인'이라고 말하기 쉽습니다. 아닙니다. 성령으로 감동하여 다윗이 말하는 것입니다. 이것은 영감입니다. 다윗의 말이 아닙니다. 다윗이 어떻게 천 년 뒤에 오실 예수님을 바라보겠습니까. 알기나 하겠습니까. 완전히 영감으로, 성령에 강하게 붙들린 가운데서 한 말입니다.

예수님께서는 성경을 하나님의 말씀으로 믿으셨습니다. 다시 말하면, 구속사적인 역사요, 하나님의 거룩한 역사 안에 있다는 것을 믿으셨습니다. 하나님의 말씀으로, 그리고 성경에 기록된 모든 역사는 하나님 구속사의 요약입니다. 예표입니다. 확증입니다. "역사는 하나님의 손에 있는 것이고, 역사 속에 하나님의 말씀이 있다. 아니, 하나님의 계시가 있다." 이것이 예수님의 성경관입니다. 뿐만이 아니라, "성령은 예언이다. 예언했으니까 오늘 성취되는 것이다"

라는 말씀입니다. 성경의 약속과 성취를 말씀하시는 것입니다. 성경은 약속입니다. 그래서 언제나 오늘 현재를 말씀하시는 것 같으나, 먼 미래를 전망하며 말씀하시는 것입니다. 그래서 약속입니다. 약속은 미래에 대한 현재입니다. 오늘은 미래지만, 약속이 이루어지는 시간에는 현재가 되는 것입니다. 그런 강하게 섭리하시는 하나님의 경륜의 말씀을 하십니다. 그래서 저 종말을 향하여 역사의 끝에 있을 것까지 바라보며 예수님께서는 말씀하십니다.

성경은 예언입니다. 성경은 전부가 예언적이라는 것을 잊지 말아야 합니다. 요한계시록만이 아닙니다. 성경 전부가 예언적 요소가 있다— 예수님께서는 그렇게 성경을 이해하셨습니다. '그 약속이 성취된다. 약속은 추상적 개념이 아니고, 반드시 그대로 이루어진다. 약속은 성취되는 것이다.' 그 약속과 그 현실 속에서 성취되는 것이고, 긴장관계 속에서 우리가 살고 있는 것입니다. 뿐만이 아니라, 예수님께서 말씀하시는 성경에 대한 교훈에서 가장 중요한 것은 '이 말씀은 나를 위한 것이다'라고 예수님께서 생각하신다는 것입니다. '내가 중심이다. 이 성경의 중심은 나다. 성경에서 하는 예언의 초점은 나다. 예언하는 약속의 성취는 내게서 이루어지고 있다.' 이 현장에서 지금 바로 예수님께서 성경을 읽으시고 "이 말씀이 너희 귀에 응하였느니라" 하신 것입니다.

아주 중요한 말씀입니다. 예수님께서 십자가를 지시려고 예루살렘을 향하여 올라가실 때, 누가복음 9장 51절에 보면, 예루살렘을 향하여 올라가시기로 굳게 결심하셨다고 했습니다. 헬라어 원문으로 보면 이는 '얼굴을 굳게 하셨다'는 뜻입니다. 예루살렘을 바라보시면서 비상한 각오를 하시고, '이제 올라가면 끝이다'라고 십자가에서 죽으실 것을 생각하시면서 올라가시는 모습을 이렇게 기록하고 있습니다. 그런데, 거기에 서두가 있습니다. 기약이 차가매— 기약은 무엇입니까? 성경에서의 약속입니다. 성경에 기록된 약속, 성경에 예언된 약속, '그 약속이 차가매' 예루살렘을 향하여 올라가시기로 굳게 결심하셨다, 이것입니다. 예수님께서는 성경의 말씀을 자세히 성취하시고, 그 맥락 속에서 오늘 거동을 하시는 것입니다. '어디를 가시고, 오시고, 드시고, 주무시고, 죽으시고…… 이 모든 것이 성경의 예언 속에, 그 약속 속에, 그 성취 속에서 이루어지고 있다.' 예수님께서는 그렇게 믿으셨습니다.

특별히 여러분 아시는 대로 예수님께서 십자가를 지실 때 엄청난 사건이 있습니다. 그렇게 모순된 십자가요, 모진 십자가요, 무자비한 십자가를 지게 되십니다. 이 십자가를 지시려고 겟세마네 동산에서 내려오시다가 체포되시는 순간, 바로 그 순간에 예수님께서 말씀하십니다. 마태복음입니다. "열두 영도 더 되는 천사를 보내서 이들을 진멸할 수 있다. 그러나 내가 만일 그렇게 하면 이런 일이 있으리라 한 이 성경말씀이 어떻게 이루어지겠느냐." 십자가를 지시기 위하여 체포되시는 순간에도 예수님께서는 성경을 암송하십니다. "이 일이 이루어지리라." 예언의 말씀들을 기억하고 계신 것입니다. "성경을 응하게 하기 위하여 내가 이 길을 가는 것이다. 그런고로 마다할 것이 없다." 참으로 놀라운 이야기 아닙니까. "하나님의 예언의 말씀이 내게, 현재 바로 이 순간에, 이 사건 속에서 성취되고 있다." 그렇게 예수님께서는 성경을 읽으셨습니다.

요한복음 18장 11절 말씀입니다. "아버지께서 내게 주신 잔을 내가 마시지 아니하겠느냐." 저는 이 요절을 많이 사랑합니다. 그리고 늘 외워봅니다. 아버지께서 나에게 주신 잔— 빌라도가 아닙니다. 가야바도 아닙니다. 로마 군대도 아닙니다. 십자가라고 하는 이 잔은 사랑하는 아버지가 사랑하는 아들에게 주는 잔이라고 예수님께서는 아시고, 그렇게 받아들이고 계십니다. 그러니까 하나님을 생각하고, 성경을 생각하고, 예수님께서는 그 속에서 말씀의 성취로 십자가를 지시는 것입니다. 성경은 하나님의 말씀입니다. 성육신 된 하나님의 말씀입니다. 성경이라고 하는 자체가 엄청난 성육신의 의미를 가지고 있습니다. 성육신 된 하나님의 말씀, 저는 이 성경관에 대하여, 특별히 개혁신학자들에 대한 것을 좀 연구해본 때가 있었습니다. 칼뱅의 성경관에 대하여 한번 논문을 쓰기도 했고, 또 루터가 성경을 어떻게 보았는가 하는 것을 또 연구하고, 여러 신학자가 성경을 어떻게 보고 있었나 하는 것을 관심 있게 연구한 때가 있었습니다. 루터는 말합니다. '성경은 마치 말구유와 같다.' 이 한마디 속에 많은 의미가 담겨 있습니다.

이 말구유에는 우선 구유가 있고, 다음으로 강보가 있고, 또 지푸라기도 있고, 그밖에 기타 어수선한 것들이 많았을 것입니다. 그리고 거기에 아기 예수께서 계셨습니다. 아기 예수께서 거기에 계시기 위해서는 구유가 필요합니다. 또, 강보가 필요합니다. '성경이 그와 같다. 성경의 중심은 예수요, 거기에는 아기 예수께서 계시다. 그런데, 거기에는 구유도 있고, 강보도 있고, 지푸라기도 있고, 그런 것이다.' 이렇게 생각합니다. 성경에는 여러 가지 역사적인 이야기가 많이 있습니다. 그러나 그것은 마치 외양간과도 같고, 지푸라기와도 같고, 강보와도 같고, 구유와도 같고, 그 속에는 아기 예수께서 계셨습니다. 거기에 아기 예수께서 계시므로 이 구유와 이 외양간이 중요한 의미를 가지는 것입니다.

여러분이 성경을 읽을 때 이런 이야기도 있고, 저런 이야기도 있고, 마음에 안 드는 이야기도 있고, 좀 이상한 이야기도 많습니다. 그러나 이것들은 다 지푸라기요, 그 중심에는 아기 예수께서 계십니다. 마르틴 루터는 성경을 이렇게 그리스도 중심으로 이해하고 있습니다. 또한, 신학자 칼 바르트는 특별한 말을 합니다. '하나님의 말씀은 성경 안에서 우리를 기다린다. 그런고로 우리는 경건한 마음으로 성경을 읽어야 한다. 하나님의 말씀을 듣는 마음으로 읽어야 한다. 그리할 때 하나님의 말씀을 들을 것이고, 하나님의 말씀이 들릴 것이고, 좀 더 나아가서는 그리스도를 만나게 될 것이다.' 이것은 대단히 중요한 칼 바르트의 말입니다. 저는 1963년 처음 미국으로 유학 갔을 때 미시간에서 한번은 아주 북쪽으로 올라가 유니온 베리라는 곳에서 부활절을 지내본 일이 있었습니다. 특별히 목사님 댁에 가서 며칠 동안 유하게 되었는데, 그 목사님 댁에 초등학교 다니는 아이들이 몇 있었습니다. 그런데, 제가 그곳에서 지내면서 특별히 감동받은 것이 뭐냐 하면, 아이들이 학교에서 돌아와 점심을 먹으려고 딱 둘러앉았는데, 절대로 밥을 먼저 먹지 못한다는 것입니다. 거기에 성경책이 있습니다. 그 성경을 한 절 읽고, 그러고 나서야 밥을 먹습니다. 하나님의 말씀을 먹기 전에는 밥을 먹지 말아야 한다, 이것입니다. 그 가운데 꼬마가 하나 와서 밥을 먹겠다고 하니까 "너도 성경 읽어!" 합니다. 그 말은 들은 아이가 "God is Love!"라고 말하니까 "이제 먹어!" 합니다. 제가 그걸 보고 웃기도 했지만, 하나님의 말씀을 먹기 전에는 밥을 먹지도 말라는 모라비안 교파의 경건한 생활을 보고 큰 충격을 받은 바 있습니다. 여러분, 이걸 잊지 말아야 합니다. 우리가 밥을 먹고 삽니다. 그러나 우리 영은 하나님의 말씀을 먹어야 합니다. '하나님의 말씀을 먹기 전에는 밥을 먹지 말라.' 이것이 얼마나 훌륭한 경건 생활인가, 하는 것을 보았습니다.

여러분, 기도하시지 않습니까. 그럼 기도의 응답을 어떻게 들으려고 하십니까? 꿈을 꾸려고 하십니까? 또한, 내 생활에 변화가 오기를 바랍니까? 사업이 잘되기를 바랍니까? 가장 중요한 것은 성경으로 응답하신다는 것입니다. 이것이 예수님의 성경관입니다. 그리스도인은 기도하고 성경을 봅니다. 그 속에서 응답하십니다. 기도하고 성경 보고, 성경 보고 기도하고…… 그 속에서 주의 음성을 듣습니다. 이것이 성경입니다. 하나님의 말씀으로 오셨고, 또한, 말씀으로 성경 안에 계십니다. 성경을 통하여 우리는 그리스도를 만납니다. 여기에 한 가지 전제조건이 있습니다. 성령 안에서 그리스도의 말씀만이 아니라, 객관적인 계시만이 아니라, 성령께서 역사하시는 주관적인 계시가 함께해야 합니다. 그런고로 하나님의 말씀과 성령의 역사 안에서 우리가 성경을 통하여 주님을 만날 수 있고, 주님의 음성을 들을 수 있습니다. 성경은 성령의 영감으로 기록된 말씀인 것을 잊지 말아야 합니다. 그런가 하면, 계시된 역사적 사건을 성경 안에서 바로 해석해야 합니다.

그래서 제가 늘 말씀드릴 때마다 성경을 읽을 때 '기록된 계시의 말씀'이라는 말을 하는 이유가 여기에 있습니다. 성령 안에서 그리스도를 만납니다. 많은 사건 속에서 그리스도를 만납니다. 예수님께서 성경을 얼마나 사랑하셨는지, 성경을 외우면서 십자가를 지십니다. 한 말씀 한 말씀 예수님께서는 성경과 함께하셨다는 것을 꼭 잊지 마시고, 오랫동안 성경과 함께하고, 성경과 성경의 약속에다 우리의 운명을 맡기고, 그 약속을 믿으며 살아가야 합니다. "너희는 마음에 근심하지 말라. 하나님을 믿으니 또 나를 믿으라. 내 아버지의 거할 곳이 많도다. 내가 와서 다시 너희를 나 있는 곳에 영접하고, 나 있는 곳에 너희가 함께하리라." 이 약속을 믿습니다. 하나님께서 세상을 이처럼 사랑하사 독생자를 주셨다— 그 독생자를 성경을 통하여 만납니다. 성경적 신앙, 그것에 확실함이 있다는 것을 잊지 말아야 합니다. △

# 이스라엘의 위로를 기다리는 자

모세의 법대로 정결예식의 날이 차매 아기를 데리고 예루살렘에 올라가니 이는 주의 율법에 쓴 바 첫 태에 처음 난 남자마다 주의 거룩한 자라 하리라 한 대로 아기를 주께 드리고 또 주의 율법에 말씀하신 대로 산비둘기 한 쌍이나 혹은 어린 집비둘기 둘로 제사하려 함이더라 예루살렘에 시므온이라 하는 사람이 있으니 이 사람은 의롭고 경건하여 이스라엘의 위로를 기다리는 자라 성령이 그 위에 계시더라 그가 주의 그리스도를 보기 전에는 죽지 아니하리라 하는 성령의 지시를 받았더니 성령의 감동으로 성전에 들어가매 마침 부모가 율법의 관례대로 행하고자 하여 그 아기 예수를 데리고 오는지라 시므온이 아기를 안고 하나님을 찬송하여 이르되 주재여 이제는 말씀하신 대로 종을 평안히 놓아 주시는도다 내 눈이 주의 구원을 보았사오니 이는 만민 앞에 예비하신 것이요 이방을 비추는 빛이요 주의 백성 이스라엘의 영광이니이다 하니 그의 부모가 그에 대한 말들을 놀랍게 여기더라

(누가복음 2 : 22 - 33)

## 이스라엘의 위로를 기다리는 자

우리가 믿고 있는 신앙 구도의 뿌리는 이스라엘 사람들의 믿음에 근거한 것입니다. 우리가 신약성경을 보고 있습니다마는, 신약의 뿌리는 구약에 있는 것입니다. 이것을 잊지 말아야 합니다. 이 구약적 신앙, 이스라엘의 신앙, 전통적 신앙을 깊이 이해하고, 바로 이해할 때 바로 신약적 신앙도 바로 해석할 수 있게 되는 것입니다. 구약의 신앙과 신약의 신앙의 만남이 바로 오늘본문에 확실하게 나타나 있습니다. 짧습니다마는, 이 본문의 내용은 신학적으로 대단히 중요한 의미를 가지고 있습니다. 의미심장한 본문입니다.

이스라엘 신앙 구도의 속성을 살펴보면 한마디로 기다림입니다. 이스라엘 사람들은 기다립니다. 메시아를 기다립니다. 오늘도 기다립니다. 이런 기다림 자체가 그들 신앙 구도의 속성입니다. 흔히들 'Mesianic Expectation(메시아 대망사상)'이라고 말합니다. 이것이 이스라엘 사람들 신앙의 중심이요 뿌리입니다. 그런데 유감스러운 것은, 그 기다림이 성취되어 예수님께서 오셨건만, 많은 이스라엘 사람은 지금도 기다린다는 것입니다. 그저 끝없이, 심지어는 이렇다 할 확증도 없이 계속해서 메시아를 기다립니다. 그들의 핵심은 그리스도를 기다리고, 메시아를 대망하는 그 자체에 신앙의 속성이 있다는 것입니다. 이 기다림은 무지개의 꿈이 아닙니다. 막연하게 좀 더 좋은 세상이 올 것이라고 하는 희망사항 같은 의미의 기다림이 아닙니다. 우리는 깊이 생각해야 합니다. '좀 더 좋은 세상이 올 것이다. 과거보다 미래가 나을 것이다.' 이런 막연한 희망이 신앙은 아닌 것입니다.

우리가 쓰는 말 가운데 희망이라는 말이 있고, 소망이라는 말이 있습니다. 저는 이 둘의 차이가 무엇인지 늘 궁금했습니다. 언젠가 제가 중국에 갔을 때 마침 북경대학 교수들하고 같이 어떤 프로그램을 하게 되어 서로 얘기할 때 거기에 있는 한 중국학자에게 이렇게 물어보았습니다. "당신들이 쓰는 중국말로 소망과 희망, 이 둘 사이에 어떤 차이가 있는 것입니까?" 그러자 그 학자가 이렇게 답했습니다. "소망은 확실한 사건에서부터 그걸 바라보고 오늘 내가 기다리는 것이고, 희망은 나 자신으로부터 멀리 바라보며 이런 일이 있으면 좋겠다고 하는 것입니다." 소망이 희망보다 확실한 것이다, 이것입니다. 그 말을 듣고 좋았지요. 왜요? 우리는 예수소망교회니까요. '아, 소망이다! 그거다!' 이걸 잊지 말아야 합니다. 그러니까 희망은 우리 자신으로부터 나오는 것입니다. 우리 자신의 욕망으로부터 나오는 것입니다. 우리의 소원으로부터 나오는 것, 그게 희망입니다. 그러나 소망은 저쪽 대상으로부터 오는 것입니다. 하나님께로부터 오는 것입니다. 오는 약속, 그것을 내가 받고, 응답하는 것이 소망입니다. 소망은 약속에 뿌리를 둡니다. 생각해보십시오. 약속은 없는데, 소망을 한다고요? 그것은 소망이 아니라 희망입니다. 자신이 원하는 것을 바라보면서 '저것을 내게 주실 것이다'라고 믿어보십시오. 죽을 때까지 그것이 믿어집니까? 소용없는 일입니다. '저것이 내 것이 될 것이다.' 아닙니다. 주신다고 약속하셔야 합니다. 약속하실 때 그 약속을 받아들이면서 내가 응답해야 합니다. 그것이 소망입니다.

그래서 우리가 성경을 읽을 때 구약은 구약적 약속이고, 신약은 신약적 약속입니다. 우리가 잘 아는 대로 '메시아께서 오시리라'라는 약속은 구약입니다. 그리고 '메시아께서 오셨다'라는 약속은 신약입니다. 그래서 'Testamantum'은 약속이라는 말이고, 거기에 뿌리를 두고 있는 것입니다. 약속이 없는 희망은 꿈입니다. 허망한 꿈입니다. 그래서 저는 꿈이라는 말을 좋아하지 않습니다. 물론 성경에도 꿈이 있습니다. 하지만 그것은 하나님께서 주신 계시적 방법입니다. 하나님께서 야곱에게 주신 것이지, 야곱이 하나님을 향해서 꿈을 꾼 것이 아님을 잊지 말아야 합니다. 내가 이렇게 되었으면 좋겠다고 하는 꿈은 허망한 것입니다. 하나님께서 주신다고 말씀하실 때 그걸 받아들이는 것이 소망임을 늘 잊지 말아야 합니다.

성경은 하나님의 약속입니다. 하나님께서 먼저 일방적으로, 창조적으로 하나님 편에서 내게 말씀하십니다. 또, 말씀만 하시는 것이 아닙니다. 약속도 하십니다. 하나님의 말씀은 그 자체에 생명력이 있고, 역사성이 있기 때문에 말씀하실 때 벌써 그 자체가 약속이 됩니다. 그 약속은 우리 인간적인 응답으로 보면 기다림입니다. 그리고 기다림은 곧 믿음입니다. 하나님 말씀의 약속에 대한 우리 인간의 응답이 바로 믿음입니다. 그 하나님의 약속에 대한 대망은 매우 중요한 것입니다. 그런데, 여기서 우리가 한번 짚고 넘어가야 할 일이 있습니다. 메시아 대망사상과 메시아니즘은 서로 다르다는 것입니다. 책을 읽을 때 꼭 잊지 말아야 합니다. 메시아니즘(Messianism), 곧 '메시아주의'라는 것이 있습니다. 이것은 '메시아 대망사상'과는 다릅니다. 메시아 대망사상은 구체적으로 예수 그리스도를 기다리는 마음입니다. 그러나 메시아니즘은 대상이 없습니다. 메시아께서 나타나시리라는 막연한 꿈같은 기대를 말하는 것입니다. 이스라엘 사람들은 지금도 메시아니즘에 빠져 있습니다.

하지만 우리 그리스도인들은 메사아 대망사상에 근거합니다. 이것이 다른 점입니다. 구체적으로 말하면, 하나님께서는 아브라함에게 약속하십니다. 두 가지 약속입니다. '아들을 주실 것이다. 그 아들을 통하여 하늘의 별처럼, 바다의 모래처럼 자식을 주실 것이다. 편만하게 온 땅에 백성을 주실 것이다.' 하나님께서 아브라함에게 약속하십니다. 그리고 가나안 땅을 약속하십니다. "내가 네게 땅을 준다." 두 가지 약속입니다. 하나는 시간적인 약속이요, 하나는 공간적인 약속입니다. 그래서 "자식을 주마. 땅을 주마"라고 약속하셨습니다. 그런데, 여기에 세 가지 문제가 있습니다. 아브라함이 하나님의 그 약속을 받을 때가 75세입니다. 그 약속이 이루어질 때는 100세입니다. 문제는 그 사이가 무려 25년이라는 것입니다. 그 25년 동안에 자기는 늙어갑니다. 부인은 단산이 됩니다. 그 25년이라는 기다림이 바로 신앙인의 순례 생활입니다. 이걸 잊지 말아야 합니다. 그래서 그 25년 동안을 기다리면서 그가 많은 실수를 합니다. 믿음이 흔들릴 때도 많습니다. 편법을 취하기도 합니다. 그렇게 휘청휘청할 때 하나님께서 분명히 아브라함에게 말씀하십니다. "아브라함아." "예!" "너는 내 앞에서 완전하라. 왜 휘청거리느냐? 네가 믿음이 있는 것을 안다마는, 네 믿음이 흔들리고 있느니라. 네가 약하다고, 늙었다고 걱정할 것 없다. 내가 말했으면 그대로 되는 것이다. 알았느냐? 그런고로 흔들리지 마라. 너는 내 앞에서 완전하라!"

오늘본문에 나타난 메시아 대망사상은 매우 귀중한 것이요, 귀중한 사건입니다. 기다리는 믿음의 결정적 사건입니다. 시므온이라는 사람이 이제 메시아를 기다립니다. 그리스도를 기다리고 있습니다. 주의 말씀을 따라서, 구약성경의 진리를 따라서, 예언을 따라서 그는 분명히 구체적으로 메시아께서 오시리라고 생각고 있습니다. 그런데, 그건 결코 세속적인 것, 물질적인 것이 아니었습니다. 신령한 것이었습니다. 그가 기다리는 메시아는 물질적인 메시아, 세속적인 메시아가 아니라, 영원하고 신령한 메시아였습니다. 또 한 가지가 있습니다. 이 메시아 대망사상은 자기 자신에게서 나온 것이 아닙니다. 자신의 소원이나, 자신의 철학이나, 자신의 지식에서 나온 것이 아니라, 하나님의 말씀에서 나온 것입니다. 그래서 그는 자기 자신을 위한 메시아를 대망한 것이 아니고, 온 백성, 온 이스라엘을 향하신, 단적으로 말하면, 우주적인 메시아를 기다리고 있었던 것입니다. 뿐만이 아니라, 자기 자신의 생각과 철학과 경험에서 더 나아가 성경의 이해에서 온 것이 아닙니다. 다시 말하면, 'My Way'가 아니라, 'His Way'입니다. 하나님께서 성령으로 말씀하시고, 성경을 통하여 말씀하신 바를 따라서 그는 메시아를 대망하고 있었습니다.

가장 중요한 문제가 있습니다. 그것은 'Messianic Age'냐, 'The Messiah'냐, 하는 것입니다. 이것은 신학적으로 매우 중요한 것입니다. 메시아를 생각할 때 그 메시아 한 분을 통해서 나타나는 메시아를 생각하지 않고, 'Messianic Age'만 생각합니다. 메시아의 세대, 메시아의 시대가 오면 빈부의 차이도 없고, 계급의 차이도 없고, 서로 시기 질투하는 것도 없고, 가난한 것도 없는 유토피아의 세계, 메시아의 세대, 평화와 진리와 자유와 평등이 있고, 번영이 있는 아름다운 유토피아를 생각하는 것입니다. 이것이 'Messianic Age'입니다. 메시아의 세대가 오기를 바랍니다. 그런 메시아관이 하나 있고, 다른 하나는 그것이 아닙니다. 부하고 가난하고, 그런 이야기가 아닙니다. 번영의 세계가 아닙니다. 평등의 세계도 아닙니다. 중요한 핵심은 The Messiah, 메시아 그분, 그 인격을 기다리는 것입니다. 시므온의 훌륭한 신앙은 이것입니다. 메시아의 시대를 바라는 것이 아니고, 그 한 분 메시아를 성경적 진리대로 대망하고 있었더라는 것입니다. 그래서 훌륭한 것입니다.

그런데, 또한 깊이 생각해야 합니다. 그는 이 경건한 메시아적 대망의 신앙 안에서 경건을 찾았습니다. 자기가 경건하여 메시아께로 간 것이 아니라, 경건을 생각하기 전에 메시아를 기다리는 마음이 그를 경건하게 만들어준 것입니다. 메시아를 만날 생각에서 그는 경건한 생을 살았다는 말입니다. 이것이 얼마나 중요합니까. 내가 정결하게 살고, 거룩하게 살고, 깨끗하게 사는 것이 아닙니다. 내가 만나야 할 분이 있습니다. 그런고로 나는 경건해야 하는 것입니다. 내가 만나야 할 분이 계십니다. 만일 우리가 이 세상적인 이야기로 하면, 내가 깨끗하고, 정결하고, 경건해서 신랑을 기다리는 것입니까? 아닙니다. 신랑이 저기에 있습니다. 신랑이 있으니까 신랑을 바라보며 내가 정결한 것입니다. 내가 깨끗해야 하고, 정결해야 하고…… 그것은 다릅니다. 그런데, 오늘 이 시므온의 경건은 메시아를 기다리는 마음, 그 간절한 마음이 마침내 그를 경건하게 만든 것입니다. 그 경건의 구체적인 예로, 그는 성전 중심으로 살았습니다. 그는 언제나 성전에 살기를 좋아했습니다. 성전, 아버지의 집에 살기를 원한 것입니다.

저는 예수님께서 열두 살 나이로 성전에 올라가셨을 때 그 부모님께 하신 말씀을 너무나 중요하게 생각합니다. 아버지 어머니가 사흘 동안이나 모르고 안심한 채 가다가 마지막에 돌아가 그 아들을 찾아서 "어찌하여 우리에게 이렇게 하였느냐?" 할 때 열두 살 예수께서 답하시는 말씀을 들어보십시오. "내가 내 아버지 집에 있어야 할 줄을 모르셨습니까?" 열두 살 된 예수님께서 성전에 올라가시니 너무나 행복하신 것입니다. 이것이 경건입니다. 경건한 사람의 생활은 교회 중심적입니다. 교회가 내 고향이고, 내 은혜의 처소고, 기도의 처소고, 행복의 근본입니다. 이걸 잊지 말아야 합니다. 내 아버지의 집 — 그래서 이스라엘 사람들은, 경건한 사람들은 이렇게 합니다. 성전에 올라갈 뿐만 아니라, 회당 중심으로 살 뿐만 아니라, 집에서 기도할 때라도 예루살렘 쪽을 향하여 기도합니다. 예루살렘 쪽을 향하여 무릎을 꿇습니다. 성전 쪽을 향하여 무릎을 꿇습니다. 성전을 사모하면서, 비록 공간적으로는 여기에 있지마는, 내 마음은 저기 성전에 있는 것입니다. 이 성전 중심의 경건이 시므온의 경건입니다. 그뿐 아니라, 그는 성전에 올라가서 기도했습니다. 많은 시간 기도의 행복을 알고, 기도의 그 거룩한 능력을 아는 사람이요, 기도하며 경건했고, 경건하여 기도했습니다. 뿐만이 아니라, 성령의 지시를 받았다고 했습니다. 성령께 이렇게 할 때 주의 음성을 듣게 됩니다. 성령의 지시를 받아서 "네가 메시아를 만날 것이다. 네가 죽기 전에 메시아를 만날 것이다"라는 응답을 받게 됩니다. 그리고 기다립니다.

여러분, 생각해보십시오. 이 시므온이 이렇게 생각합니다. 성령으로 말씀하시고, 성전에서 말씀하셨습니다. "네가 죽기 전에 메시아를 보리라." 이것은 수천 년 동안 내려오던 귀한 말씀의 결정체가 아니겠습니까. "너는 메시아를 보리라. 많은 사람이 보고자 하다가 죽었지만, 너는 메시아를 보리라." 이 얼마나 큰 행복입니까. 바로 여기에서 경건한 사람이 되고, 기도의 사람이 되고, 성령의 사람이 되었습니다. 이 약속의 기다림은 이루어졌습니다. 그래서 만나게 됩니다. 약속에 대한 성취, 약속은 있는데 성취가 없다면, 그건 사기치는 것입니다. 뜬구름 잡는 것입니다. 약속이 있으면 반드시 성취가 있어야 합니다. 그 긴장 관계 속에서 우리가 살아가는 것입니다. 약속이 있으면 성취합니다. 작은 성취가 있고, 큰 성취가 있습니다. 하나하나 기도가 응답되고, 말씀이 응답되고, 하나님의 말씀이 여기서 현실적으로 응답되는 것을 경험하며 살아야 진정한 경건생활이 이루어질 수 있다는 말입니다.

시므온은 마침내 아기 예수를 만납니다. 만날 때의 상황도 참 소중합니다. 아니, 아기 예수의 이마에다 뭐라고 써 붙인 것도 아닐텐데, 무슨 증거, 무슨 표적으로 예수를 알아볼 수 있었는지, 저는 그게 궁금합니다. 하지만, 다 성령의 역사요, 하나님께서 주신 축복의 시간입니다. 그는 아기 예수를 딱 안고 주의 구원을 보았다고 고백합니다. 저는 이 말씀이 너무나 좋습니다. "내가 주의 구원을 보았습니다." 아직 어린아이입니다. 무슨 부귀영화도 아니고, 무슨 신임장도 아니고, 수표도 아닙니다. 오직 아기 예수뿐입니다. 아기 예수를 본 것뿐인데, 그 아기 예수를 품에 안고 "내가 주의 구원을 보았습니다!" 합니다. 이 아기 예수를 통하여 이제 앞으로 나타날 구원의 역사를 전망하면서 "내가 주의 구원을 보았습니다!" 합니다. 그 다음 말이 너무나 중요합니다. "주께서 나를 평안히 놓아주시는도다." 그 말 그대로 해석하고 싶습니다. "이제 평안한 마음으로 죽을 것입니다. 이제 더 바랄 것이 없으니까 저는 기쁜 마음으로 주님 앞에 가겠습니다." 나를 평안히 놓아주시는도다— 시므온이 이렇게 간증하고 있습니다. 신학자 본회퍼의 유명한 말이 있습니다. '그리스도의 제자들 가운데는 값싼 은혜를 구하는 사람들이 많다. 값싼 은혜, 그 제도가 잘못되었다.' 첫째가 행위 없는 믿음이고, 둘째가 순종 없는 믿음이며, 셋째가 십자가를 부정하는 의만 구하는 믿음입니다. 이 세 가지가 잘못된 믿음이라고 이야기합니다. 이 시므온이 가진 믿음은 확실한 믿음이요, 순종이 있는 믿음이요, 만남이 있는 믿음이요, 성취가 있는 믿음이었습니다. 그는 아기 예수를 안고 신앙을 고백합니다. "주의 구원을 보았나이다. 저는 만족합니다. 더 바랄 것이 없습니다. 평안히 주님 앞에 가겠습니다. 행복합니다. 감사합니다." 그런 간증입니다. 평안히 놓아주시는도다—

하나님의 사람은 약속을 믿고 삽니다. 약속해주신 오늘 구체적인 생활 속에서 하나하나 성취되는 것을 봅니다. 그리고 확실한 증거를 가진 경건은 만족한 것입니다. 항상 주의 구원을 보고 사는 것입니다. 주의 구원을 만지며 사는 것입니다. 주의 구원 안에 사는 것입니다. 이것이 메시아를 기다리는 사람의 참된 경건의 모습입니다. △

# 지혜의 마음을 얻게 하소서

주여 주는 대대에 우리의 거처가 되셨나이다 산이 생기기 전, 땅과 세계도 주께서 조성하시기 전 곧 영원부터 영원까지 주는 하나님이시니이다 주께서 사람을 티끌로 돌아가게 하시고 말씀하시기를 너희 인생들은 돌아가라 하셨사오니 주의 목전에는 천 년이 지나간 어제 같으며 밤의 한 순간 같을 뿐임이니이다 주께서 그들을 홍수처럼 쓸어가시니이다 그들은 잠깐 자는 것 같으며 아침에 돋는 풀 같으니이다 풀은 아침에 꽃이 피어 자라다가 저녁에는 시들어 마르나이다 우리는 주의 노에 소멸되며 주의 분내심에 놀라나이다 주께서 우리의 죄악을 주의 앞에 놓으시며 우리의 은밀한 죄를 주의 얼굴 빛 가운데에 두셨사오니 우리의 모든 날이 주의 분노 중에 지나가며 우리의 평생이 순식간에 다하였나이다 우리의 연수가 칠십이요 강건하면 팔십이라도 그 연수의 자랑은 수고와 슬픔뿐이요 신속히 가니 우리가 날아가나이다 누가 주의 노여움의 능력을 알며 누가 주의 진노의 두려움을 알리이까 우리에게 우리 날 계수함을 가르치사 지혜로운 마음을 얻게 하소서

(시편 90 : 1 - 12)

## 지혜의 마음을 얻게 하소서

제가 개인적으로 많이 존경하는 커밍 워크(Cumming Walk)이라는 사회학자가 있습니다. 제가 그분의 책을 여러 권 탐독한 일이 있었는데, 마음에 드는 바가 있어서 신학 연구에 많이 인용하곤 하였습니다. 그는 사람이 성공하려면 네 가지가 있어야 한다고 이야기합니다. 첫째, 자본이 있어야 한다는 것입니다. 돈 없이 되는 일이 없습니다. 공부를 해도 그렇고, 운동을 해도 그렇고, 뭐든지 이 자본이 따라가야만 되지 않습니까. 그래서 경제문제가 먼저 따른다는 것입니다. 둘째, 지식이 있어야 한다는 것입니다. 자본은 있는데 지식은 없고, 돈은 있는데 멍청하다면 사업에서 성공할 수 없지 않겠습니까. 그런고로 풍부한 지식이 있어야 한다는 것입니다. 그래서 우리가 연구하고 공부하는 것이지요. 셋째, 기술이 있어야 한다는 것입니다. 지식이 있다면 그 지식을 몸에 익혀 기술화해야 한다는 말입니다. 그렇게 하지 않으면 그 지식, 아무 소용이 없게 됩니다. 그리고 맨 마지막이 중요합니다. 정열이 있어야 한다는 것입니다. 패션 지식도 있고, 돈도 있고, 능력도 있고, 다 있다고 하지만, 정열이 없으면 되는 일이 없다는 것입니다. 그는 이렇게 네 가지를 말합니다. 그런데, 그의 이야기 가운데 중요한 것이 하나 더 있습니다. 바로 시간입니다. '시간을 얻지 못하면 되는 일이 하나도 없다. 그런데, 이 시간은 하나님께 속한 것이다.' 그의 지론은 이렇습니다. '경영학의 지론은 시간이다.' 시간은 머무르지 않고 계속 지나가기 때문입니다. 이걸 우리가 잊지 말아야 합니다.

젊은 사람들이 가끔 상담하러 와서 앞으로의 일을 두고 "어떻게 하면 좋겠습니까? 장래에 뭘 하면 좋을까요?" 하고 물어올 때가 있습니다. 그러면 저는 그들이 원하는 대로 여러 가지 얘기를 해준 다음 마지막으로 한마디를 덧붙입니다. "'10년 뒤에 내가 어떤 사람이 되어 있을까?' 이걸 잊지 말고 출발하라." 그렇게 맨 마지막 훈계를 합니다. '10년 후에 내가 어떤 사람이 되어 있을까?' 여기에 초점을 맞추고, 오늘 모든 노력을 기울여야 한다고 말하곤 하는 것입니다. 세상을 아는 것은 지식이요, 시간을 아는 것은 지혜입니다. 문제는 지식은 있지만, 지혜가 없는 것입니다. 지식은 언제나 우리 인간에게 주어진 것 같으나, 그게 아닙니다. 왜냐하면, 지식은 시간과 함께 지혜로 바뀌어야 하기 때문입니다. 그 시간 개념에 대해서는 늘 말씀드린 것이지만, '크로노스'라고 하는 시간이 있습니다. 여러분의 시계를 보시면, 고급 시계 가운데 '크로노미타'라고 씌어 있는 것이 있을 것입니다. '크로노미타'는 '영원한 시간'을 의미합니다. 그런가 하면, 우리가 가지고 있는 시간은 '카이로스'입니다. 날마다, 날마다 우리가 살고, 일하고, 생각하고, 공부하고, 연구하는 시간은 '카이로스'입니다. 영원한 시간과 단절된 시간, 또 영원한 하나님의 경륜 속에 있는 시간과 나에게 주어진 시간— 사실 엄격히 말하면 하루하루 이 시간이 주어지는 것 아닙니까. 그러니 한 시간 한 시간이 얼마나 소중합니까.

제가 오늘 아침에도 차를 몰고 이 교회를 향해 나오면서 스스로 생각해보았습니다. '내가 몇 번이나 더 설교단에 설 수 있을까?' 많은 목사님이 팔십에 설교가 끝났습니다. 저는 지금 팔십이 지난 지가 오래되었는데, 아직도 하고 있습니다. 그래도 꼭 잊지 말아야 합니다. '몇 번이나 더 할까?' 내가 언제까지나 일할 수 있는 것이 아닙니다. 다만 내게 주어진 얼마간의 시간 동안, 그 안에서 언제까지 수고할 수 있는가가 중요합니다. 그러므로 카이로스를 바로 알고, 거기에 따라야 한다는 말입니다.

저는 폴 틸리히라는 신학자를 잘 압니다. 그의 저서 가운데 「Shaking of the Foundation」이라는 유명한 책이 있습니다. 이 책에서 그는 말합니다. '시간은 모든 것을 변화시킨다. 그리고 시간은 그 자체 안에 영원을 품고 있다. 시간은 그냥 지나가는 것이 아니다. 그 속에 하나님의 뜻과 섭리와 계획이 속해 있다. 그래서 과거는, 지금은 과거지만, 한때는 현재였다. 그러므로 지금 현재는 언젠가는 과거가 될 것이다.' 시간은 미래지향으로 흘러갑니다. 그러면서 많은 변화를 일으킵니다. 여기서 시간에 대한 바른 개념을 신앙이라고 그는 말합니다. 알 수 없는 미래를 지향하지만, 알아야 할 오늘이 있음을 아는 것이 지혜라고 말합니다.

여러분, 운동경기를 많이 보십니까? 저는 경기장에 가본 일이 별로 없지만, 텔레비전으로 운동하는 것을 많이 봅니다. 그렇게 운동경기를 볼 때 두 가지 경우가 있습니다. 하나는 실황중계를 보는 것입니다. 경기하는 시간을 미리 알았다가 그 시간에 틀어놓고 '이길까? 질까?' 하고 초초한 마음으로 경기를 보는 것입니다. 하지만 그렇게 할 필요가 뭐 있습니까. 저는 경기를 녹화해놓고 다음날 아침에 그걸 보는 것이 좋습니다. 왜요? 결과를 알고 보기 때문입니다. 이것이 얼마나 중요합니까. 누가 세상 사는 것을 이렇게 표현했습니다. '패널티킥 앞에 선 골키퍼와 같다.' 골키퍼를 앞에 놓고 패널티킥을 할 때 그 골키퍼가 얼마나 불안하겠습니까. 무슨 일이 생길지 전혀 모르는 채 불안에 떨고 있는 모습을 묘사한 사람이 있습니다. 그러나 신앙은 그런 것이 아닙니다. 마지막을 알고, 그리고 오늘을 보는 것입니다. 마지막을 먼저 알고, 그리고 현재를 보는 것입니다. 그래서 이런 유명한 말이 있습니다. '신앙이란 무엇인가? 과거로부터 미래를 생각하는 것이 아니고, 미래로부터 현재를 생각하는 것이 신앙이다. 결정적 미래를 먼저 보고, 그리고 그것에 의해서 오늘을 살아가는 것이 신앙이다.' 대단히 지혜로운 말이라고 생각합니다.

오늘본문은 모세의 기도문입니다. 여러분 잘 아시는 대로 모세는 참 파란만장한 생을 살았습니다. 그러나 아주 간단합니다. 40년을 바로의 궁전에서 살았습니다. '왜 내가 바로의 궁전에서 공주의 아들로 이렇게 살아가야 하나?' 이렇게 이유도 모르고 살았습니다. 그런가 하면, 또 광야에서 살았습니다. 광야 40년, 얼마나 어려웠겠습니까. 그 사람들은 숙소가 없습니다. 그냥 입고 있는 옷이 이불입니다. 일어나면 옷이고, 누우면 이불인 것입니다. 그렇게 광야에서 양들과 같이 삽니다. 이것이 유목민의 생활입니다.

여러분, 생각해보십시오. 모세가 하나님의 음성을 들었을 때가 80세입니다. 그의 지난 과거가 다 필요했습니다. 바로의 궁전에서 40년, 그리고 양을 치는 목자로서 40년을 지나고 나서 80세에 하나님의 음성을 듣고, 이제부터 40년 동안을 이스라엘 백성을 위하여 봉사하는 것을 볼 수 있습니다. 그래서 오늘본문에서 모세는 120세입니다. 이제 곧 세상을 떠나게 됩니다. 그때 일생을 다 돌아보면서 하나님의 경륜, 하나님의 부르심, 하나님의 섭리, 그 모든 것을 생각하며 그는 오늘본문에서 말합니다. "하나님은 영원부터 영원까지 계시다. 인생은 끝이 있다. 티끌로 돌아가라 하셨으니, 갈 수밖에 없는 것이다. 너는 흙이니 흙으로 돌아가라." 특별히 오늘본문 10절에 기가 막힌 말씀이 있지 않습니까. "우리의 연수가 칠십이요 강건하면 팔십이라도 그 연수의 자랑은 수고와 슬픔뿐이요 신속히 가니 우리가 날아가나이다." 이 날아간다는 말씀의 뜻을 아시겠습니까? 젊은 사람들은 모릅니다. 60이 넘어서 보면 하루하루 가는 게 걸어가는 것이 아닙니다. 날아가는 것입니다. 그렇게 빨리 갈 수가 없습니다. 2020년, 올 한 해가 다 날아서 지나갔습니다. 모세는 말합니다. 그리고 자랑은 없습니다. 순식간에 가니 자랑은 없습니다. "수고와 슬픔뿐이요, 많은 고통이 있었습니다." 이렇게 회고하고 있습니다.

지식은 과거에 대한 것입니다. 지혜는 미래에 대한 것입니다. '우리의 날 계수하는 지혜를 주시옵소서.' 내 나이를 셀 줄 아는 사람이 되어야겠습니다. 이것은 과거에 대한 것이 아닙니다. 미래에 대한 것입니다. 이게 중요한 것입니다. 우리는 자꾸 과거로 돌아갑니다. 그 옛날에 이러지 말았어야 했는데, 하고 과거를 자꾸 되새기면서 고생합니다. 거기에서 헤어나지를 못합니다. 그러나 성경은 미래에 대해서, 앞으로 내 앞에 어떤 일이 있을 것인지, 그 앞의 일을 생각하고, 그 미래지향적인 하나님의 섭리 가운데서 오늘을 보아야 한다고 말씀합니다. 우리의 날 계수함을 가르치옵소서—

옛날에 가끔 한경직 목사님하고 제가 커피를 같이 마실 때 보면, 여러 번 있었는데, 그분은 커피에 설탕을 다섯 숟가락 넣으십니다. 제가 보다 못해서 여러 번 얘기했습니다. "목사님, 그렇게 설탕 많이 잡수시는 거 몸에 나쁘답니다." 그러면 목사님은 "아, 뭐 괜찮아!" 하고 말씀하시지 않고, 간단하게 답하십니다. "곽 목사, 내 나이가 얼마지?" '내가 나이를 이렇게까지 먹었는데, 뭔 말이 많으냐?' 이런 뜻입니다. '이미 여기까지 왔는데, 내 나이가 얼마냐?' 그리고 한번은 한 목사님이 오막살이 같은 데 계셨습니다. 침대도 자그마하고, 너무너무 초라했습니다. 그래 제가 "아, 목사님. 이 침대도 좀 바꿉시다. 요 의자도 좀 바꾸고요. 제가 장로님들한테 이야기해가지고 이거 이거 다 바꾸도록 할게요"라고 하면, 한 목사님이 빙그레 웃으시면서 이러십니다. "내 나이 얼마지? 내가 며칠이나 더 살지 모르는데, 그걸 해서 뭘 할 거야? 그게 왜 필요해?" 이런 말씀을 늘 하셨습니다. "우리의 날 계수함을 가르쳐주세요." 나이를 셀 줄 알아야 합니다. '이 나이에 내가 생각할 게 뭐냐? 해야 할 일이 뭐냐? 서둘러야 할 일이 뭐냐?' 아무 소용이 없는 것이거든요. 그러니까 주의 날 계수함을 가르쳐주세요—

이스라엘 사람들의 「탈무드」에 나오는 지혜가 있습니다. '가장 귀한 일은 지금 하고 있는 일이다. 가장 귀중한 사람은 오늘 만나고 있는 사람이다. 가장 귀한 시간 바로 현재다.' 정말 한 시간, 한 시간의 현재라고 하는 시간이 아주 소중하게, 그야말로 꽉 차게 됩니다. 지금 나이가 많은데도 아직 잠만 자고 있으면 되겠습니까. 지난날 잔 것도 너무나 많은데, 정신을 차리고 좀 더 하나님의 뜻 앞에 충성을 다해야 하지 않겠습니까. 요새 아주 재미있는 유행어가 하나 있는 거 아십니까? 아이들한테서 효도 받으려면 아이들에게 어딘가 감추어 둔 돈이 많은 것처럼 말해야 한답니다. 감추어 둔 돈이 있는 척하면 아이들이 그걸 바라고 효도한다는 것이지요. 그런가 하면, 더 재미있는 것이 있습니다. 인맥이 많은 척하는 것입니다. '내가 많은 사람을 알고 있다. 내가 그 사람들을 통해서 너희들을 도와줄 거다.' 이런 것입니다. 마지막 말이 재미있습니다. 곧 죽을 사람인 척 해야 한다는 것입니다. 그러지 않고 오래 살 거라고 하면, 효도 안 한다는 것입니다. 여러분, 생각해봅시다. '우리에게 지혜로운 마음을 주시옵소서.' 어차피 자랑은 없습니다. 수고와 슬픔뿐입니다. 다 지나간 일입니다. 지혜로운 날 계수함을 가르쳐주시옵소서— 이제부터는 생각하는 것, 행하는 것, 여러분이 집에서 쓰고 있는 가구 하나하나를 보십시오. 왜 필요한가를 생각해야 합니다. 많이 들여놓으면 장례식 때 복잡해집니다. 간단하게— 이걸 잊지 말아야 합니다.

로마서 13장 11절을 여러분이 너무나 잘 아십니다. "또한 너희가 이 시기를 알거니와……" 이것은 '카이로스'입니다. "시기를 알거니와 자다가 깰 때가 벌써 되었으니 이는 이제 우리의 구원이 처음 믿을 때보다 가까웠음이라." 밤이 깊고 낮이 가까웠으니, 어둠의 일을 벗어라, 밤이 깊고 낮이 가까웠다— 그렇습니다. 우리가 밤을 느끼고 있습니다. 밤을 의식하고 있습니다. 지금 이 밤은 아침이 가까웠다는 걸 의미합니다. 이 밤에서 밤으로 끝나는 것이 아니라, 밤은 아침으로 가는 것입니다. 저는 군대생활 하면서 보초를 많이 서보았습니다. 이것은 해보지 않은 사람은 무슨 말인지 모릅니다. 밤중에 그 들판에 서서 총을 들고 보초를 서고 있잖습니까? 초저녁에는 그렇게 어두울 수가 없습니다. 점점 더 어두워지고 깜깜해집니다. 그러다 새벽 3시쯤 되면 드디어 저 동쪽이 훤해지기 시작합니다. 그리고 좀 있다가 새벽별이 딱 뜹니다. 그리고 또 한 몇 시간 있으면 아침이 되는 걸 알 수 있습니다. 밤이 깊었다는 것은 아침이 가까웠음을 의미하는 것입니다. "밤이 깊고 아침이 가까웠다. 그런고로 어둠의 일을 벗어라." 이 얼마나 중요한 얘기입니까. 우리는 과거에 사는 것이 아닙니다. 미래에 사는 것입니다. 미래를 지향하며 삽니다. 미래를 환영하며 사는 하나님의 사람들이 되고, 빛의 자녀가 되어야 할 것입니다.

사도 바울은 늘 말합니다. "나의 나 됨은 하나님의 은혜라." 그리고 또 말합니다. "네게 약속하신 바가 있다." 그러므로 내 지난날의 과거, 아니, 현재의 고난은 하나도 문제가 되지 않습니다. 내 앞에 있는 소망의 세계, 하나님과 약속된 세계를 바라보는 지혜의 사람이었습니다. 그런고로 어둠의 일을 벗어라— △

# 속사람은 날로 새롭도다

그러므로 우리가 낙심하지 아니하노니 우리의 겉사람은 낡아지나 우리의 속사람은 날로 새로워지도다 우리가 잠시 받는 환난의 경한 것이 지극히 크고 영원한 영광의 중한 것을 우리에게 이루게 함이니 우리가 주목하는 것은 보이는 것이 아니요 보이지 않는 것이니 보이는 것은 잠깐이요 보이지 않는 것은 영원함이라

(고린도후서 4 : 16 - 18)

## 속사람은 날로 새롭도다

오래전 이야기입니다. 여러 해 전에 미국의 시카고 신학대학에 초청을 받아서 일주일 동안 특강을 한 일이 있었습니다. 대개 이렇게 집회로 해외에 나가게 되면 내가 맡은 시간이 있고, 또 그다음에는 남는 시간이 있습니다. 예를 들어, 오전에 강의가 있으면 오후에는 자유시간이 있는 것입니다. 그런 경우 저는 그 소중한 시간을 생각해서 꼭 하는 일이 있습니다. 하나는 박물관이나 미술관을 방문하는 것입니다. 그게 저로서는 참 좋은 경험이었습니다. 또, 이러저러한 눈에 보이는 아름다운 교회당들을 찾아가서 교회 건축이나 예배 모습을 탐문하는 습관도 있었습니다. 그날도 마침 오후에 시간이 있어서 택시를 타고 시카고 박물관에 갔습니다. 그리고 거기 들어가서 여러 가지 구경을 했는데, 늘 그러합니다마는, 박물관에 가면 많은 생각을 하게 됩니다. 특별히 그때 시카고 박물관을 방문한 일은 제 일생의 가장 소중한 경험이었습니다. 왜냐하면, 놀라운 경험을 했기 때문입니다. 이집트 박물관에서 미라 세 구를 가져다가 해부를 해놓은 것입니다. 저는 세계 곳곳의 여러 박물관에 가서 거기 전시되어 있는 미라를 보았지만, 그걸 해부한 것은 한번도 못보았습니다. 그렇기에 저는 그때를 아주 소중한 기회로 삼고 해부된 미라를 보았습니다. 그 미라는 사람에다 기름을 발라가지고 사막에서 말린 것입니다. 이렇게 해서 3천 년 동안 놓아둔 미라가 아직도 썩지 않고 있는 것입니다. 그걸 보고 있자니, 이런 생각이 들었습니다. “저 시체는 참 불행하다. 안 썩으니까 저렇게 남아 있지 않은가. 진작에

썩어서 흙이 되었으면 좋았을 걸.” 그런데, 그게 문제가 아니었습니다. 마지막으로 그 옆에 죽 씌어 있는 설명서를 꼼꼼히 읽다가 저는 큰 충격을 받았습니다. 3천 년 전 미라를 열어놓고 보았더니, 그 미라의 손에 밀알 몇 개가 쥐여 있었다고 합니다. 그래 그걸 가져다가 식물학자들이 땅에 심어보았더니, 싹이 나더라는 것입니다. 이게 귀중한 것 아닙니까. 보십시오. 밀알이라는 것은 생명체입니다. 그런데, 죽은 사람의 손에 붙들려 있으니까 죽은 것입니다. 그러나 땅에 들어가서 썩으니까, 밀알이 썩고 죽으니까 그다음에 새싹이 나더라는 것입니다. 거기서 저는 아주 중요한 진리를 깨달았습니다. 그때 예수님의 음성이 들려왔습니다. 요한복음 12장 24절입니다. “한 알의 밀이 땅에 떨어져 죽지 아니하면 그대로 있고 죽으면 많은 열매를 맺느니라.” 제 귀에 들려온 것입니다. ‘죽지 아니하면 그대로 있고, 죽으면 많은 열매를 맺느니라. 그 말씀이 바로 거기에 있다.’ 그렇게 깊은 감명을 받아보았습니다. 여러분, 다시 한번 생각해보십시오. “죽지 아니하면 그대로 있고, 죽으면 많은 열매를 맺느니라.” 생명의 놀라운 신비 아닙니까. 죽어야 사는 신비, 죽고야 살아가는, 새생명으로 태어나 열리는 신비, 이것을 생각해야 합니다.

우리는 천지를 창조하신 하나님의 역사를 볼 때 이 광활한 우주, 이 신비로운 세상, 이 천지만물을 하나님께서 창조하셨다고 쉽게 생각합니다마는, 천지라고 하는 흙덩어리를 만드신 것이 아닙니다. 우리가 보는 이런 돌덩어리, 흙덩어리를 만드신 창조가 아니라는 것입니다. 눈에 보이는 것은 천지 만물이지마는, 그 속에는 생명이 있습니다. 우리는 생명 창조라는 것을 깜빡 잊어버릴 때가 많습니다. 눈에 보이는 천하 만물, 화려하고 아름다운 동산, 좋은 경치…… 이런 것이 아닙니다. 생명의 창조, 보이지 않는 창조입니다. 그래서 성경은 말씀합니다. "생령을 주셨다." 생명과 생령, 다시 말하면, 이 생명의 창조를 통해서 창조의 역사는 계속되고 있는 것입니다. 이것이 하나님의 천지창조, 그 신비입니다.

좀 더 구체적으로 생각해보겠습니다. 우선 일차적으로 식물학적인 생명을 생각해봅시다. 겨울이 되면 나무가 동면합니다. 그러면 나뭇잎이 다 떨어지고, 마치 죽은 것처럼 됩니다. 더욱이 눈을 뒤집어쓰고 있습니다. 그러면 다 죽은 것 같은데, 봄이 되면 그 나무에서 싹이 나고, 꽃이 피고, 열매가 맺힙니다. 이것은 신비로운 역사입니다. 이렇게 해마다 죽고 살고 하는 것이 식물의 세계 아니겠습니까. 우리가 잘 아는 바와 같이, 한 알의 밀, 그 씨앗이 땅에 들어가 죽어야 합니다. 저는 브라질의 아마존을 방문했던 적이 있습니다. 아마존의 밀림을 보면, 그 높은 데서 30미터나 되는 밧줄 같은 것이 쭉 내려와 있습니다. 영화 같은 데서 보면, 타잔이 그 줄기를 타고 날아다니지 않습니까. 그 밧줄이 어디서 생겼는지, 누가 그걸 만들어놓았는지 궁금했는데, 아마존에 가서 보니까 거기에 실제로 그런 것이 있었습니다. 사실 그것은 줄기가 아니라, 뿌리입니다. 나무의 뿌리가 위에서부터 쭉 내려온 것입니다. 매우 신비롭습니다. 나무의 열매가 땅에 떨어지면 그것을 새가 주워서 먹습니다. 그러고는 그 새가 나무 위로 올라가서 그 위에 변을 봅니다. 그러면 그 종자에서 싹이 나고, 거기서 뿌리가 내려오는 것입니다. 그렇게 쭉 내려오다가 땅에 닿으면 거기서 또다시 뿌리를 내립니다. 그런 식으로 그 높이가 30미터나 되는 큰 밀림이 이루어지는 것입니다. 이 생명의 신비를 가만히 생각해보십시오. 조그마한 씨앗을 새가 주워 먹고 올라가서 변을 보았는데, 그 종자 하나가 그렇게 큰 나무가 되는 것입니다. 이 신비로운 역사가 계속 반복되면서 밀림이 되는 것입니다. 여러분, 그때마다 생각해야 합니다. 하늘 아래 씨앗이 그대로 있으면 그대로입니다. 반드시 죽어야 싹이 나고, 열매를 맺고, 새로운 생명의 세계로 나아가는 것입니다. 그래서 열매는 어떤 의미에서는 옛 생명의 죽음에서 나오는 것입니다. 낡은 예전 생명, 그 죽음에서 새 생명이 나오는 것입니다.

동물학적으로 생각해보아도 동물, 우리가 볼 때 얼마나 신비롭습니까. 동물학적인 생명 역시 죽어가면서 새 생명을 만듭니다. 저는 시골에서 자라느라 그런 것을 많이 보았습니다. 나무를 자세히 보면 거기에 매미가 앉아 있습니다. 그 앉아 있는 매미를 가서 딱 잡아 보니까 매미가 아니라 허물 껍데기입니다. 매미는 벌써 다른 모양으로 변화되어서 나갔고, 껍데기만 있는 것입니다. 그런 걸 많이 봅니다. 어떤 때는 뱀도 그렇습니다. 뱀이 있어 자세히 보니까 뱀이 아닙니다. 뱀은 벌써 허물을 벗고 나가서 껍데기만 남은 걸 보고는 깜짝 놀랄 때가 있습니다. 다시 말하면, 새 생명을 위해서 허물을 벗는 것입니다. '나'인 것을 벗어버리는 것입니다.

유명한 이야기가 있습니다. 어느 곤충학자가 누에고치를 보았는데, 거기 꼭 바늘만 한 구멍이 뚫려 있습니다. 기기에서 나비가 나오는 것입니다. 그 고치에서 나비가 나오려고 애를 쓰는 것을 봅니다. 그 애쓰고 있는 걸 보고 곤충학자가 '아이고, 불쌍한 놈들. 내가 자비를 베풀어야지!' 하고는 가위로 그 구멍을 억지로 넓혀주었습니다. 그러니까 나비가 쉽게 나왔습니다. 그런데, 그렇듯 쉽게 나온 나비들은 다 죽었었습니다. 좁은 구멍을 나오느라 힘들어 보이지만, 아닙니다. 그 좁은 구멍으로 나오느라 고생하면서 근육이 생기고, 힘줄이 생기고, 그렇게 해서 신비롭게 나비가 태어나는 걸 몰랐던 것입니다. 그래서 그 곤충학자가 말합니다. “창조주를 무시한 죄를 내가 회개합니다.”

창조 생명의 세계라는 것은 죽어서 살고, 고난을 당하면서 살고, 그러고야 건강해지는 신비를 볼 수 있습니다. 분명히 알아야 합니다. 동물의 세계에서도 죽어야 사는 것입니다. 인간적으로는 더더욱 그렇습니다. 인간은 영적인 존재입니다. 인간 존재에 대하여 오늘성경은 이렇게 말씀합니다. “우리의 겉사람은 낡아지나 우리의 속사람은 날로 새로워진다.” 겉사람은 낡아지고 늙어 죽어가지만, 새사람으로 태어난다— 이것을 우리에게 말씀하고 있습니다. 우리 인간 존재는 종합적이고 복합적으로 되어 있습니다. 예를 들어, 우리 머리에 있는 머리카락을 보면 사람이 죽은 다음에도 머리카락이나 손톱은 조금씩 자랍니다. 그걸 알아야 합니다. 그러니까 사람은 죽어가면서 또 새로운 생명으로, 육체적으로도 이렇게 변화되어 가고 있다, 하는 것입니다.

특별히 오늘성경은 영적으로 말씀합니다. 우리의 겉사람은 낡아지나 우리의 속사람은 날로 새로워집니다— 낡아짐의 역사와 새로워짐의 역사 간의 인과관계, 그 신비성을 우리가 잘 이해해야 합니다. 여기에 역설이 있습니다. 육체 중심으로 살던 사람이 그 육체 중심적인 생활을 버립니다. 물질 중심으로 살던 사람이 그 물질적 욕망을 버립니다. 현재에 집착하던 사람이 영원 지향적인 생으로 생각을 바꿉니다. 자기 중심으로만 살던 사람이 그 낡아짐을 버리고, 이제는 하나님 중심으로 사는 존재로 거듭나고 있는 것이라는 말씀입니다. 여기에 벗어버림의 역사가 있습니다. 하나씩 하나씩 벗어버려야 합니다. 벗어버리면서 새로워지고, 새 생명으로 태어나는 것입니다. 아니, 새 생명으로 태어났기 때문에 낡은 것을 벗어버리는 것입니다. 새것이 너무나 중요하기 때문에 낡은 것을 버리는 것입니다. 영원한 영원 지향적 생이 너무나 소중하기 때문에 이 물질적인 세상과 이 세상에서 이루어지는 일들은 그리 중요하지 않게 됩니다.

저는 소망교회에서 목회할 때 아주 드라마틱한 경험을 한번 했습니다. 새벽기도도 날마다 나오고, 열심히 교회 봉사하는 아주 예쁜 여집사님이 한 분 있었습니다. 어느 날 오후에 그분이 저를 찾아왔습니다. 커다란 보따리를 한 주머니 가지고 와서 딱 내놓고는 "목사님, 이거 팔아서 좋은 일에 쓰세요!" 하는 것입니다. 그게 뭔지 아십니까? 다이아반지와 목걸이였습니다. 이분이 큰 회사 사장의 부인이었는데, 한창 잘나갈 때는 돈의 여유가 아주 많았습니다. 그래서 어느 백화점의 보석 코너에 갔을 때 마음에 드는 물건이 있으면 그것을 구경하느라 발이 떨어지지 않았습니다. 그러고는 집에 돌아가서는 남편에게 그것을 사달라고 요구하는 것입니다. 그렇게 남편에게 선물로 받은 많은 보석들을 모았습니다. 그런데, 그가 교회에 나와서 예수 믿고, 새벽기도 날마다 나오고, 충실하게 교회에서 봉사하다 보니까 마음이 달라집니다. 저런 것 다 필요 없다는 생각이 들었던 것입니다. "저런 쓸데없는 것들 때문에 제가 시험이 많습니다." "왜요?" "누가 가져갈까 해서요. 아, 제 집에 들어가면 저것부터 먼저 보는 거예요. 제일 나쁜 게 뭔가 하면, 식모를 의심하는 거예요. 집에 가정부가 있는데, 저걸 언젠가 훔쳐가지 않을까 하는 생각이 계속 들기 때문에 이것이 제게 큰 시험입니다. 그러니 목사님께서 파셔서 마음대로 좋은 데 쓰세요." 그래서 그것을 팔아 성남에 있는 '소망의 집'을 짓게 된 것입니다. 남편과 아내가 모두 시각 장애인인 분들을 위한 집인데, 총 스물두 세대가 모두 그들을 위해서 지은 아파트입니다. 예수를 믿고 보니 더는 보석 같은 것들이 필요 없고, 중생하고 보니 낡은 것을 벗어버리는 것입니다. 그러니까 자유롭고 환한 미래가 보이는 것입니다.

여러분, 그걸 잊지 말아야 합니다. 육체의 소욕, 육체의 중심, 물질 중심, 현재 중심…… 이것들은 다 낡은 것들입니다. 겉사람은 후패하나— 세월이 가면서 겉사람은 후패합니다. 또, 당연히 후패해야 합니다. 또 벗어버려야 합니다. 그리고 새로운 것으로 입는 것입니다. 새로운 가치관으로, 새로운 세계관으로— 이렇게 달라지는 것을 말합니다. 예수님께서 말씀하십니다. "내 제자가 되려거든 자기를 부인하고 자기 십자가를 지고 나를 좇으라." 그러셨는데, 자기를 부인하는 일을 할 수 있습니까? 우리가 늘 생각합니다. '내가 나를 부인해야지!' 아닙니다. 새로운 것을 지양할 때 비로소 낡은 것을 쉽게 버릴 수 있는 것입니다. 영원 지향적으로 살 때 세속적인 욕망은 멀리 보이게 됩니다. 떠나는 게 아쉽지 않습니다. 멀어지는 데에 슬퍼할 것 아무것도 없습니다. 왜요? 가까워지고 있으니까요. 점점 가까워지고 있는 사도 바울이 말했듯이 말입니다. "달려갈 길을 다 가고 믿음을 지켰으니 내 앞에 면류관이 있다. 나에게만 아니라 그리스도의 나타나심을 사모하는 모든 자에게도니라." 영원한 세계가 확실하게 다가올 때 당연히 떠나가야 할 것은 아쉬울 게 하나도 없는 것입니다. 그래서 오늘 주님께서 말씀하십니다.

오늘 사도 바울이 말합니다. "낡은 것은 사라진다." 당연히 그래야 합니다. 어떤 모양으로든지, 겉사람은 후패합니다. 아니, 겉사람에 관계된 모든 것이 다 후패합니다. 당연히 버려야 하고, 버려져야 하고, 잊혀야 하는데, 그것은 속사람이 날로 새로워지기 때문입니다. 속사람이 새로워져야 하는 것입니다. 히브리서 12장 2절은 말씀합니다. "믿음의 주요 또 온전케 하시는 예수를 바라보자 그는 그 앞에 있는 기쁨을 위하여 십자가를 참으사 하나님 우편에 앉으셨느니라." 여러분, 주님께서 십자가를 지시는 것이 슬프게 지신 것이 아닙니다. 억지로 지신 것이 아닙니다. 선택이었습니다. 이걸 잊지 말아야 합니다. 누가 빼앗거나, 누구에게 빼앗기는 것도 아닙니다. 예수님께서는 십자가를 참으셨습니다. 그것까지도 쉽게 참으셨습니다. 왜냐하면, 그 앞에 영광이 있기 때문입니다. 영원 지향적인 새로운 생을 살 때 세월이 가면서 점점 밝아집니다. 점점 더 확실해집니다. 그리할 때 옛사람은 낡아진 것이고, 툭툭 털어버릴 수 있는 것이 됩니다. 이것이 그리스도인의 생활입니다. 옛사람에 붙들려 오늘을 잃어버리는 것이 아닙니다. 앞에 있는 새로운 영광을 바라보고, 그 영광에 이끌리어 지난날을 다 벗어버리고, 아쉬움 없이 벗어버리고, 속사람은 날로 새로워집니다. 사건마다 현실 속에서 속사람은 날로 새로워집니다. △

# 이 시기를 알라

또한 너희가 이 시기를 알거니와 자다가 깰 때가 벌써 되었으니 이는 이제 우리의 구원이 처음 믿을 때보다 가까웠음이라 밤이 깊고 낮이 가까웠으니 그러므로 우리가 어둠의 일을 벗고 빛의 갑옷을 입자 낮에와 같이 단정히 행하고 방탕하거나 술 취하지 말며 음란하거나 호색하지 말며 다투거나 시기하지 말고 오직 주 예수 그리스도로 옷 입고 정욕을 위하여 육신의 일을 도모하지 말라

(로마서 13 : 11 - 14)

## 이 시기를 알라

오늘 여러분에게 읽어드린 로마서 13장 11절로 14절은 그 유명한 성 아우구스티누스를 회심케 한 생명력 있는 말씀입니다. 그뿐만이 아니라, 아우구스티누스를 연구해보면 그에게 제일 중요했던 것이 시간에 대한 관념입니다. 그래서 그는 「시간관념」이라고 하는 유명한 신학논문을 내놓은 적이 있습니다. 그 논문의 주제가 되는 것이 오늘본문의 내용입니다. 하나님의 사람이 하나님과 우리 인간의 관계에서 시간관념을 잘 정리해주는 귀한 논문입니다.

아우구스티누스가 회개하고 예수를 믿었습니다. 그러나 계속해서 옛 생활과의 관계에서 자유롭지 못했습니다. 그 생각과 생활에서 자꾸 옛날로 돌아가는 것입니다. 그래서 그는 새 생활과 옛 생활, 그리스도인으로서의 생활과 세속적인 생활 사이에서 갈등을 겪습니다. 이 갈등으로 고민하던 어느 날, 깊은 묵상 속에서 하나님 앞에 기도하고 있을 때 하늘에서 음성이 들려왔습니다. “펴 보라!” 그랬습니다. “펴 보라!” 이 큰 소리를 듣고, 그는 옆에 있던 성경을 무작정 폈습니다. 그랬더니 로마서 13장이 나왔습니다. 그리고 성경을 읽었습니다. 읽고, 읽고, 또 읽었습니다. “어둠의 일을 벗고 빛의 갑옷을 입자 …… 오직 주 예수 그리스도로 옷 입고 정욕을 위하여 육신의 일을 도모하지 말라.” 이 말씀을 읽고, 읽고, 수백 번 읽으면서 마침내 이 말씀의 능력이 내게 확 다가올 때 그동안 끊지 못했던 세속을 다 끊어버리고, 깨끗하고 정결한 하나님의 사람이 되면서 성 아우구스티누스가 되었습니다. 아우구스티누스가 말씀을 읽은 것이 아니라, 말씀이 아우구스티누스를 사로잡은 것입니다. 말씀을 깨달음으로써 아우구스티누스가 된 것이 아니고, 하나님의 말씀이 아우구스티누스를 완전히 포로로 사로잡아서 그가 중생합니다. 그 중생은 아주 신학적인 중생이었습니다. 여기서 그가 성 아우구스티누스가 됩니다. 그 빛의 능력으로써 무능했던 아우구스티누스가 능력의 사람이 됩니다. 그 빛으로써, 능력으로써 그 많은 어두운 고민과 세속적 정욕이 싹 사라지고, 새로운 빛의 능력에 이끌리어 사는 성 아우구스티누스가 된 것입니다.

오늘본문에 '밤'이라는 말이 나옵니다. 밤이 깊었다— 여러분, 빛이 없음을 한번 상상해보십시오. 우리는 늘 빛 안에서 살기 때문에 빛의 고마움을 다 잊어버리고 살 때가 있습니다. 그러나 철학적으로 한번 잘 정리해보면 빛은 모든 가치의 근본입니다. 아무리 좋은 아름다움이 앞에 있어도 어두우면 아름다움은 없습니다. 아름다운 꽃이 있습니다. 그러나 빛이 없으면 이 꽃은 아름다움도 추함도 없습니다. 이 얼마나 놀라운 일입니까. 여인들이 좋아하는 다이아몬드도 빛이 없으면 그냥 돌덩어리입니다. 아무 소용이 없습니다. 빛이 있을 때만 모든 것의 가치가 살아납니다. 그런고로 빛은 가치의 근본입니다. 그런가 하면, 빛이 있을 때만 지혜도 있고, 능력도 있는 것입니다. 힘이라는 것이 무엇입니까? 빛이 없으면 힘도 없습니다. 눈을 뽑힌 삼손처럼, 힘이란 빛 가운데 있는 것입니다. 빛이 없으면 모든 힘은 다 무효로 돌아갑니다.

그런데, 우리는 꼭 생각해야 합니다. 잠깐 잊어버리고 있는 것이 있습니다. 빛을 보기 위해서는 주관적인 인식과 객관적인 인식, 이 두 가지가 다 필요하다는 것입니다. 주관적이라는 말은 내 눈을 떠야 한다는 것입니다. 우선 눈을 떠야 볼 수 있지 않겠습니까. 눈이 밝아야 하는 것입니다. 그래서 눈이 밝지 못하면 안경을 쓰고, 별짓을 다 해서라도 눈을 밝게 해야 합니다. 내 눈이 밝을 때만이 모든 사물을 볼 수 있고, 아름다움도 볼 수 있습니다. 제가 오래전에 안경을 벗는 수술을 했습니다. 그래서 수십 년 동안 쓰던 안경을 벗었습니다. 병원에서 이 수술을 받고 세상을 보니까 세상이 그렇게 아름다울 수가 없습니다. 전에는 흐릿하게 보이던 먼 산의 아름다움이 너무나 좋아서 그날로 제가 차를 몰고 강원도에 가서 하루종일 돌아다녔습니다. "참 아름다워!" 하면서 돌아다니는데, 전에는 세상이 이렇게 아름다운 줄 몰랐습니다. 내 시력이 약하니까 전부가 다 그저 대충대충 보였던 것입니다. 좌우간 내 눈을 들 때, 내 눈이 밝아질 때, 내 시력이 밝아질 때 비로소 세상의 아름다움은 아름다움이 될 수 있는 것 아니겠습니까.

그러나 내가 아무리 눈을 떴더라도 깜깜하면 못 봅니다. 빛이 없으면 모든 아름다움은 사라집니다. 모든 지혜도, 모든 지식도, 모든 능력도 다 사라집니다. 아름다움은 빛 안에 있는 것입니다. 그래서 내 눈을 뜬다는 것은 주관적 인식입니다. 만물이 빛을 반사하여 우리가 그 본연의 모습을 볼 수 있다는 것은 객관적인 사실입니다. 그런 빛을 우리는 가끔 잊어버리고 있습니다. 빛 안에 인식이 있고, 지혜가 있고, 능력이 있고, 형통함이 있다는 걸 잊지 말아야 합니다. 오늘본문은 밤이 깊었다고 말씀합니다. 모든 지혜와 지식과 능력이 다 소실되는 것입니다. 다 무효화 되는 것입니다. 암흑기가 되는 것입니다. 암흑상태가 되는 것입니다. 인간의 아름다움, 능력, 지혜, 권세…… 그 모든 것이 다 깨끗하게 암흑기에서 무효화 되는 것입니다. 무력화 되는 것입니다. 이것이 어둠입니다. 밤이 깊었다— 혼돈의 세상을 말씀하는 것입니다.

그런데, 사람들 가운데는 인식을 하는 데서 경험으로 아는 사람이 있습니다. 부딪혀보지 않으면 전혀 믿지 않습니다. 자기가 경험하기 전에는 남의 말을 듣지 않습니다. 내가 보아야 하고, 내가 만져야 하고, 내가 먹어보아야 하고, 내가, 내가…… 그런 고집스러운 사람이 있습니다. 이것은 경험주의적인 사람입니다. 그런가 하면, 지식으로 사는 사람이 있습니다. 내가 경험하지 않았더라도 다른 사람의 경험을 내가 받아들입니다. 다른 사람들이 경험한 지식을 내가 받아들이므로 그 지식이 내 것이 되는 것입니다. 내 경험의 세계가 넓어집니다. 이런 사람은 지혜로운 사람입니다. 그런가 하면, 경험하고도 모르는 사람이 있습니다. 매를 맞아도 왜 맞는지를 모릅니다. 내가 엄청난 시련을 겪어도 그 신령한 의미를 모릅니다. 다시 말하면, 아픔은 아는데, 원인은 잘 모르는 것입니다. 그런가 하면, 또 하나의 사람이 있습니다. 믿음으로 아는 사람, 이 사람은 자기가 경험한 것도 아니고, 자기가 깨달은 것도 아닙니다. 그러나 믿음으로 말씀을 수용할 때, 믿음으로 진리를 받아들일 때 곧 그것이 지혜가 되고, 지식이 되는 것입니다. 믿음으로 보고, 믿음으로 듣고, 믿음으로 알고, 믿음으로 사는 형태의 사람이 있습니다.

오늘본문을 자세히 보십시다. 현시점은 어둠입니다. 밤이 깊었다, 이 시기를 알라, 그랬습니다. 이 시기를 알라— 이 시기라는 말에 참 특별한 의미가 있습니다. 헬라어에서는 시간에 대한 개념이 두 가지 있습니다. 고급 시계를 보면, 거기에 '크로노메타'라고 씌어 있습니다. '영원한 시간'을 말합니다. 이 시간은 흔들림이 없는 하나님의 시간입니다. 그런가 하면, 우리 인간에게 주어지고, 세상에 주어진 시간이 있습니다. 그것은 '카이로스'입니다. 그래서 오늘본문에는 '카이로스의 시간'이라고 나옵니다. 영원한 하나님의 시간이 아니고, 그 영원 속에 있는 우리 하나님께서 사람에게 주신, 오늘 우리에게 주어진 제한된 시간, 바로 그 시간을 알아라— 그것이 무엇입니까? '밤이 깊었다. 그리고 밤이 깊었으니 아침이 가까이 오고 있다'라고 말씀합니다. 하나님의 큰 섭리 속에 우리 각자에게 주어진 그 시기를 알아야 한다는 말씀입니다. 그런데, 밤이 깊었다는 것은 무엇을 의미하는 것입니까? 낮이 가까웠다는 의미입니다.

저는 옛날 6·25전쟁 때 군인으로 있었는데, 밖에서 무서운 밤을 지내며 아침까지 보초를 서본 적이 있습니다. 이 밤을 무사히 지내야겠는데, 밤에 무슨 일이 생길는지 모릅니다. 많은 군인은 여기서 자고 있고, 나 하나만은 깨어 밖에서 총을 들고 밤을 새웁니다. 그 밤이 어찌나 긴지 모릅니다. 그런데, 그렇게 밤을 새워본 사람들은 압니다. 초저녁은 해도 없고, 달도 없고, 다 없는 것 같아도 훤합니다. 별빛만으로도 훤합니다. 많은 것을 알아볼 만큼 훤합니다. 그러다가 새벽 3시쯤 되면 아주 깜깜해집니다. 별빛도 보이지 않습니다. 사면이 깜깜해지는 시간입니다. 그랬다가 저 동쪽이 훤하게 밝으면서 새벽별이 올라옵니다. 얼마나 반가운지 모릅니다. 밤이 깊었다는 것은 아침이 오고 있다는 뜻입니다. 이제 곧 아침이 다가온다는 징조입니다. 그러니까 빛을 보고 빛을 아는 것이 아닙니다. 어둠을 보고 빛을 아는 것입니다. 깊어지는 밤을 보면서, 의식하면서 가까워지는 새벽을 의식할 줄 아는 것, 그것이 믿음입니다. 이걸 잊지 말아야 합니다.

아직은 밤입니다. 그러나 아침을 알아야 합니다. 지금은 밤입니다. 점점 깊어지고 있습니다. 이는 아침이 가까웠다는 징조입니다. 이 징조를 읽을 줄 알아야 합니다. 아직은 밤입니다. 그러나 벌써 아침이 오고 있습니다. 그리고 내 의식, 내 생활양식, 내 신앙은 벌써 아침에 가 있어야 합니다. 깊어지는 밤에서 가까워지는 아침을 알고, 내 생활양식은, 내 철학은, 내 가치관은 벌써 저 아침에 가 있어야 한다는 말입니다. 왜요? 곧 아침이 올 테니까 말입니다.

새벽에 나오면서 가끔 보면, 아직 깜깜한데 승강기에서 예쁘게 화장을 한 여성분들을 마주칠 때가 있습니다. 이 밤중에 화장을 왜 한 것입니까? 왜 세수를 하고, 왜 단장을 하는 것입니까? 그것은 바로 아침이 오고 있기 때문입니다. 새벽에 화장을 안 하고 나섰다가 아침이 되면 어떻게 되겠습니까. 그러니까 밤이지만, 내 생각은 벌써 낮에 있다는 말입니다. 그런고로 낮과 같이 단정히 해야 합니다. 밤에 살지만, 낮과 같이 단정히 해야 합니다. 아무도 보는 사람은 없지만, 모든 사람 앞에 서 있는 것처럼 살아야 하는 것입니다. 그래서 오늘성경은 말씀합니다. "낮에와 같이 단정히 행하고……(13절)" 여러분, 아직은 밤입니다. 밤이 깊고 낮이 가까웠습니다. 밤은 깊었습니다. 지금 현재는 밤입니다. 그러나 낮에와 같이 단정히 행하고—아무도 보는 사람은 없습니다. 그러나 보는 사람이 있는 것처럼 살아야 합니다. 나는 혼자입니다. 그러나 많은 구름과 같이 둘러싼 성도들 속에 내가 살아갑니다. 지금은 답답하고 암담합니다. 그러나 아침은 곧 옵니다. 그 시간과 같이 밝은 아침처럼 살아야 한다는 말입니다.

오늘 우리는 깊은 밤을 지나가고 있습니다. 밤이 많이 깊었습니다. 믿음의 사람은 여기서 아침을 봅니다. 아침을 의식합니다. 벌써 빛의 자녀로 삽니다. 혼돈 속에서 새로운 질서를 봅니다. 절망 속에서 새 소망을 봅니다. 무능함과 허탈함에서 항상 새로운 가치를 봅니다. 가치란 나 자신에게 있는 것이 아닙니다. 빛 속에 있는 것입니다. 빛 속에, 영원한 빛, 신령한 빛, 말씀의 빛 속에 가치가 있는 것입니다. 그러니 항상 충만함과 성실함을 재정비해야 하겠습니다. '밤이 깊고 낮이 가까웠으니, 그러므로 어둠의 일을 버려라. 예수 그리스도로 옷 입고, 정욕을 위하여 육신의 일을 도모하지 말라.' 아멘. △

# 자기 마음을 다스리는 자

백발은 영화의 면류관이라 공의로운 길에서 얻으리라 노하기를 더디하는 자는 용사보다 낫고 자기의 마음을 다스리는 자는 성을 빼앗는 자보다 나으니라 제비는 사람이 뽑으나 모든 일을 작정하기는 여호와께 있느니라

(잠언 16 : 31 - 33)

## 자기 마음을 다스리는 자

복지신경학회지에 실린 실비아 캐턴 박사팀의 연구논문에 아주 특별한 결과가 나와 있습니다. 한 병원에서 치료받는 뇌졸중 환자들을 대상으로 조사한 결과인데, 그 환자들의 상당수가 뇌졸중 발생 두 시간 전에 크게 화를 냈다는 것입니다. 이것을 잊지 마시기 바랍니다. 크게 화를 내고 난 두 시간 뒤에 뇌졸중으로 쓰러졌다, 이것입니다. '화를 내는 것은 뇌에 독약을 붓는 것과 같다.' 이것이 의학적 결론입니다. 화를 내는 것은 그만큼 치명적입니다. 그리고 두 번째는 심장입니다. 화를 내면 심장병에 걸릴 확률이 다섯 배나 높아진다고 결론을 지었습니다.

인간은 하나님의 형상으로 창조되었습니다. 인격적 존재로 창조된 것입니다. 그렇다면 '하나님의 형상'이란 무엇입니까? 그 속성이 무엇입니까? 이걸 연구해보면, 네 가지로 분석이 됩니다. 첫째가 거룩함입니다. 하나님의 형상으로 창조되었기 때문에 항상 하나님을 향합니다. 그 마음에 항상 하나님을 향하는 거룩함, 하나님 쪽으로 구별되는 성향이 있는 것입니다. 둘째가 지혜입니다. 지식은 과거에 관한 것이요, 지혜는 미래에 관한 것입니다. 하나님의 형상으로 창조되었기 때문에 우리에게는 지혜가 있습니다. 그러니까 미래지향적 의식을 가지고 있습니다. 과거에 매이는 것이 아니고, 미래로 향합니다. 저 미래는 영원한 세계입니다. 그러니까 영원한 생명을 지향하는 존재로 사람은 창조된 것입니다. 셋째는 하나님의 성품을 받은 사랑입니다. 사랑을 알고, 사랑을 깨닫고, 사랑을 느끼고,

사랑을 하고, 사랑하고야 자유롭고, 사랑하고야 행복할 수 있는, 이 사랑에 대한 감지 능력이 하나님께서 우리에게 주신 하나님 형상의 속성입니다. 마지막으로 넷째가 중요합니다. 다스림입니다. 인간은 정치 능력을 가지고 있습니다. 그래서 내가 내 마음대로 뭔가 한 가지를 알 수 있습니다. 거기서 오는 자유와 그 다스림으로부터 오는 행복을 느끼게 됩니다. 다스림이란 얼마나 매이느냐가 아니라, 얼마나 자유로우냐, 하는 것입니다. 육체적 본능대로 끌려 살면 동물입니다. 본능을 다스려야 합니다. 그것이 인간의 기본속성입니다. 인간은 자율성으로 말미암아 고귀한 존재입니다. 자신이 누리는 자율만큼 행복하고, 그만큼 고귀한 것입니다. 기본적으로 에덴동산에서 하나님께서 이렇게 말씀하셨습니다. "선악과를 따먹지 말라. 이걸 먹는 날에는 정녕 죽으리라." 한번 생각해봅시다. 따먹을 수도 있고, 안 먹을 수도 있습니다. 그것이 내 자율성입니다. 따 먹을 수도 있고, 안 먹을 수도 있습니다. 바로 그것이 인간의 존엄성입니다. 만일에 인간이 그걸 따먹지 않을 수 없다면, 인간이 그걸 따먹을 수밖에 없는 존재라면, 하나님께서 그런 말씀을 하실 필요도 없습니다. 그 하나님의 말씀 속에는 따 먹을 수도 있고, 따먹지 않을 수도 있는, 그런 자율성이 있는 것입니다. 우리에게 그런 선택의 능력을 주신 것입니다. 여기서부터 인간은 자기 자신을 다스려야 하는 기본적인 본능을 가지고 있는 것입니다. 그래서 인간은 자유함과 자유에 대한 책임, 곧 자유와 책임의 긴장 관계 속에 행복이 있는 것입니다. 얼마나 자유한가, 또 얼마나 책임을 지느냐에 따라서 인간은 행복할 수도 있고, 불행할 수도 있는 것입니다.

창세기에 나오는 사건이 있습니다. 가인과 아벨이 하나님 앞에 제사를 드렸습니다. 한데, 이상하게도 하나님께서는 아벨의 제사는 받으셨지만, 그의 형인 가인의 제사는 받지 않으셨습니다. 가인은 기분이 나빴습니다. 안색이 변했습니다. 화가 났습니다. 그때 하나님께서 하신 말씀이 복음입니다. 창세기 4장 7절 말씀입니다. "죄의 소원은 있으나 너는 죄를 다스릴지니라." 그러니까 이런 말씀입니다. "화가 났지? 그러나 화를 내지는 말아라. 분하지? 그러나 분한 행동을 하지는 말아라. 죄의 소원은 네게 있다. 그러나 너는 죄를 다스릴지니라." 그러나 가인은 그렇게 하지 못했습니다. 화가 나서 동생을 쳐 죽였습니다. 이것이 인류 역사의 가장 처음에 시작된 분노에 대한 사건입니다.

하나님께서는 인간에게 다스릴 수 있는 능력을 주셨고, 다스릴 수 있는 자유를 주셨고, 다스림의 행복도 주셨습니다. 먹고 싶다고 다 먹습니까? 안 되지요. 보인다고 다 가질 수 있습니까? 안 되지요. 할 수 있다고 다 합니까? 아닙니다. 스스로 자기를 다스려야 합니다. 문제는 자기가 자유를 얼마나 알고 있느냐는 것입니다. 내가 어떤 존재인가? 자유 할 수 있는 존재인가? 내 마음대로 해도 되는 존재인가? 내가 그럴 수 있는 존재인가? 자기 스스로를 자기가 정직하게 평가해야 합니다. 그래서 마르틴 루터는 신앙에 대하여 이렇게 말합니다. '하나님 앞에 정직한 것이다.' 하나님 앞에서 정직한 자기 모습, 이걸 지켜나가야 자유할 수 있는 존재가 되는 것입니다.

사도 바울은 이 점에서 아주 특별히 모범적인 분입니다. 특히 로마서 7장을 보다 보면 저는 늘 감동합니다. 제가 로마서를 신학대학교에서 한 10년 가르쳤습니다. 특별히 7장과 8장을 가르칠 때를 생각합니다. 로마에 있는 사람들은 사도 바울의 얼굴을 보지 못했습니다. 사도 바울을 위대한 이방인의 사도라고만 믿고 존경하고 있습니다. 그런 그들에게 사도 바울이 편지를 씁니다. 이방인의 대 사도가 로마 사람들에게 편지를 쓰는데, 그 편지 속에 자기 자신을 정직하게 노출합니다. "오호라 나는 곤고한 사람이로다." 이런 말씀입니다. "나는 불쌍한 사람이다. 비참한 사람이다. 왜냐하면, 내가 원하는 선은 행할 수 없고, 원치 않는 죄만 짓는 것 같기 때문이다. 내 마음속에 아직도 갈등이 있다." 그러면서 이렇게 고백합니다. "오호라 나는 곤고한 사람이로다 이 사망의 몸에서 누가 나를 건져 내랴 주 예수 그리스도로 말미암아 하나님께 감사하리로다." 사도 바울은 "오직 은혜로 사는 것이지, 나의 나 됨은, 나라는 존재는 비참하고 처참한 존재다"라고 로마 사람들 앞에 솔직하게 편지를 씁니다. 그 편지를 읽을 때마다 '아, 어찌 사도 바울은 이렇게 할 수 있었을까?' 하고 생각하게 됩니다.

그런가 하면, 고린도전서 9장 27절에는 더 깊은 말씀이 있습니다. "내가 나를 쳐서 복종케 한다." 이것은 헬라어로 아주 참 재미있는 이야기입니다. '둘라고고'라고 하는데, 이것은 '둘로스'와 '아고'의 합성어입니다. '둘로스'는 '노예'라는 말이고, '아고'는 '인도한다'라는 말입니다. 그러므로 '둘라고고'는 '노예를 인도한다, 노예를 길들인다'라는 의미를 가지고 있습니다. 멀쩡한 사람을 잡아다가 노예를 만듭니다. 그 사람을 길들여서 고분고분한 노예로 만드는 것입니다. 바로 그 과정을 말하는 것입니다. 방종함과 타락성과 반항성과 교만 등을 다 꺾어버리고, 마지막에 고분고분한 노예를 만들어가는 것입니다. 굴레를 씌우고, 재갈을 물리고, 그래서 노예를 길들이듯이 자기를 길들이고, 자기 자신의 마음을 길들이고, 자기 성격을 길들여

가야 한다는 것입니다. 더 극단적인 말씀도 있습니다. 갈라디아 2장 20절로, 유명한 말씀입니다. "나는 그리스도와 함께 십자가에 못 박혔다." 이런 말씀입니다. '나는 그리스도와 함께 죽었다. 십자가를 쳐다볼 때마다 나는 죽었어. 벌써, 벌써 죽었어. 또 죽었어. 앞으로도 죽을 거야. 십자가만 쳐다보면 나는 죽었어.' 이것이 예수 믿는 사람입니다. 그래서 예수님께서 말씀하십니다. "자기 십자가를 지고 나를 좇으라." 절절한 말씀입니다. 고린도전서 15장에서 사도 바울은 아리송한 말을 합니다. "나는 날마다 죽노라." 영어로는 'daily die'입니다. 마르틴 루터는 이것을 '날마다 세례 받는 것이다(daily baptism)'라고 이야기했습니다.

날마다 죽노라— 여러분, 오늘 아침에도 죽어야 합니다. 새벽에도 죽어야 하고, 지금도 죽어야 합니다. 우리의 마음에 아직도 근심 걱정이 있습니까? 아직 덜 죽어서 그렇습니다. 아직도 덜 죽어서 꿈틀거리고 있는 것입니다. 깨끗이 죽어버리면 아무 일도 없는 것입니다. "자기 마음을 다스린다." 참 중요한 말씀입니다. 자기 자신에 대하여 정직하고, 진실하게 자기 마음을 다스리는 것이 중요합니다. 대개 인간들이 생각할 때 자기 마음을 누가 지배하느냐 하면, 이성이 지배한다고 생각합니다. 자기 지성으로, 자기가 아는 지식으로 이렇게 하겠다고 판단하고 있습니다마는, 여러분, 그 지성, 믿을 수 있는 것입니까?

그것이라고 해봤자 병든 지식, 병든 지성인데, 그걸 어떻게 믿을 수 있습니까. 한 푼의 가치도 없는 것인데, 아직도 거기에 의지하고 있는 것입니다. 그런가 하면, 젊은이들이 좋아하는 감성, 곧 느끼는 대로 사는 것이다— 여러분, 감성이 얼마나 좋습니까. 감성은 행복을 주는 것이지만, 그 감성 자체가 병든 것이라면요? 이미 병든 감성을 따라가면 어떻게 되겠습니까. 함정으로 빠지는 것 아니겠습니까. 그런가 하면, 나의 의지를 생각하고 '오랫동안 내가 경험했는데' 하면서 내가 가진 삶의 철학을 따라서 내 의지대로 사는 것은 고집과 아집입니다. 내 경험이 무슨 대단한 것입니까? 그러므로 자기를 십자가에 못박고 순종하는 믿음이 필요합니다.

오늘성경말씀을 자세히 읽어보면, 철저하게 우리를 또 교훈하고 있습니다. 노하기를 더디하는 자— 저는 이 말씀이 너무나 마음에 듭니다. 노하지 않는 것이 아닙니다. 노하기는 하지만, 조금 늦추는 것입니다. 노하기는 노합니다. 하지만 잠깐 늦추는 것입니다. 그래도 복을 받는다는 것입니다. 모세를 한번 생각해보십시오. 모세가 하나님의 산에 올라가서 40일 동안이나 하나님과 만났습니다. 그리고 하나님께서 주시는 십계명을 새겨놓은 비석 둘을 가슴에 안고 내려옵니다. 내려오다 보니까 이스라엘 백성들이 우상을 섬기고 있습니다. 산 밑에서 금송아지를 만들어 섬기고 있습니다. 그 꼴을 보는 순간 욱 하고 올라옵니다. 저는 생각합니다. 아무리 올라오더라도 하나님께서 주신 비석은 "여기 좀 계세요" 하면서 잠깐 내려놓고, 다른 돌을 들어서 쳤더라면 어떻게 되었겠습니까? 그만큼의 여유만 있었더라도 참 좋았을 텐데, 모세는 그냥 내려칩니다.

여러분, 모세가 누구입니까? 이스라엘 백성을 열 가지 재앙을 통해서 구원하여 인도해낸 사람입니다. 홍해를 갈라서 이스라엘 백성을 건너가게 한 기적의 사람입니다. 그런 기적을 행한 사람인데도 자기를 이기지 못했습니다. 조금만 더 늦추어도 되었을 텐데, 그걸 못 참고 그냥 폭발해버렸습니다. 그만큼 분노란 무서운 것입니다.

그뿐입니까? 그가 이스라엘 사람들이 일하는 데로 나갔다가 애굽 사람하고 이스라엘 사람하고 싸우는 걸 보고서 애굽 사람을 쳐 죽였습니다. 어쩌자는 것입니까? 그런가 하면, 이스라엘 백성들이 물이 없다고 원망하고 있을 때 반석을 치는데, "여호와 하나님께서 우리를 긍휼히 여기사 오늘도 우리에게 물을 주시는도다. 감사하라! 찬양하라!" 하면서 겸손하게 반석을 쳐야 할 것을 그만 꽝꽝 하고 내리쳤습니다. 그건 분노입니다. "이 패역한 놈들아! 이 망할 자식들아!" 하고 내려친 것입니다. 이 세 가지로 말미암아 기적의 사람 모세가 가나안 땅에 못들어갑니다. 이 얼마나 안타까운 일입니까.

여러분, 얼마나 은혜 가운데 살았습니까? 얼마나 감격하고 살았습니까? 수십 년 전에 장로회신학대학교 동창회가 열린 적이 있습니다. 그래 동창들 3백 명 정도가 모여서 저녁에 파티를 했지요. 그때 나이를 기준으로 조사해보았더니, 그 3백 명 동창 목사님들 가운데서 제일 나이 많은 분이 92세인 황봉창 목사님이셨습니다. 참 재미있는 분이셨지요. 그다음이 82세였습니다. 그래 그 92세 황봉창 목사님을 무대 위로 모셔서 한 말씀 부탁드렸지요. 그랬더니 그분이 빙그레 웃으시면서 딱 한마디 하셨습니다. "화내지 말어. 그래야 나만큼 살어." 그러고는 내려가버리셨습니다. 제가 그 이야기를 듣고 가만히 있었겠습니까? 따라가 물었지요. " 목사님, 그것이 무슨 말씀이십니까?" 그랬더니 그분이 이렇게 답하셨습니다. "내가 서른 살 때 화를 내서 큰 실수를 했거든. 그때 나는 앞으로 절대 화내지 않겠다고 맹세를 했지. 그래서 이 나이까지 살았어." 여러분, "화내지 말어!"라는 이 한마디를 꼭 잊지 마십시오.

왜 화를 내는 것입니까? 믿음이 없기 때문입니다. 그 순간 믿음이 없는 것입니다. 내가 하나님 앞에 있다는 것을 잊어버렸습니다. 나도 죄인이라는 것을 잊어버렸습니다. 아니, 하나님의 능력을 잃어버렸습니다. 이 모든 부조리한 사건 속에서도 하나님의 경륜과 섭리와 사랑은 이루어지고 있습니다. 그러므로 하나님을 믿는 믿음이 약해질 때 화가 나는 것입니다.

또 그런가 하면, 하나님께서 우리를 사랑하지 않으셨습니까? 하나님께서 우리를 이처럼 사랑하사 독생자를 주셨습니다. 우리는 많은 사랑을 받았습니다. 그런데도, 사랑을 잃어버리면 화가 나는 것입니다. 화가 나는 순간이 사랑을 잃어버리는 순간입니다. 그런가 하면, 우리는 끝까지 겸손해야 하는데, 아직도 교만해서 용서하지 못하는 것입니다. 겸손하지 못해서 걱정이 있고, 아직도 교만하기 때문에 화가 나는 것입니다. 그러므로 깨끗하게 지워버리고, 겸손하게 사도 바울처럼 "나는 곤고한 사람이로다. 그리스도와 함께 십자가에 못박혔다" 하면서 겸손하면, 세상에 화 날 일이 하나도 없고, 근심할 일도 없어집니다. 미워할 일도 없고요.

오늘본문은 너무나도 귀중한 말씀입니다. 두고두고 생각합시다. "백발은 영화의 면류관이라 공의로운 길에서 얻으니라 노하기를 더디하는 자는 용사보다 낫고 자기의 마음을 다스리는 자는 성을 빼앗는 자보다 나으니라." 다시 한번 정비하고 믿음의 사람, 사랑의 사람, 그리고 겸손한 사람이 되어야 합니다. 우리가 모세처럼 되어서는 안 될 것입니다. 하나님께서 기뻐하시는 하나님의 자녀로 주님의 영접을 받을 수 있는 거룩한 인격적 존재가 되어야 할 것입니다. △

# 내게 주신 은혜를 아는 자

유력하다는 이들 중에 (본래 어떤 이들이든지 내게 상관이 없으며 하나님은 사람을 외모로 취하지 아니하시나니) 저 유력한 이들은 내게 의무를 더하여 준 것이 없고 도리어 그들은 내가 무할례자에게 복을 전함을 맡은 것이 베드로가 할례자에게 맡음과 같은 것을 보았고 베드로에게 역사하사 그를 할례자의 사도로 삼으신 이가 또한 내게 역사하사 나를 이방인의 사도로 삼으셨느니라 또 기둥 같이 여기는 야고보와 게바와 요한도 내게 주신 은혜를 알므로 나와 바나바에게 친교의 악수를 하였으니 우리는 이방인에게로, 그들은 할례자에게로 가게 하려 함이라 다만 우리에게 가난한 자들을 기억하도록 부탁하였으니 이것은 나도 본래부터 힘써 행하여 왔노라

(갈라디아서 2 : 6 - 10)

## 내게 주신 은혜를 아는 자

소크라테스에 관한 특별한 사건이 있습니다. 잘 알려져 있다시피 소크라테스의 부인은 세계적으로 유명한 악처입니다. 조금 심하게 말해서 우리가 상상할 수 없을 정도의 악처였습니다. 소크라테스가 밖에 나가서 젊은이들에게 철학을 가르치고, 여러 사역을 하다가 집으로 돌아오면, 그 부인이 설거지를 하다가 말고 그 물을 그대로 소크라테스의 얼굴에다가 확 뿌리면서 돈은 안 벌고 어딜 돌아다니면서 쓸데없는 말을 하고 다니느냐고 나무랐다는 유명한 이야기가 있습니다. 하루는 그 제자가 소크라테스에게 물었습니다. "선생님, 왜 저런 분과 같이 사십니까? 그렇게 사시느니, 차라리 이혼해버리시지, 뭐하러 저런 분과 같이 사시는 것입니까?" 그때 소크라테스가 껄껄 웃으면서 이랬다고 합니다. "이 사람들아, 잘 생각해보게. 저 사람이 아니었다면 내가 철학자가 되었겠나?" 여러분, 잘 생각해보십시오.

유명한 철학자 마틴 부버의 「나와 너(I & Thou)」라는 책이 있습니다. 그는 현대인이 겪는 모든 문제는 다 분열에 있다고 이야기합니다. 그리고 그 분열의 이유는 신뢰가 깨졌기 때문이라고 말하면서 그로 말미암아 자기 존재감도 깨지고, 자기의 존엄성마저 상실하게 되었다고 이야기합니다. 이것은 굉장히 중요한 말입니다. 나와 너 — '너'가 없어야 '나'가 있겠습니까, '너'가 있어야 '나'가 있겠습니까? '나와 너'의 관계는 아주 중요한 것입니다. 세계를 어지럽히는 사상 가운데 하나가 칼 마르크스의 유물사관입니다. 이 유물사관에서는 생존경쟁을 말합니다. 한마디로, '나와 너'의 관계에서 '너'가 없어야 '나'가 산다는 것입니다. 너를 죽이고야 내가 산다— 그런 사상입니다. 이것이 공산주의의 바탕이 되고 있습니다. 그래서 네가 없어야 내가 있다, 너를 없애고야 내가 존재할 수 있다고 생각하는 이 무서운 사상이 세상을 휩쓸고 있습니다. 마틴 부버는 여기에 반대합니다. "아니, '너'가 있고야 '나'가 있다. 아니, '너'를 살려야 '나'도 산다. '너'를 살리고야, '너'를 기쁘게 하고야 '나'가 행복할 수 있는 것이다. 이 관계 속에서 존재감을 찾아야 한다." 이렇게 역설하고 있습니다.

종교개혁자 칼뱅은 그의 강의에서 '하나님에 대한 지식이 없이는 나 자신에 대한 지식이 없다'라고 말합니다. 하나님을 알고야 나를 알 수 있다— 나를 안다는 것, 참으로 중요합니다. 그런데, 이상하게도 사람들은 자기 자신을 아는 지식을 외면하고, 하나님을 부인하면서, 자기 자신의 존재도 부정하게 되어버렸다는 이야기입니다. 여러분, 구약성경을 보십니까? 요새 구약성경을 읽으면서 많은 생각을 해봅니다. 이사야서, 예레미야서, 에스겔서…… 이렇게 계속 읽어나가노라면, 선지자들이 다 함께 한목소리로 하나님의 심판을 말한다는 것을 알 수 있습니다. "하나님께서 심판하신다. 하나님께서 멸망시키신다. 느부갓네살을 통하여 예루살렘이 아주 초토화될 것이다." 전부 이렇게 멸망을 말합니다. 특별히 예레미야는 이 예루살렘의 멸망만을 말합니다. 거짓선지자들은 멸망하지 않을 것이라고 말하는데, 이 참선지자는 예루살렘이 멸망하고, 다 포로 되어갈 것이라고 예언합니다. 그 때문에 예레미야가 많은 핍박을 당합니다. 참말을 한다는 이유로 당하는 핍박입니다. 이렇게 "멸망할 것이다. 포로 되어 갈 것이다. 초토화될 것이다"라고 무서운 심판을 예고하고 난 뒤에 똑같은 말이 여러 차례 반복됩니다. "그리하여 너희가 내가 하나님 됨을 알지니라. 여호와임을 알지니라. 여호와임을 알게 될 것이니라. 심판을 통해서, 무서운 재앙을 통해서 비로소 내가 여호와임을 너희가 알게 될 것이니라." 예언입니다.

또 있습니다. 자세히 읽어가노라면 "그러나 하나님께서는 다윗왕에게 약속하시고, 아브라함에게 하신 약속을 말미암아 하나님의 이름을 위하여 구원을 베푸실 것이다. 다 망해 없어지고, 포로 되어 간 것 같은데, 다시 돌아오게 하실 것이다. 구원을 이루실 것이다"라고 합니다. 그리고 또 "그리하여 나 여호와임을 알 것이니라. 나 여호와임을 알게 될 것이니라"라고 합니다. 초점은 무엇입니까? '하나님을 아는 것'입니다. 하나님께서는 계속해서 우리가 하나님 알기를 원하십니다. 우리가 하나님을 아는 것이 아니고, 하나님께서 하나님 되심을 우리에게 알려주고 계시는 것입니다. 하나님께서는 계시의 하나님이십니다. 말씀하시는 하나님이십니다. 사건을 통하여, 환란을 통하여, 모든 재앙을 통하여 하나님께서는 말씀하고 계십니다. 이것이 하나님의 뜻입니다. 그리하여 그제야 나 여호와임을 알리라— 인간이 하나님을 찾는 것이 아닙니다. 하나님께서 우리를 찾아오십니다. 하나님께서 찾아오셔서 문을 두드리십니다. 그것이 환난이요 재앙입니다. 그리고 하나님께서 구원하시는 날에 하나님 되심을 우리에게 알리고자 하십니다. 하나님을 안다는 것은 참으로 중요한 것입니다.

그래 종교개혁자 마르틴 루터는 말합니다. "하나님께는 오른손이 있고, 왼손이 있다. 하나님의 왼손은 율법이고, 하나님의 오른손은 은혜다. 율법과 은혜, 그 속에서 우리에게 말씀하신다. 율법으로 진노하시고, 은혜로 구원하시고, 율법과 은혜, 그 속에서 우리에게 계속 말씀하고 계시는 것이다. '내가 너를 사랑하노라.' 사랑을 알게 하신다. 사랑을 알고 좋아하신다. 이것이 하나님의 뜻이다." 이러한 사상을 종합해서 유명한 신학자 칼 바르트는 이렇게 말합니다. 제가 가장 좋아하는 칼 바르트의 요절입니다. '하나님의 역사와 사랑은 진노 안에서 구체화된다.'

여러분, 하나님의 사랑이 어떻게 나타납니까? 진노 안에 있습니다. 심판 안에 있습니다. 재앙 속에 있습니다. 그 속에서 하나님의 음성을 듣고, 그 구체적인 사랑과 확실한 사랑을 알고, 듣고, 깨닫게 되어야 한다는 이야기입니다. 예외가 없습니다. 환난과 시련을 통하여 심판하시고, 구원을 통하여 말씀하십니다. "내가 너를 사랑하노라." 하나님의 말씀은 구체적이고 역사적입니다. 알게 하십니다. 하나님 되심을 알게 하십니다. 안타깝게 말씀하십니다. "내가 너를 사랑하노라." 이것을 알게 하시기 위하여 율법적으로, 은혜적으로 재앙을 통하여, 구원을 통하여, 많은 사건을 통하여 계속 말씀하고 계십니다. 초점은 아는 것입니다. 우리가 하나님을 알아야 합니다. 히브리 사람들의 이 안다는 말에는 참 포괄적이고 깊은 의미가 있습니다.

저는 이 '안다'라는 말을 할 때마다 꼭 기억나는 것이 있습니다. 성경에 보면, 마리아가 임신했다는 말을 들은 요셉이 천사의 명령을 받고 마리아를 데려옵니다. 그 뒤에 성경은 이렇게 말씀합니다. "요셉이 마리아를 데려왔으나 아이를 낳기까지 동침치 아니하니라." 동침치 아니하니라— 이 말이 히브리어의 '알지 아니하니라'라는 말과 같습니다. 히브리 사람들에게 '안다'라고 하는 것은 아주 심오한 말입니다. 머리로만 아는 것이 아닙니다. 전체로, 체험으로 아는 지식을 말하는 것입니다. 그러므로 '안다'라는 것은 1차적으로는 듣고, 깨닫고, 이성적인 생각의 기능을 통하여 아는 것입니다. 생각을 통하여 하나님을 알 것입니다. 그러나 이것만은 아닙니다. 가슴으로 압니다. 납득은 가지 않습니다. 생각은 아리송합니다. 그러나 가슴으로 '이것은 사랑이다. 이것은 하나님께서 나를 사랑하신다는 것이다. 하나님께서 여기 함께 계신다'라고 하는, 그런 지식이 있습니다. 그다음에는 체험으로 아는 것입니다. 이것은 이성의 판단이 아닙니다. 구체적으로 사건 속에서 하나님을 알게 되는 것입니다. 하나님께서는 하나님 되심을 우리에게 알게 하시고자 애쓰고 계십니다. 역사하고 계십니다. 환난을 통해서, 때로는 구원을 통해서, 혹은 시련을 통해서, 혹은 이적을 통해서 계속 두드리십니다. "내가 하나님 됨을 알지어다. 나의 나 됨을 알아라. 내가 너와 함께하는 것을 알아라. 내가 너를 사랑하고 있다는 것을 알아라." 하나님께서는 계속 알리십니다. 우리가 알기를 원하십니다. 하나님의 능력을 알아야 내가 피조물 됨을 알 수 있습니다. 하나님 구원의 역사를 알아야 하나님의 사랑을 알 수 있습니다. 한마디로 말하면, 은혜를 아는 것입니다. 은혜라는 것은 사건입니다마는, 은혜가 은혜 되는 것은 알면서 이루어집니다. 느껴야 합니다. 느끼고 알 때 은혜가 은혜 되는 것입니다.

여러분, 부모의 사랑을 많이 받지 않습니까. 그러나 그 사랑을 사랑인 줄은 잘 모릅니다. 그러다가 어느 때부터 알기 시작합니다. "이것이 사랑이구나. 저것이 사랑이구나." 심지어는 모든 사건을 통틀어서 "하나님은 사랑이시다"라고 하는 데 도달하게 되는 것입니다. 다른 말로, 은혜는 은혜로 아는 데 있는 것입니다. 은혜로 깨닫는 것은 은혜로 느끼는 데 있는 것입니다. 은혜 가운데 살면서도 은혜를 모르면 은혜가 아닙니다. 은혜를 느끼지 못하면 은혜가 아닙니다. 사랑도 사랑을 느끼지 못하면 사랑이 아닙니다. 부모님이 아무리 사랑해도 자식이 그 사랑을 느끼지 못한다면 그것은 사랑이 아닙니다. 그래서 가출하는 것입니다. '그것이 사랑이다, 저것이 사랑이다'라는 것을 구체적으로 깨닫는 순간부터 사랑이 사랑 되고, 은혜가 은혜 된다, 이것입니다. 은혜를 은혜 되게 하는 은혜, 그것이 진짜 은혜입니다. 그냥 은혜받는다는 것만 가지고는 안 됩니다. 은혜가 은혜 되어야 합니다. 은혜로 알고, 은혜로 느끼고, 은혜로 감격하고, 은혜에 이끌려 살아가야 되는 것입니다. 그 하나님을 아는 지식에 끌려서 사는 것입니다. 그래서 사도 요한은 유명한 신비의 말을 합니다. "영생이 무엇이냐? 하나님을 아는 것이다." 영생이 무엇입니까? 하나님을 아는 지식에 끌려 사는 것입니다. 내 생각도, 내 느낌도 하나님을 아는 지식에 완전히 끌려가지고 충만해질 때 이 세상에 아무것도 보이는 것이 없습니다. 하나님의 영광만 보이는 것입니다. 이것이 영생이라고 사도 요한은 말하고 있습니다.

여러분, 깊이 생각해야 합니다. 그 가운데 사도 바울 같은 사람은 특별히 대표적인 사람 아니겠습니까. 그의 생을 한번 볼까요? 그는 어머니의 태에서 세상에 난 것부터가 은혜라고 생각했습니다. 그래서 말합니다. "어머니의 태로부터 나를 택정하사 이방인의 사도가 되게 하시고……" 도대체 이 세상에 태어난 것 자체가 은혜다, 그 속에 하나님의 섭리와 하나님의 특별한 경륜과 사랑이 있었다, 이렇게 믿고 있습니다. 어머니의 태로부터 — 저는 이 말을 참 소중하게 생각합니다. 그런가 하면, 빌립보서 1장에 참으로 귀중한 말씀이 있습니다. "나의 당한 일이, 내가 당하는 모든 일이 복음의 진보가 된 것을 너희가 알기를 바라노라."

구체적으로 한번 돌아가볼까요? 사도행전 16장에 보면, 사도 바울이 빌립보에 가서 복음을 전하는데, 이 동네 저 동네 다니면서 복음을 전할 때 귀신 들린 여자아이가 하나 있었습니다. 그 여자아이가 사도 바울을 자꾸 괴롭히는 것입니다. 심지어 사도 바울을 향해서 "당신은 하나님의 종입니다!" 하고 소리치면서 자꾸 괴롭힙니다. 그러니까 사도 바울이 그게 하도 귀찮아서 그 귀신을 쫓아버렸습니다. 그랬더니, 그 귀신 들린 아이를 통하여 돈을 벌던 주인이 소란을 떱니다. 쓸데없는 사람이 와서 우리 동네를 어지럽힌다고 소리를 지릅니다. 그래서 사도 바울이 감옥에 갇혔습니다. 이렇게 억울할 데가 어디 있습니까. 아니, 귀신 들린 여자를 고쳤는데, 멀쩡하게 고쳤는데, 이게 왜 죄가 됩니까. 그는 감옥에 들어가서 엄청 매를 맞았습니다. 이런 억울할 데가 어디 있습니까. 그러나 사도 바울은 매를 맞았다가 정신을 차리고, 하나님 앞에 깊이 감사하는 마음으로 찬송을 불렀다고 하는 기록이 있습니다.

저도 비슷한 경험을 했습니다. 제가 군대에 있을 때 언젠가 한번은 기합을 받다가 매를 많이 맞고 정신을 잃었던 적이 있습니다. 그리고 영창에 들어갔다가 추워서 깨어났는데, 그렇게 억울할 수가 없는 것입니다. '내가 큰 잘못도 없는데……' 그런 경험 속에서 저는 사도 바울이 빌립보에서 매 맞은 일을 생각했습니다. 사도 바울은 억울하게 매를 맞고 정신을 잃었다가 깨어나면서 하나님을 찬양했습니다. 하나님을 찬미했습니다. 그가 어떤 뜻으로 찬미했는지, 그 깊은 뜻이야 알 리 없지마는, 감사를 드립니다. "오, 하나님, 감사합니다. 제가 이렇게 예수의 이름으로 매를 맞으니, 감사합니다." 이 사건을 말하는 것입니다. "지금 구체적으로 말하면, 내가 너희 가운데 있을 때 나의 당한 일이 복음의 진보가 된 것을 너희가 알기를 바라노라."

여러분, 이 매 맞은 사건이 어떻게 되는 것입니까? 무슨 말로 풀이해야 합니까? 하나님의 선교를 위해서 필요한 사건들이었던 것입니다. 사도 바울을 위해서도 꼭 필요한 사건이었습니다. "나의 당한 일이……" 이것은 빌립보에서 된 사건을 말합니다마는, 아니, 사도 바울이 일생동안 얼마나 많은 매를 맞고, 고생하고, 핍박을 받았습니까. "일생토록 당했던 그 많은 고난, 나의 당한 일이 복음의 진보가 된 것을 너희가 알기를 바라노라." 그러면 내가 당한 고난들 전부가 다 은혜입니다. 왜 그런고 하니, 복음을 위해서, 하나님의 큰 사역을 위해서 있어야 할 일들이 있었던 것이기 때문입니다. 거기에 내가 쓰인 것입니다. 그러니, 고난을 당할 때 "오, 하나님 감사합니다!"라고 하는 것이 사도 바울의 은혜에 대한 간증입니다. 그런가 하면, 가장 구체적인 것이 있습니다.

육체의 가시, 사탄의 사자— 그것이 무엇인지 아무도 모릅니다마는, 제가 나름대로 한번 연구해본 바로는 간질병인 것 같습니다. 그는 간질병을 앓으면서 전도했습니다. 갈라디아서 4장에 이런 말씀이 있습니다. "내가 너희 가운데 있을 때에 너희의 믿음을 시험할 만한 것이 내 육체에 있으되 너희가 나를 업신여기지 아니하고 그리스도와 같이 영접했느니라." 그 장면을 우리가 이렇게 추리할 수 있습니다. 바울이 갈라디아 교회에 가서 설교하다가 갑자기 간질병 발작을 일으키며 쓰러졌습니다. 교인들이 얼마나 놀랐겠습니까. 그런 사건을 말하는 것입니다. "내가 너희 가운데 있을 때 너희 믿음을 시험할 만한 것이 내 육체에 있으되……" 그렇게 갈라디아 교회를 향하여 감사하는 내용의 편지를 쓰고 있습니다.

그는 그런 가운데 전도했습니다. 고린도후서 12장에 보면, 그래서 그는 하나님 앞에 특별히 세 번 기도했습니다. "하나님, 육체의 가시, 사탄의 사자, 이것을 제거해주세요. 제가 돈을 달라는 것도 아니고, 권세를 달라는 것도 아니고, 오직 이 간질병, 이 육체의 가시를 제거해주십시오." 그러나 하나님께서는 대답하지 않으셨습니다. 그리고 이제 말씀하십니다. "네게 있는 네 은혜가 족하다. 그만하면 되었다. 그러니, 그대로 가지고 살아라." 사도 바울은 이 응답을 응답으로 받습니다. 그렇습니다. 이것이 있어야 내가 겸손하고, 이것이 있어야 내가 기도하고, 이것이 있어야 하나님만 의지하고, 이것이 있어야 하나님께만 영광을 돌립니다. "예, 하나님. 그렇습니다." 이렇게 그대로 받아들입니다. 육체의 가시, 사탄의 사자를 은혜로 받아들입니다. 가장 큰 은혜로, 아니, 은혜 되게 하는 은혜로, 그렇게 수용합니다. 그리고 "나는 약할 때 강하다"라고 합니다. 약할 때 강하게 역사하시는 하나님을 찬양하고 있는 것입니다. 그것이 사도 바울의 은혜의 개념입니다.

그는 다메섹 도상에서 예수님을 만나서 중생합니다. 고린도교회에 가서 십자가만 아는 하나님의 사람으로 중생합니다. 그리고 겐그리아에서 비상한 각오로 머리를 깎습니다. 그것은 무엇입니까? 이제부터는 하나님 앞에서 좋은 일이 생기든, 나쁜 일이 생기든, 그 전체를 은혜로 받아들이기로 작정하는 것입니다. 그저 내가 탄 배가

파선되든 말든, 내가 독방에 있든 말든, 아니, 어디서 어떻게 죽든, 깨끗하게 하나님 앞에 내 모든 생을 맡기고, 그 전체를 하나님의 은혜로 소화합니다. 간질발작이 일어나든지, 무슨 큰일이 나든지 상관하지 않습니다. 그래서 성경은 말씀합니다. "내게 주신 은혜를……" 이것은 나만의 것입니다. 내가 간증하는 것입니다. "내게 주신 은혜를 내가 알고……" 그런데, 아는 사람들이 또 있습니다. 예루살렘 교회가 알았습니다. 베드로가 알았고, 야고보가 알았고, 요한이 알았습니다. 하나님께서 저분에게 주신 은혜가 있다— 그래서 사도 바울의 '내게 주신 은혜'에 대하여 예루살렘 교회가 알게 될 때 교회 문이 열립니다. 하나가 됩니다. 일치되는 것입니다. 큰 기적이 나타나게 됩니다.

여러분, 하나님의 능력을 의심하지 마십시오. 내가 어려운 일이 있다고 하나님께서 나를 버리신 것이 아닙니다. 또, 역사가 잘못되고 있는 것이 아닙니다. 그 속에 하나님의 지혜가 있습니다. 아니, 저 깊은 곳에 하나님의 사랑이 있습니다. 내게 주신 은혜, 우리 민족에게 주신 은혜, 우리 가정에 주신 은혜, 때로는 좋은 일을 통하여, 때로는 나쁜 일을 통하여, 건강을 통하여, 질병을 통하여, 성령을 통하여, 실패를 통하여…… 모든 사건을 통틀어 다 은혜입니다.

내게 주신 은혜를 알고 간증하며 살아갈 때 그는 모든 것을 은혜로 소화하고, 은혜로 받고, 더 큰 은혜를 향하여, 아니, 은혜를 전하는 자로, 그렇게 살아갈 것입니다. △

# 아버지께서 내게 주신 잔

예수께서 이 말씀을 하시고 제자들과 함께 기드론 시내 건너편으로 나가시니 그 곳에 동산이 있는데 제자들과 함께 들어가시니라 그 곳은 가끔 예수께서 제자들과 모이시는 곳이므로 예수를 파는 유다도 그 곳을 알더라 유다가 군대와 대제사장들과 바리새인들에게서 얻은 아랫사람들을 데리고 등과 횃불과 무기를 가지고 그리로 오는지라 예수께서 그 당할 일을 다 아시고 나아가 이르시되 너희가 누구를 찾느냐 대답하되 나사렛 예수라 하거늘 이르시되 내가 그니라 하시니라 그를 파는 유다도 그들과 함께 섰더라 예수께서 그들에게 내가 그니라 하실 때에 그들이 물러가서 땅에 엎드러지는지라 이에 다시 누구를 찾느냐고 물으신대 그들이 말하되 나사렛 예수라 하거늘 예수께서 대답하시되 너희에게 내가 그니라 하였으니 나를 찾거든 이 사람들이 가는 것은 용납하라 하시니 이는 아버지께서 내게 주신 자 중에서 하나도 잃지 아니하였사옵나이다 하신 말씀을 응하게 하려 함이러라 이에 시몬 베드로가 칼을 가졌는데 그것을 빼어 대제사장의 종을 쳐서 오른편 귀를 베어버리니 그 종의 이름은 말고라 예수께서 베드로더러 이르시되 칼을 칼집에 꽂으라 아버지께서 주신 잔을 내가 마시지 아니하겠느냐 하시니라

(요한복음 18 : 1 - 11)

## 아버지께서 내게 주신 잔

1975년, 제가 풀러 신학교에 가서 신학 공부를 하고 있을 때입니다. 어느 날 교수님이 이러시는 것입니다. "오늘은 강의를 하지 말고 영화 구경 갑시다." 그래 교수님과 함께 학생 여섯이 영화 구경을 갔습니다. 제목은 〈지저스 크라이스트 슈퍼스타(Jesus Christ Superstar)〉였습니다. 이것은 원래 영화가 아니라 뮤지컬입니다. 뉴욕 맨해튼의 한 극장에서 10년 동안 공연했던 아주 인기 있는 뮤지컬인데, 하도 유명해서 그걸 영화화한 것입니다. '이 유명한 영화를 교수님도 보지 못했고, 나도 못 봤으니, 한 번은 보아야 하지 않겠나?' 이런 생각에 다들 교수님과 함께 간 것입니다. 그때 제가 이 영화를 보고 얼마나 감동을 받았는지 모릅니다. 그 당시는 영화 관람료가 보통 한 편에 5불이었습니다. 그런데, 이 영화는 12불이었습니다. 그런데도 저는 그다음 날 12불을 내고 그 영화를 또 보러 갔습니다. 그 영화는 성경 그대로는 아니고, 어디까지나 작가의 상상력이 작용한 것입니다. 영화가 끝난 다음에 저는 밖으로 나가지 못하고 거기에 앉아서 얼마나 울었는지 모릅니다. 이 영화 가운데 특별히 예수님께서 겟세마네 동산에서 기도하시는 장면이 있는데, 그 부분을 제가 조금 읽어보겠습니다. 예수님께서 기도하시는 내용입니다. "Why I should die(제가 왜 죽어야 합니까)? If I die what will be my reward(제가 죽는다면 제 죽음에 대한 보상은 무엇입니까)? Why should I die(제가 왜 반드시 죽어야 합니까)? Can you show me now that I would not be killed in vain(하나님이시여, 지금 제가 헛되이 죽지 않는다는 것을 보여주세요). Show me that a little of your omnipresent brain(하나님 제게 하나님의 전능하심의 지혜를 잠깐 보여주세요). All light, I will die(좋습니다. 죽겠습니다). Just watch me die(하나님, 제가 죽는 것을 지켜봐주세요). See how I die(하나님, 제가 죽는 모습을 보세요). I will drink your cup of poison(하나님께서 주신 잔을 제가 마시겠습니다). Nail me the cross and break me and blood me, beat me, kill me, take me now before I change my mind(하나님, 저를 못박아주세요, 십자가에 죽여주세요, 피 흘리게 해주세요, 때려주세요, 죽여주세요, 취하여주세요, 제 마음 변하기 전에)." 저는 이 장면에서 가슴이 무너지는 것을 느꼈습니다. Before I change my mind(제 마음이 변하기 전에)— 아, 그 말에 저는 그만 가슴이 무너지는 걸 느꼈습니다.

예수님께서 십자가를 지셨습니다. 누가복음 9장에서부터 보면, 예수님께서 십자가를 지시기 전에, 예루살렘에 올라가시기 전에 벌써 성경은 이렇게 분명히 말씀합니다. "예루살렘을 향하여 가시기로 굳게 결심하시고……" 여기서 '굳게 결심하시고'라는 말이 헬라어 원문에는 '예루살렘을 바라보며 얼굴을 굳게 하셨다'라고 되어 있습니다. 굳은 결심을 하시고, 예루살렘을 향하여 올라가십니다. 그리고 제자들에게 계속해서 말씀하십니다. "내가 십자가를 질 것이다. 나를 따라오려거든 자기 십자가를 지고야 따를 수 있을 것이다." 예수님께서는 십자가 지실 것을 계속 반복하여 말씀하셨습니다. 그뿐입니까? 요한복음 16장, 17장은 예수님의 유언입니다. 제자들과 함께 모여서 유월절 잔치를 하시면서 말씀하십니다. "이것은 내 몸이요, 이것은 내 피다. 너희를 위하여 흘리는 것이다." 그리고 성찬예식을 하셨습니다. 유언 같은 설교를 길게 하셨습니다. 이렇게 굳게 결심하시고, 결정적인 마음으로 겟세마네 동산에 올라가십니다.

그런데, 여기에 귀중한 장면이 나옵니다. 예수님께서 제자들에게 말씀하십니다. "깨어 기도하라." 그러면서 성경은 이렇게 예수 그리스도의 휴머니즘을 말씀합니다. "민망하여 죽게 되었으니, 깨어 기도하라." 그리고 나아가 엎드려 말씀하십니다. "아버지여, 이 잔을 제게서 지나가게 해주세요." 그런 뒤에 또 말씀하십니다. "제 뜻대로 마옵시고, 아버지의 뜻대로 하옵소서." 그러나 하나님께서는 응답이 없으십니다. 그런 가운데서 예수님께서는 제자들에게 다시 오시어 세 번이나 거듭해서 말씀하십니다. "깨어 기도하라. 시험에 들지 않기 위해 깨어 기도하라."

예수님께서는 십자가를 지시기로 다 정하셨는데, 그 계획에 따라서 여기까지 오셨는데, 이 결정적 시간에 그 고민은 어디에 있는 것입니까? 왜 고민을 해야 합니까? 왜 깨어 기도해야 합니까? 어떤 학자들은 이렇게도 말합니다. '예수님께서 십자가를 지셨지만, 그것은 못박히셔서 아프시고, 옆구리를 창에 찔리셔서 아프시다는 뜻이 아니다.' 예수님께서 십자가를 지실 때 제일 큰 아픔은 바로 앞에 있는 사람들이었습니다. 예수님을 십자가에 못박은 그 사람들이 소리를 지릅니다. "내려오라, 그러면 믿겠노라! 왜 매달려 있느냐? 죽은 사람을 살리고, 병자들을 고치고, 5천 명을 먹인 능력을 가진 하나님의 아들이 거기에 왜 매달려 있느냐? 내려와라! 그러면 우리가 믿겠노라!" 이렇게 외치는 사람들을 내려다보시면서 예수님께서 겪으셨던 갈등 — '내려갈까요? 뛰쳐내려가야 할까요? 내려가서 그들에게 능력을 보여주어야 할까요?' 바로 그 순간이 예수님의 마음속에서 가장 큰 고통 이었을 것입니다. 여기에 신비가 있습니다. "십자가에 매달려 있지 말고 내려오라!" 이 군중들의 소리에 예수님께서는 내려오지 않으셨습니다. 그들이 "내려오면 능력이 있고, 하나님의 아들의 영광이 있지 않느냐!" 하고 소리를 질렀는데, 예수님께서는 그들과 타협하지 않으시고, 십자가에서 내려오지 않으셨습니다. 내려오지 않으신 그 속에 신비로운 능력이 계시되어 있다, 이것입니다. 이를 이해하기 전에는 누구도 진실한 그리스도인이 아닙니다. 여기에 신비가 있습니다.

성경을 가만히 보면, 예수님께서는 십자가에 돌아가시도록 되어 있습니다. 예수님 때문에 정치적으로, 경제적으로, 사회적으로 문제가 복잡해졌습니다. 그래서 예수님께서 그렇게 인기가 높아지시는 동안에는 유대 사람들이 그들을 옹위할 것이요, 그러면 이것이 세력화되고 정치화되어서 로마가 다시 쳐들어와 예루살렘을 진멸할 것이라고 하는 것이 제사장 가야바의 판단이었습니다. 그래서 그는 이렇게 말합니다. "한 사람이 죽어서 온 민족이 편안할 수 있다면, 그 한 사람이 죽는 것이 좋지 않겠는가?" 의로우냐 불의하냐, 하나님의 아들이냐 아니냐, 하고 물을 것 없이, 온 민족의 평안을 위해서 예수는 죽어야 한다는 것이 가야바의 판단이요, 안나스의 판단이요, 민중의 판단이었습니다. 십자가 사건은 정치적으로, 사회적으로, 종교적으로, 모든 문제가 예수를 십자가에 못박을 수밖에 없도록 되어 있습니다.

그러나 만일 여기서 예수님께서 그만 그들의 정책과 음모에 끌려가셔서 십자가를 지실 수밖에 없게 되었다거나, 죽으실 수밖에 없어서 죽으셨다거나, 예수님께서 십자가를 피해서 도망다니시다가 잡혀 죽으셨다면, 완전히 복음은 곤두박질하는 것입니다. 그러나 오늘본문은 뭐라고 말씀합니까? 오늘본문에서 예수님께서는 당당하게 말씀하십니다. "너희가 누구를 찾느냐? 너희가 찾는 내가 예수다." 그때는 어두운 무렵이니까 누가 누구인지도 알아볼 수 없습니다. 가까이에 있는 제자가 아니라면 아무도 예수님을 알아볼 수가 없습니다. 그런 상황인데, 예수님께서 말씀하십니다. "내가 예수다. 나를 잡으라. 내 사람들은 평안히 가게 하라." 그러면서 오늘본문은 무엇을 말씀하고 있습니까? '예수님께서는 십자가를 자청하신 것이다. 자원하신 것이다. 스스로 택하신 것이다.' 이것을 말씀하는 것입니다. 여기에 기독론의 핵심이 있습니다.

요새도 많은 신학자들이 여기에서 실수하고 타락합니다. "왜 십자가를 져야 하셨나? 아니, 능력이 있으시다면 십자가에서 내려오시지, 왜 거기에 매달려 계셨나? 내려오라 할 때 내려오시지, 왜 거기에 계셔서 '아바 아버지!' 하며 세상을 떠나셨나?" 여기에 미스터리가 있는 것입니다. 예수님께서는 자원하셔서, 자진하셔서 십자가를 지십니다. 왜요? 십자가가 하나님의 능력이기 때문이요, 만민을 구원하시는 능력이요, 십자가가 하나님의 지혜요, 하나님만이 아시는 무궁무진한 구원의 지혜요, 그 속에 하나님의 사랑이 있기 때문입니다. 우리는 우리 소원대로 되는 것이 하나님의 사랑이라고 생각합니다마는, 아닙니다. 십자가 속에 하나님의 엄청나고 완전한 사랑이 계시되어 있습니다.

예수님께서는 겟세마네 동산의 기도에서 "내 뜻대로 마옵시고 아버지의 뜻대로 하옵소서"라고 하셨는데, 성경대로 보면 하나님께서는 응답이 없으십니다. 침묵하십니다. 영화 〈슈퍼스타〉에 보다보면 바로 이 시간, 이 잠깐 동안 영화가 멈추고 깜깜해집니다. 그랬다가 주의 음성이 들려옵니다. 그 침묵 속에 하나님께서는 응답하고 계십니다. 예수님의 고민이 무엇입니까? 십자가를 지기로 하셨는데, 왜 곧바로 이런 기도를 하시는 것입니까? 방법이 문제입니다. "이 방법 말고 다른 방법은 없습니까? 꼭 이 방법이어야 합니까?" 이 고민입니다. "꼭 이 시간이 되어야 합니까?" 오늘 여기서 읽지는 않았습니다마는, 바로 앞에 나오는 예수님의 대사는 이렇습니다. "하나님께서 시키셔서 한 일입니다. 하나님의 말씀대로 따라서 했습니다. 제 나이 30입니다. 그런데, 지금 죽어야 하겠습니까?"

그렇습니다. "이 방법밖에 없을까요? 이 시간밖에는 안 됩니까? 또 한 가지, 제 죽음이 헛된 죽음이 아닐까요? 이것이 헛된 죽음이 아니라고 말씀해주세요. 이 죽음이 절대 실수로 된 것도 아니고, 잘못된 것도, 역사적인 실수도 아니고, 헛되지 않았다는 사실을 하나님, 말씀해주세요." 이것이 기도입니다. 뿐만이 아니라, 보상이 무엇입니까? "이렇게 죽은 다음에 무슨 보상이 있습니까?" 여기에 고민이 있습니다. "이 방법뿐입니까? 하나님께서는 능력이 많으신데, 지혜도 많으신데, 이 방법 말고 다른 방법은 없으십니까?" 예수님께서 기도하시고 얻으신 응답은 이렇습니다. 십자가는 가야바가 주는 것이 아닙니다. 정치적으로는 분명히 가야바입니다마는, 가야바도 아니고, 빌라도도 아니고, 로마 군인도 아니고, 그 간사한 가룟 유다도 아니고, 한심한 예수님의 제자들도 아니고, 배신한 군중도 아닙니다. 하나님께서 하신 일입니다.

인간적으로 볼 때나, 정치적으로 볼 때나, 사회적으로 볼 때 이런 모순이 없습니다. 이런 부조리가 없습니다. 그러나 예수님께서 기도하고 받으신 응답은 이것입니다. 하나님께서 하시는 일 속에는 하나님의 능력이 있고, 하나님의 지혜가 있고, 하나님의 영원한 사랑이 계시되어 있습니다. 그래서 예수님께서 말씀하십니다. "아버지께서 내게 주신 잔, 아버지께서 내게 주신 십자가를 내가 마시고, 지지 않겠느냐?" 새로운 신앙고백을 하십니다. "내 뜻대로 마옵시고, 아버지의 뜻대로 하옵소서." 그것은 사건만이 아닙니다. 그 방법과 시간과 상황, 전부가 다 통틀어 '아버지께서 내게 주신 잔'입니다. 사랑하는 아버지가 사랑하는 아들에게 주시는 가장 귀중한 상급입니다. 그걸 아시고, 그렇게 받아들이시는 것입니다. 십자가는 하나님의 사랑입니다. 하나님의 능력이요, 하나님 지혜의 계시입니다. 십자가 속에 만백성을 구원하시는 역사가 신비롭게 감추어져 있습니다. 그것은 하나님의 능력입니다. 십자가는 하나님의 능력이요, 하나님의 지혜요, 하나님의 온전한 사랑입니다. 그 사랑 자체가 능력입니다.

여러분, 오늘 우리가 개인적으로, 사회적으로, 정치적으로 당하는 많은 어려움이 있습니다. 누구 때문입니까? 무엇 때문입니까? 왜 이런 일이 있어야 합니까? 우리는 끝없는 질문을 품고 있습니다. 그 질문 속에 묻혀서 헤어나지 못하고 있습니다. 많은 사람의 신앙까지 흔들리고 있습니다. 하나님께서 어디에 계시느냐고 묻습니다. 여러분, 과연 그럴까요? 예수님께서는 말씀하셨습니다. "깨어 기도하라." 겟세마네 동산에서 말씀하셨습니다. "시험에 들지 않도록 깨어 기도하라." 기도해서 얻을 응답이 무엇입니까? 예수님과 같이 아버지께서 내게 주신 잔, 그걸 깨닫는 것입니다. 그걸 확신하는 것이고, 그걸 몸으로 느끼는 것입니다. 거기까지, 그 응답이 올 때까지 깨어 기도해야 합니다.

아버지께서 내게 주신 잔— 예수님께서 십자가를 지시면서 하신 말씀입니다. 오늘 우리 주변에서 일어나는 모든 일들을 보면서 "아버지께서 내게 주신 잔을, 하나님, 감사함으로 받겠습니다. 하나님, 감사합니다. 하나님, 영광을 받으시옵소서!"라고 하는 신앙고백이 있어야 할 것입니다. △

# 이 마음을 품으라

그러므로 그리스도 안에 무슨 권면이나 사랑의 무슨 위로나 성령의 무슨 교제나 긍휼이나 자비가 있거든 마음을 같이하여 같은 사랑을 가지고 뜻을 합하며 한마음을 품어 아무 일에든지 다툼이나 허영으로 하지 말고 오직 겸손한 마음으로 각각 자기보다 남을 낫게 여기고 각각 자기 일을 돌볼뿐더러 또한 각각 다른 사람들의 일을 돌보아 나의 기쁨을 충만하게 하라 너희 안에 이 마음을 품으라 곧 그리스도 예수의 마음이니 그는 근본 하나님의 본체시나 하나님과 동등됨을 취할 것으로 여기지 아니하시고 오히려 자기를 비워 종의 형체를 가지사 사람들과 같이 되셨고 사람의 모양으로 나타나사 자기를 낮추시고 죽기까지 복종하셨으니 곧 십자가에 죽으심이라 이러므로 하나님이 그를 지극히 높여 모든 이름 위에 뛰어난 이름을 주사 하늘에 있는 자들과 땅에 있는 자들과 땅 아래에 있는 자들로 모든 무릎을 예수의 이름에 꿇게 하시고 모든 입으로 예수 그리스도를 주라 시인하여 하나님 아버지께 영광을 돌리게 하셨느니라

(빌립보서 2 : 1 - 11)

## 이 마음을 품으라

어떤 어머니가 유치원 다니는 딸을 아침에 집을 나서기 전에 꼭 불러놓고 위하여 기도했습니다. 늘 습관처럼 그렇게 하면서 지내온 것이지요. 그 기도의 내용은 이렇습니다. "제 딸이 어머니의 말과 선생님의 말을 잘 듣게 해주세요." 이렇게 아침마다 똑같은 내용으로 딸을 위해서 기도했습니다. 그 딸아이가 어느 날 이렇게 말합니다. "어머니, 오늘은 내가 기도할게!" 그러자 어머니는 너무나 기뻐서 이렇게 말합니다. "그래, 네가 기도하면 하나님께서 잘 들어주실 거다. 하나님께서 기뻐하실 거다. 네가 기도해라." 이제 딸이 기도합니다. "어머니가 제 말을 잘 듣게 해주세요."

여러분, 사람마다 자기 마음의 원하는 바를 그대로 간직한 채 '다른 사람이 내 마음을 받아주었으면, 다른 사람이 내 마음을 이해해주었으면, 다른 사람의 마음이 나를 따라주었으면……' 하는 마음으로 가득 차 있습니다. 심지어는 하나님 앞에서까지 이럽니다. "하나님, 제 말을 들어주세요. 하나님, 어디에 계십니까? 하나님, 이 사정을 아십니까, 모르십니까?" 그들은 생각할 때 하나님께서 내 마음, 내 사정을 알아주기를 바라는 마음일 뿐, 내가 하나님의 마음을 알려고 들지는 않습니다. 내가 하나님의 뜻을 알려고 하지는 않습니다. 저는 아침마다 늘 이런 기도를 드리곤 합니다. "하나님, 주의 뜻을 알게 해주세요. 주의 뜻을 기뻐하게 해주세요. 주의 뜻을 따르게 해주세요. 아니, 주의 뜻에 복종하게 해주세요." 우리는 주님의 뜻을 생각하지 않고, 자기중심적인 생각에 매여서 내 뜻이 형통하기만을 바라고, 자기 집념으로 가득 찬, 자기 집착의 기도를 할 때가 있습니다. 행동이 문제가 아닙니다. 사실은 마음이 문제입니다. 우리는 행동세계를 생각하고, 물질세계를 생각합니다. 하지만, 아닙니다. 가장 중요한 문제는 마음입니다. 내 마음이 문제입니다.

예수님께서 비유로 하신 말씀 가운데 재미있는 이야기가 하나 있습니다. 어느 날 아버지가 큰아들에게 말합니다. "얘들아, 오늘 포도원에 가서 일하거라." 그러니까 큰아들이 답합니다. "예, 가겠습니다." 그리고 안 갔습니다. 이번에는 둘째아들에게 이릅니다. "너 오늘 포도원에 가서 일하거라." 그랬더니 둘째아들이 답합니다. "안 가요." 그래놓고는 잠시 뒤에 뉘우치고 포도원으로 갔습니다. 예수님께서는 물으십니다. "이 두 아들 가운데 어느 아들이 아버지의 마음에 합당하게 행동했느냐?" 저는 이렇게 대답하겠습니다. "둘 다 마음에 안 듭니다." 가겠다고 그랬으면 가야지요. 하지만, 안 가겠다고 하고 가는 것도 좋은 행동은 아닙니다. 가겠다고 하고 안 간 것은 분명히 나쁩니다. 생각해보십시오. 마음이 없지 않습니까. 만일 저라면 아들이 안 가겠다고 그러고 간다면 아버지로서 이렇게 말하고 싶습니다. "가지 마라. 그런 마음이라면 가지 마!" 그러나 예수님께서는 안 가겠다고 해놓고는 결국은 갔던 아들을 칭찬하셨습니다.

여러분, 깊이 생각해보십시오. 마음이 먼저 아닙니까. 마음에서 말이 나오고, 또 마음이 행동으로 나갑니다. 그다음에 행동이 반복되고, 반복되는 행동이 습관이 되고, 습관이 성품이 되고, 성품이 인격이 되고, 인격이 운명이 됩니다. 결국은 다 마음에서부터 비롯되는 것입니다. 그렇다면 우리의 기도가 어떠해야겠습니까? "세상을 바꿔주세요. 돈을 주세요. 건강을 주세요." 이것이 아닙니다. "제 마음을 바꿔주세요. 제 마음에 정결함을 주세요. 제 마음에 그리스도를 닮은, 그리스도와 같은 마음을 주세요." 이 마음에 초점을 맞추는 소원, 그런 기도가 현실적이고, 가장 구체적인 것이라고 생각합니다.

마음이 어디에 있습니까? 마음의 뿌리가 어디에 있습니까? 이제 물어봅니다. '내 마음이 자유한가? 내 소원이 정말 자유한 소원인가? 노예화된, 병든, 타락한 마음이 아닌가?' 그런 마음의 소원은 어떻게 되겠습니까? 그 소원은 하나님께서 들어주실 수 없는 것입니다. 문제는 내 마음의 상태를 내가 모르고 있다는 것입니다. 내 마음을 나도 모릅니다. 내 마음을 나도 모르는 경우가 많습니다. 어떤 때는 깜짝 놀랍니다. 어떻게 나한테서 이런 말이 나올까? 어떻게 이런 생각을 내가 할까? 내 마음에 대해서 스스로 깜짝 놀라고 당황할 때가 있는 것입니다. 그런고로, 마음의 문제로 돌아가서 문제를 근본적으로 풀어야 할 것이라고 생각합니다. 그 해결이 어디에 있습니까? 내 마음은 벌써 무의식화되었습니다. 그리고 잠재의식까지 타락했습니다. 그런고로 내 마음은 내 마음이 아닐뿐더러, 이것은 타락한 마음이고, 벌써 깊이 죄악으로 물든 마음이 됩니다. 그 소원이 이루어져서는 안 되는 것입니다. 그 소원은 절대로 이루어져서는 안 될 것입니다. 그런고로 병든 마음은 치유해야 하고, 병든 마음이 먼저 자유로워져야 하겠습니다. 먼저, 깨끗한 하나님 자녀의 심정으로 영혼이 거듭나야 할 것 아니겠습니까.

오늘본문은 여기에 대해서 말씀해줍니다. 깊은 교훈입니다. "이 마음을 품으라……(5절)" 아주 중요한 말씀입니다. 이 마음을 품으라— 우리는 마음에 대하여 고칠 수 없는 것처럼 생각합니다마는, 아닙니다. 거기서만 고칠 수 있습니다. 행동은 고치지 못합니다. 그러나 그 뿌리가 되는 마음, 거기서부터 치유가 되면 인격은 치유될 수 있습니다. 마음을 치유하는 방법이 이것입니다. "이 마음을 품으라." 네 마음이 아니고, 네 소원이 아니고, 이런 것들을 다 제하여버리고, 이 마음, 곧 예수 그리스도의 마음을 품으라, 이것입니다. 이것이 마음을 치유하는 길입니다.

내 마음을 내가 치유할 수 없습니다. 이제 예수의 마음으로 내 마음을 바꾸어야 합니다. 내 마음의 표본모델이 그리스도가 되어야 합니다. 그리스도의 마음이 치유의 비결입니다. 이 마음을 품으라— 여러분, 우리는 스스로 치유할 수 없다는 것을 잊지 말아야 합니다. 내가 결심해보고 맹세해보는 것으로는 안 됩니다. 그리스도의 마음을 품을 때, 그리스도의 마음에 가까이 갈 때 내 마음이 건강한 마음으로 치유될 수 있는 것입니다. 언제나 그리스도를 표본으로 해야 합니다. 그래서 생각합니다. '예수님이라면 어떻게 할까? 이런 때에 예수님이라면 어떻게 했을까?' 이렇게 한번 물어보십시오. 성경 안에서 이런 일이 있을 때 예수님께서는 어떻게 하셨나? 이걸 한번 생각해보고, 그다음에 결정을 하고, 내 마음을 정리해야 한다는 말입니다. 행동하기 이전에 성경에 비추어 보아야 합니다. 그리스도께 여쭈어야 합니다. 비판하기 이전에 그리스도의 마음을 헤아려야 합니다. 이제 이 높고 귀한 표본이 되는 그리스도의 마음이 곧 능력이요 창조력입니다. 근본적인 것입니다.

이 그리스도의 마음을 오늘본문은 아주 간단하고 명료하게 말씀합니다. 사도 바울이 6, 7절에서 또한 신비롭게 이렇게 설명해줍니다. "하나님과 동등됨을 취할 것으로 여기지 아니하시고 오히려 자기를 비워……" 자기를 비웠다는 것은 영어로 empty, 비었다는 것입니다. 없다는 것입니다. 자기를 비웠습니다. 그래서 알지만, 모릅니다. 모르는 척하는 것이 아닙니다. 모르는 것입니다. 이것이 중요합니다. 있으나, 없습니다. 할 수 있으나, 할 수가 없습니다. 마치 할 수 없는 듯, 그것이 비우는 것입니다. 가장 드라마틱하고 확실한 예가 있습니다. 예수님께서 십자가에 돌아가실 때, 못박혀 계신 그 순간 밑에 있는 사람들이 소리를 지릅니다. "당신은 십자가에서 내려오라! 병든 자를 고치며, 문둥병을 깨끗케 하며, 죽은 자를 살리는 사람이 아니냐?" 왜요? 바로 며칠 전에 예수님께서 죽은 나사로를 살리셨기 때문입니다. 그들은 그것을 다 알고 있었습니다. 그래서 이러는 것입니다. "죽은 자도 살려내는 네가 왜 십자가에 매달려 있느냐? 내려오라! 그러면 믿겠노라!"

어려운 시간입니다. 생각해보십시오. 내려오실 수 있습니까, 없습니까? 얼마든지 내려오실 수 있습니다. 그러나 안 내려오셨습니다. 못 내려오시는 것처럼 안 내려오셨습니다. 그것이 예수님의 마음입니다. 능력이 있으셨지만, 행치 않으셨습니다. 할 수 있으셨지만, 하지 않으셨습니다. 알고 계셨지만, 모르셨습니다. 엄청난 능력이 있으시면서도 마치 아무것도 없으신 것처럼, 하실 수 없는 것처럼, 그 하실 수 없음을 비난받으시면서까지 하실 수 없는 자로 십자가에 돌아가십니다. 이것이 비웠다는 뜻입니다. 그 능력을 비우셨습니다. 그 거룩함을 비우셨습니다. 자기를 비우신 것입니다. 뿐만이 아니라, 종의 형체를 가졌다고 말씀하십니다. 내 속과 영혼은 아닙니다. 그러나 형체는 종의 형체를 가진 것입니다. 이미 알고 있습니다. 그러나 모르는 자로, 할 수 있는 사람이 할 수 없는 자로 형체를 바꾸셨습니다. 그리고 제 마음을 끄는 귀한 말씀이 하나 있습니다. 죽기까지 복종했다— 예수님께서 복종하셔야 될 분이십니까? 하나님께 복종하셔야 합니까? 예수님께서 제자들에게 복종하셔야 합니까? 아니, 빌라도에게 복종하셔야 합니까? 그러나 죽기까지 복종하셨습니다. 이 복종이라는 말의 깊은 뜻은 '노예적 순종'입니다. 노예는 자유가 없습니다. 판단도 없고, 보상도 없습니다. 가라면 가고, 오라면 오는 것입니다. 그것이 노예입니다.

하나님의 뜻을 이루는 데 토를 달거나, 말을 많이 하면 안 됩니다. 저는 아버지로부터 엄한 교훈을 받으면서 자랄 때 특별히 배운 것이 있습니다. 아버지가 뭐라고 말씀할 때 내가 좀 설명하려고 하면, 아버지께서는 이렇게 말씀하셨습니다. "입 다물어라. 토를 달지 마!" 이것이 제가 일생토록 배운 말입니다. 그런고로 저는 아버지 앞에서 아무 말도 한 일이 없습니다. 말했다가는 벼락이 떨어집니다. 토를 달지 마라— 의심하지도 말고, 설명하지도 말고, 변명하지도 말고, 그저 복종하는 것입니다. 기쁜 마음으로 순종하는 것입니다.

예수님께서는 죽기까지 복종하셨습니다. 저는 아무리 생각해도 이 말만은 이해가 되지를 않습니다. 어떻게 예수님께서 그렇게까지 복종하셔야 합니까? 예수님의 뜻은 따로 있습니다. 그러나 그 뜻을 다 접으시고, 아버지의 뜻에 복종하셨습니다, 노예가 주인에게 복종하듯이. 그것이 예수님의 마음입니다. 마음에서부터, 중심에서부터 마음을 바쳐 복종하셨습니다. 그뿐이 아닙니다. 죽으셨습니다. 그것도 대신 죽으셨습니다. 무슨 뜻입니까? 책임을 진다는 말입니다. 저 사람이 죽어야 하는데, 내가 대신 죽는 것입니다. 저 사람이 져야 할 책임을 내가 대신 지는 것입니다. 저 사람이 맞아야 할 매를 내가 대신 맞는 것입니다. 저 사람이 받아야 할 저주를 내가 받는 것입니다. 그것이 십자가입니다.

저는 겟세마네 동산의 기도에 대해서 지난주에 이미 말씀드렸습니다마는, 너무나 중요하게 생각합니다. 이 한마디를 잊지 마십시오. 우리는 그것을 잘 알면서도 그 뜻을 깊이 음미하지 못합니다. "내 뜻대로 마옵시고 아버지의 뜻대로 하옵소서." 내 뜻이 따로 있습니다. 그러나 내 뜻대로 마옵시고 아버지의 뜻대로— "내 뜻대로 마옵시고……" 이 한마디를 생각해보십시오. 하나님 앞에 나아가 기도하실 때 "내 뜻대로 마옵시고, 내 소원대로 마옵시고, 내 계획대로 마옵시고, 내 욕심대로 마옵시고, 아버지의 뜻대로 하옵소서"라고 하셨습니다. 이것이 예수님의 마음입니다.

내 뜻대로 마옵시고— 여러분, 이런 기도 해보셨습니까? "내 소원대로 마옵시고, 내 오랜 집착대로 마옵시고, 내 한평생 마음에 가지고 있던 뜻대로 마옵시고, 아버지의 뜻대로 하옵소서." 얼마나 굉장한 사건입니까. 그것이 예수님의 마음입니다. 이제 다시 돌아가 생각합시다. 이 마음을 품으라— '이 마음, 이 예수님의 마음을 품으라. 내 뜻대로 마옵시고 아버지의 뜻대로, 그 마음을 품으라. 죽기까지 복종하셨다, 그 마음을 품으라. 없는 곳으로 비워 버렸다, 깨끗하게 그 마음을 품으라.' 바로 그리 할 때 아버지의 뜻이 이루어집니다. 하나님의 능력이 나타납니다. 이걸 잊지 말아야 합니다. 이것이 사랑이요, 사랑의 본질입니다. 사랑할 때는 내 마음을 비워야 합니다. 아니, 스스로 비워집니다. 사랑하면 어느 사이에 나는 싹 없어지고, 당신 뜻대로— 왜 그렇습니까? 그게 좋으니까, 사랑하니까 그렇게 됩니다. 우리가 다 경험해본 바가 있지 않습니까. 내 뜻 말고, 당신 뜻대로, 당신 좋은 대로…… 내 마음을 버리게 되는 것, 그것이 사랑입니다.

그럴 때 상대방을 얻을 수 있습니다. 상대방의 마음을 얻을 수 있습니다. 마음을 버릴 때 마음을 얻을 수 있습니다. 이걸 잊지 말아야 합니다. 비움으로 말미암아 이제부터 진정으로 상대방의 생명을 얻을 수 있습니다. 내 생각을 포기하는 것입니다. 내 생각을 포기하게 될 때 상대방의 생각을 얻습니다. 파스칼의 말대로, 이성을 십자가에 못박아버립니다. 내 영혼이 예민한 이성을 십자가에 못박아버릴 때 엄청난 하나님의 능력과 하나님의 엄청난 세계가 다 이해되는 것입니다. 다 소화가 되는 것입니다. 그 은혜에 충만하고, 감사하게 되는 것입니다. 여기에 사랑의 계시가 있습니다. 이 마음을 품으라— 이것이 무엇입니까? 바로 사랑입니다. 사랑은 이런 것입니다. 그래서 사랑의 계시, 이렇게 사랑할 때 사랑의 소통이 이루어집니다. 사랑의 감동이 이루어집니다. 사랑의 능력이 나타나게 됩니다. 이 마음을 품으라—

여러분, 세상이 달라지기를 원하십니까? 내 환경이 바뀌기를 원하십니까? 아니, 내 몸의 건강을 원하십니까? 잠깐 멈추시고 돌아가서 마음을 살펴보십시오. 내 안에 그리스도의 마음이 있는가? 그리스도의 마음, 그 거룩한 그리스도의 마음이 내 마음에 있을 때, 하나님의 능력을 내가 힘입게 되고, 나 또한 능력의 사람이 됩니다. 이 사랑으로 많은 사람을 감동케 하고, 그리스도께로 인도할 수 있다는 말입니다. 두고두고 마음에 생각합시다. "이 마음을 품으라. 곧

그리스도 예수의 마음이니, 이 마음을 품으라. 곧 그리스도 예수의 마음이니." △

# 찾으면 만나리라

여호와의 말씀이니라 너희를 향한 나의 생각을 내가 아나니 평안이요 재앙이 아니니라 너희에게 미래와 희망을 주는 것이니라 너희가 내게 부르짖으며 내게 와서 기도하면 내가 너희들의 기도를 들을 것이요 너희가 온 마음으로 나를 구하면 나를 찾을 것이요 나를 만나리라 이것은 여호와의 말씀이니라 나는 너희들을 만날 것이며 너희를 포로된 중에서 다시 돌아오게 하되 내가 쫓아 보내었던 나라들과 모든 곳에서 모아 사로잡혀 떠났던 그 곳으로 돌아오게 하리라 이것은 여호와의 말씀이니라

(예레미야 29 : 11 - 14)

## 찾으면 만나리라

신약성경 요한복음 9장 1절 이하에 아주 드라마틱한 사건이 있습니다. 아주 간단한 사건처럼 보이지만, 생각하면 신학적으로도 매우 중요한 의미를 담은 사건입니다. 예수님께서 길을 가실 때 나면서부터 소경 된 사람을 만나셨습니다. 제자들이 이제 여쭈어봅니다. "이 사람이 소경으로 태어난 것은 뉘 죄로 인함이오니이까?" 나면서부터 소경 된 이 사람이 얼마나 불행하게 살았겠습니까. 그 뒤에 나타납니다마는, 지금 나이 40세입니다. 그 40년 동안 얼마나 어둡고 불편한 생활을 하며, 얼마나 저주스러운 생을 살았겠습니까. 그렇듯 불행하게 살았는데, 이것이 누구의 죄 때문이냐, 이것입니다. 제자들이 여쭈어봅니다. "본인의 죄입니까, 부모의 죄입니까?" 만일에 부모의 죄라고 한다면, 본인에게는 억울합니다. 자기 잘못은 없는데, 부모의 죄 때문에 한평생 그 고생을 해야 한다니요? 말이 안 되는 일입니다. 또, 본인의 죄라고 한다면, 나기 전인데 무슨 죄가 있겠습니까.

아무리 생각해도 죄의 문제로는 해답이 되지 않습니다. 예수님께서 대답하십니다. 불행의 극치라고 할 수 있는 이 엄청난 사건, 처음부터 소경으로 태어나서 이제 40세가 된, 한평생을 불행하게, 가장 처참하게 살아온 이 사람을 앞에 놓으시고 예수님께서 말씀하십니다. "본인이 죄를 범한 것도 아니고, 부모가 죄를 범한 것도 없다." 이는 본인에게도 죄가 없고, 부모에게도 죄가 없다는 뜻이 아니고, 이 사건 하나만 놓고 볼 때는, 부모의 죄도 본인의 죄도 아니고, 다만 하나님께서 하고자 하시는 일을 나타내고자 함이라는 신비로운 말씀입니다. 하나님의 하시고자 하시는 일을 나타내고자 함이라—

여러분, 해답이 됩니까? 납득이 갑니까? 엄청난 이야기입니다. 하나님께서 하고자 하시는 일을 나타내고자 하심이다— 여러분, 그 모든 불행이 하나님께서 하고자 하시는 일을 나타내고자 하심이라고 예수님께서 말씀하셨습니다. 인간에게는 큰 고난이, 어찌 생각하면, 숙명적으로 주어집니다. 그러나 믿음의 눈으로 보면, 믿음을 가진 사람이 새로운 영적통찰력으로 보면 그 속에 하나님의 뜻이 있음을 알게 됩니다. 내 몸이 당하는 고난, 내 마음으로 당하는 고난, 사회적으로 당하고, 민족으로 당하는 많은 고난이 있습니다마는, 바른 믿음을 가진 사람을 관찰하면, 하나님의 뜻이 그 속에 있음을 할 수 있습니다. 이걸 아는 것이 믿음이요, 이것이 구원입니다.

제가 미국에서 공부할 때 랄프 윈터라는 유명한 교수님이 신학과는 관계가 없을 것 같은 찰스 베어드의 12권이나 되는 역사책을 읽으라고 하였습니다. 2주일 뒤에 그 읽은 것을 가지고 시험을 보겠다고요. 그 책은 사실 신학서적이 아니라, 일반 역사책입니다. 그런데도 제가 열심히 읽었던 기억이 있습니다. 베어드는 특별한 시각으로 역사를 보았습니다. '역사는 전쟁이다. 빼앗으려는 자와 빼앗기지 않으려는 자, 끝없는 욕망에 사로잡힌 사람들의 지배욕과 여기에 끌려가지 않으려고 반항하는 사람들의 전쟁이다. 생존경쟁이다. 전쟁이다. 역사는 전쟁이다. 역사는 싸움이다.' 그다음 말이 중요합니다. '그 속에 하나님의 심판이 있다. 사람들이 하는 것 같고, 사람들이 싸우고 빼앗고 빼앗기고 하는 것 같아도 그 속에는 하나님의 심판이 신비롭고 공의롭게 나타난다. 하나님 심판의 맷돌은 너무 커서 돌지 않는 것처럼 느껴지지만, 부드럽게 간다. 하나님의 심판은 아주 정밀하게 나타나고 있다. 그러면서 그 심판 속에서 하나님께서는 당신의 백성을 구원하신다. 당신의 백성을 가르치신다. 당신의 백성을 먹이신다. 당신의 백성을 인도하신다.' 이렇게 기록하고 있습니다. 그러면서 신비로운 말을 합니다. '악한 사람이 있는데, 하나님께서 악한 사람을 심판하실 때 벼락을 치시든지, 아니면 선한 사람을 통하여 악한 사람을 멸하시든지, 하시면 좋겠는데, 하나님의 뜻은 그렇지 않더라. 악한 사람을 심판하실 때 그보다 더 악한 사람을 통해서 심판하신다. 선한 사람을 통해서 악한 사람을 심판하신 역사는 거의 없다. 그래서 악한 사람을 심판하실 때마다 더 악한 사람을 통해서 심판하시고, 그러는 동안에 신비로운 하나님의 역사가 나타난다. 그것이 바로 비유컨대 꽃과 벌과 같다.' 벌은 이 꽃 저 꽃 다니면서 꽃에서 꿀을 빨아냅니다. 만일 꽃에 입이 있다면 한마디 할 것입니다. "왜 남의 집에 와서 이렇게 꿀을 다 빼앗아 가느냐?" 그런데, 사실 벌이 꿀을 빨고 이 꽃 저 꽃 옮겨 다니면서 술을 옮겨놓아야 이제 그 꽃이 열매를 맺을 수 있는 것입니다. 알고 보면 꽃이 벌을 돕고, 벌이 꽃을 돕고, 이렇게 서로 상부상조하는 것입니다. 어찌 생각하면 빼앗는 것은 강도짓과 다름없습니다. 그러나 이런 사건을 통하여 오묘하게 귀한 열매 맺는 사건이 성취되는 것이 역사라고 찰스 베어드는 말합니다.

여러분, 구약성경을 보면 하나님 창조의 섭리와 그 놀라운 역사를 구절구절 읽게 됩니다마는, 그 속에서 들을 수 있는 음성은 딱 두 마디입니다. 심판과 구원입니다. 하나님께서는 악을 심판하시면서 동시에 하나님의 백성을 구원하십니다. 심판과 구원이 한 사건 속에 동시에 이루어집니다. 이것을 알아볼 수 있고, 이것을 믿을 수 있는 것이 하나님 백성들의 세계관입니다.

심판과 구원이 공존합니다. 심판은 언제나 딱 두 가지 죄악을 책망하십니다. 하나는 종교적인 죄악입니다. 성경을 읽어가노라면, 계속 우상숭배 하는 것을 하나님께서 책망하십니다. 우상숭배는 종교적 죄악입니다. 하나님을 섬겨야 할 사람들이 우상을 섬길 때 하나님께서는 그것을 심판하십니다. 또 하나는 도덕적인 것입니다. 그래서 너희들이 죄악을 저지르고, 모든 죄를 범하며, 특별히 고아와 과부 같은 불쌍한 사람들을 돌아보지 않고, 그들을 불쌍히 여기는 마음이 없는 것으로 심판하십니다. 하나님께서는 이렇게 심판하시면서 동시에 그 속에서 하나님의 백성을 구원하시고, 인도하시고, 가르치시고, 그들을 통하여 영광을 받으시는 것을 읽을 수 있습니다. 크게 진노하시고 심판하십니다. 그런데, 그 속에 하나님의 세밀한 경륜이 있습니다. 또 다른 악한 자를 통하여 역사하시는 것 같으나, 하나님께서는 절대 실패하지 않으십니다.

여러분, 너무나도 잘 아는 사건 아닙니까. 바벨론 왕 느부갓네살은 역사에 나타난 가장 포악한 왕입니다. 하나님께서는 이 왕을 통하여 예루살렘을 치십니다. 그래 예루살렘이 함락되고, 많은 사람이 포로로 잡혀갑니다. 엄청난 사건입니다마는, 그다음에 보면 이제 하나님께서 느부갓네살 왕을 또 치십니다. 이 모든 사건 속에 하나님의 심판이 있고, 하나님의 구원하시는 역사가 있습니다. 성경은 분명히 말씀합니다. "이 악한 느부갓네살을 하나님께서 막대기로 사용하셨다." 막대기를 사용하셨다면, 그 막대기를 보아서는 안 됩니다. 막대기를 드신 하나님을 보아야 합니다. 막대기를 보고 원망과 불평할 것이 아닙니다. 막대기를 드신 하나님을 볼 줄 아는 영적 지각이 필요하다는 말씀입니다. 그리고 하나님께서는 그 심판 가운데 계속 말씀하십니다. 계속 당신의 백성을 부르십니다. "회개하라! 돌아오라!" 말씀하십니다.

오늘본문인 예레미야서는 바벨론 포로 가운데 주신 메시지입니다. 이 메시지에서 말씀하십니다. "하나님께서 심판하신다." 그리고 또 말씀하십니다. "찾으라. 돌아오라." 그래 오늘본문에도 얼마나 귀한 말씀이 있습니까. "재앙이 아니라 평안이요, 찾고 찾으면 만나리라." 이걸 꼭 잊지 말아야 합니다. 지금 때리시면서 하시는 말씀입니다. 때리시면서 말씀하십니다. "돌아오라. 찾으면 만나리라." 심판 속에 복음이 있습니다. 처절한 복음이 있습니다. 간절한 복음이 있습니다. 진노 속에 사랑이 계시되고 있습니다. 이것을 알고, 이것을 듣고, 여기에 응답하는 것이 믿음입니다. 거기에 믿음의 요소가 있습니다. 진노 속에 말씀이 있습니다. 돌아오라고 애타게 말씀하십니다.

저는 성경을 읽을 때마다 가장 절절하게 느껴지는 본문이 하나 있습니다. 이사야서 1장 5절로 6절입니다. "어찌하여 더 맞으려고 더욱더 패역하느냐 어찌하여 더 맞으려고 패역하느냐." 매를 맞으면서도 아직 정신을 못 차리고 있다고 말씀하십니다. "온 머리는 병들었고 온 마음은 피곤하여졌으며 발바닥에서부터 머리까지 성한 곳이 없이 상한 것과 터진 것과 새로 맞은 흔적뿐이어늘 그것을 짜며 싸매며 기름으로 유함을 받지 못하였느니라 어찌하여 더 맞으려고 패역하느냐." 맞으면서도 정신을 못 차리고 있다는 것입니다. 실제로 이런 일이 많이 있지 않습니까. 어느 어머니가 아들이 하도 장난이 심해서 도저히 말릴 수가 없어 그 사랑하는 아들을 앞에 놓고 때리기 시작했습니다. 아들을 때리면 아이가 그저 "어머니 잘못했습니다"라고 하기를 바랐는데, 아들이 "아이고, 나 죽는다!" 하고, 그다음 또 맞으면서도 농담합니다. "네 아들 죽지, 내 아들 죽냐? 아이고, 나 죽는다!" 그래 어머니가 하도 기가 막혀서 "이놈아, 제발 잘못했다고 해라! 잘못했다고 해라!" 하고 울면서 아들을 때렸다고 합니다. 이것이 하나님의 마음입니다. "제발 잘못했다고 해라, 이 녀석아! 제발 돌아와라!" 하나님께서 애통해 하고 계십니다.

그리고 오늘본문에서 말씀하십니다. "재앙이 아니라, 평안이라. 찾고 찾으면 만나리라. 만나줄 테니까 불러라. 만나줄 테니까 돌아와라. 용서할 테니까 돌아와라." 애타게 부르십니다. "어찌하여 더 맞으려고 하느냐?" 기막힌 하나님의 울부짖으심이 여기에 있습니다. 진노 속에서 돌아오라고 말씀하십니다. 여기에 우리에게 주신 메시지가 있습니다. 우리가 많은 시련을 당합니다. 국가적으로, 사회적으로, 민족적으로, 경제적으로, 혹은 개인적으로, 가정적으로 많은 문제에 부딪칩니다. 우리는 그 사건에 부딪칠 때마다 절망하기도 하고, 때로는 신앙을 잃어버리기도 합니다. 그러나 깊이 생각해야 합니다. 환란과 질병과 재난과 모든 사건, 그 속에 애타게 부르시는 하나님의 음성이 있습니다. "돌아오라! 돌아오라!"

우리 민족은 일제강점기라는 어려운 고난을 겪었습니다. 먼 이야기처럼 들립니다마는, 그 일제강점기에 우리가 얼마나 많이 고생했습니까. 제가 생생하게 기억하는 것 가운데 하나가 8·15해방 얼마 전까지는 교회에 가서 찬송을 우리말로 불렀다는 사실입니다. 하지만 해방되기 직전에는 일본말로 부르라고 했습니다. 그래서 그때는 일본말로 찬송가를 불러야 했고, 찬송가 가운데서 특별히 '만왕의 왕'을 찬양하는 것이 있는데, 이런 가사가 있는 찬송가는 다 찢어버리게 했습니다. 그래서 찬송가를 들고 교회에 들어갈 때 교회 앞에서 감시하는 사람이 찬송가를 찢고는 했습니다. 그 때문인지 해방된 다음에는 '만왕의 왕 예수'가 들어가는 찬송만 엄청 많이 불렀습니다.

이렇게 많은 억울함과 많은 시련을 겪었지만, 우리는 생각해야 합니다. 이 속에서 주의 음성을 들어야 했습니다. 그뿐입니까? 3·1운동으로 말미암아 얼마나 많은 사람이 죽었습니까. 3·1운동을 통해서 기독교인 5만 명이 죽었습니다. 왜요? 기독교인들은 순국과 순교를 같이 생각했습니다. 만세 부르다 죽는 것을 순국이라고 하겠습니다마는, 기독교인들은 순교라고 생각했습니다. 그래서 신앙적 차원에서 애국 운동을 했기 때문에 이분들은 나라를 위해서 만세를 부르다 죽지마는, 이것은 하나님께 영광이 된다고 생각했습니다. 그렇게 해서 오늘의 한국교회가 있는 것입니다. 한국교회가 부흥하게 된 계기는 딱 둘이 있습니다. 하나가 3·1운동이요, 또 하나가 6·25전쟁입니다. 전쟁이라는 것은 참 비참하고 어려운 것입니다마는, 이 사건을 통해서 많은 주의 백성이 생겼습니다. 많은 피란민이 자신들의 모든 것을 다 잃어버린 채 오직 기도하고, 찬송하고, 오직 예배하고, 하나님을 위하여, 하나님의 영광을 위하여 살았기에 오늘 우리가 있는 것입니다. 여러분, 잊지 말아야 합니다.

이 많은 사건을 통하여 하나님께서는 우리를 부르셨습니다. 그 부름에 응답했습니다. 역사 속에 하나님의 부르심이 있습니다. 그 부르심에 바로 응답하는 것이 믿음입니다. 예수님께서 3년 동안 역사하고 계실 때 많은 사람이 예수님 앞에 나왔습니다. 와서 간절한 마음으로 주의 음성을 들었습니다. 누가 들었습니까? 간단히 말하면 전부 병자들입니다. 병든 사람들, 가난하고 어려운 사람들이 나왔습니다. 그 도도한 바리새인들, 그 제사장들은 예수를 핍박했고, 예수를 십자가에 못박았습니다. 여러분, 잊지 말아야 합니다.

예수님께서 친히 말씀하시는 음성 속에 어떤 면으로는 좀 슬픈 말씀이 있습니다. 세례 요한에 대하여 말씀하시면서 세례 요한의 제자들이 와서 "오실 이가 당신입니까? 또 다른 분을 기다려야 하리이까?" 하는 엉뚱한 질문을 할 때 예수님께서는 말씀하십니다. "세례 요한에게 가서 말해라. 문둥이가 깨끗함을 받으며, 병자가 나으며, 죽은 자가 살아나며, 가난한 자에게 복음이 전파된다고 하라." 주님의 말씀입니다. 왜 가난한 자뿐입니까? 왜 가난한 자에게만 복음이 전파됩니까? 그 말씀 속에 상당히 크고 슬픈 이야기가 있습니다. 그 많은 사람과 종교지도자가 있었지만, 정말로 예수님 앞에 나온 사람들은 병든 사람, 가난한 사람들뿐이었습니다.

여러분, 왜 그랬을 것 같습니까? 저는 이렇게 연결하고 싶습니다. 예수님께서 마태의 집에 초대받아 가셔서 점심을 잡수실 때 그 도도한 바리새인들이 말합니다. "예수는 어째서 저렇게 세리나 저 가난한 사람들과 같이 식사를 하는가? 세리의 집에 가서 식사 대접을 받는가?" 이렇게 비난할 때 예수님께서 말씀하십니다. "건강한 자에게는 의원이 쓸데없고, 병든 자에게라야 쓸데있느니라." 아주 깊은 말씀입니다. 역시 그렇습니다. 의원에게 가는 사람은 병자입니다. 건강한 사람이 왜 병원에 가겠습니까. 그러면 여기서 말씀하시는 것이 '너희들은 다 건강한 사람이고 의로운 사람이다'라는 뜻입니까? 아닙니다. "병든 사람이라야 내게 나온다. 병들었다는 걸 아는 사람만이 내게 나온다. 하나님 앞에 징계를 받고 있다고 생각하는 사람만이 내 앞에 나온다. 그리고 징계를 통하여 하나님의 음성을 듣고, 내 앞에 나오고 있다." 이러한 말씀임을 잊지 말아야 합니다.

"찾으라 만날 것이다." 시편 73편 17절 이하에 보면 귀한 말씀이 있습니다. "내가 하나님의 전에 들어갈 때에야 그 결국을 알았나이다." 오늘본문도 말씀합니다. "기도하라." 하나님 앞에 나아와 기도할 때만 믿음을 가질 수 있습니다. 기도할 때만 음성을 들을 수 있고, 기도할 때만 그 결국을 알 수 있습니다. 악한 자가 잘 되는 것 같지만, 아닙니다. 선한 자가 고난을 당하는 것 같지만, 아닙니다. 심판 속에 하나님의 음성이 있고, 재난 속에 하나님의 사랑이 계시되어 있다는 사실은 하나님의 전에 나와 기도하는 사람만이 알 수 있습니다. 기도 가운데 주의 음성이 들리고, 재난과 많은 시련 속에 주시는 하나님의 세밀한 음성을 듣고, 놀라운 구원의 섭리와 거룩한 사랑의 계시를 보고, 느끼고, 응답하고, 찬양하게 되는 것입니다.

이 민족을 향하여 고난 속에 주시는 주의 은총이 아주 큽니다. 이 많은 시련 속에 하나님께서는 계속 우리와 함께하셨습니다. 오늘도 내일도 주께서는 부르고 계십니다. 주의 음성을 들어야겠습니다. "돌아오라." 애타게 부르십니다. 그리고 말씀하십니다. "재앙이 아니라 평안이요, 찾고 찾으면 만나리라. 아니, 만나주리라." △

# 이 사람들의 믿음

수 일 후에 예수께서 다시 가버나움에 들어가시니 집에 계시다는 소문이 들린지라 많은 사람이 모여서 문 앞까지도 들어설 자리가 없게 되었는데 예수께서 그들에게 도를 말씀하시더니 사람들이 한 중풍병자를 네 사람에게 메워 가지고 예수께로 올새 무리들 때문에 예수께 데려갈 수 없으므로 그 계신 곳의 지붕을 뜯어 구멍을 내고 중풍병자가 누운 상을 달아 내리니 예수께서 그들의 믿음을 보시고 중풍병자에게 이르시되 작은 자야 네 죄 사함을 받았느니라 하시니 어떤 서기관들이 거기 앉아서 마음에 생각하기를 이 사람이 어찌 이렇게 말하는가 신성모독이로다 오직 하나님 한 분 외에는 누가 능히 죄를 사하겠느냐 그들이 속으로 이렇게 생각하는 줄을 예수께서 곧 중심에 아시고 이르시되 어찌하여 이것을 마음에 생각하느냐 중풍병자에게 네 죄 사함을 받았느니라 하는 말과 일어나 네 상을 가지고 걸어가라 하는 말 중에서 어느 것이 쉽겠느냐 그러나 인자가 땅에서 죄를 사하는 권세가 있는 줄을 너희로 알게 하려 하노라 하시고 중풍병자에게 말씀하시되 내가 네게 이르노니 일어나 네 상을 가지고 집으로 가라 하시니 그가 일어나 곧 상을 가지고 모든 사람 앞에서 나가거늘 그들이 다 놀라 하나님께 영광을 돌리며 이르되 우리가 이런 일을 도무지 보지 못하였다 하더라

(마가복음 2 : 1 - 12)

## 이 사람들의 믿음

오래 전에 미국에서 많은 사람들에게 깊은 감동을 준 특별한 사건이 있습니다. 어떤 사람이 살인범이 되어 재판정에서 사형 언도를 받았습니다. 미국에서는 사형 언도가 되면 바로 집행이 됩니다. 그런데, 이 사람의 형은 아주 유명한 사람이었습니다. 그는 고위 공직에 있을 뿐만 아니라, 나라에 큰 공을 세웠습니다. 형은 동생을 생각하며 너무나 안타까워서 많이 고민하다가 대통령을 찾아가 사면요청을 합니다. 대통령은 그 형의 공로를 생각해서 사면을 허락하고 사면장을 주었습니다. 이 형은 그 사면장을 주머니에 넣고 동생을 찾아갔습니다. 동생을 면회하는 그 자리에서 이렇게 말합니다. "만약에 네가 사면된다면 무엇을 하고 싶으냐?" 동생은 살기등등한 얼굴로 대답합니다. "제일 먼저 나에게 사형선고를 한 판사를 죽이겠습니다. 그다음에 나에게 불리한 증언을 한 증인들을 찾아가서 차례로 죽이겠습니다." 형님은 기가 막혔습니다. 그리고는 조용히 돌아서서 사면장을 찢어버렸습니다.

사람은 일생을 사는 가운데 언제나 양심의 문을 두드리고, 영혼의 문을 두드려서 회개를 재촉하는 음성을 듣습니다. 성경을 읽을 때 내 죄가 보입니다. 기도할 때 회개하라는 음성이 들립니다. 설교말씀을 들을 때 확실하게, 점점 강하게 회개를 재촉합니다. 그 주신다는 말씀에 우리가 어떻게 응답하느냐, 이것이 문제입니다.

오늘본문에는 한 중풍병자가 예수님께 나아와서 병을 고치고 구원받았다는 이야기가 있습니다. 예수님께서 병을 고치신 일은 성경에 많이 기록되고 있습니다마는, 오늘본문에 나타난 이 내용만은 특별한 사건입니다. 병자가 예수님께 나아와서 병 고침을 받았다는 이것은 특별히 신학적으로 중요한 의미가 있는 사건입니다. 왜 그렇습니까? 이 사람은 처음부터 끝까지 침묵합니다. "제 병을 고쳐주세요!"라는 말도 없고, "고쳐주시니, 감사합니다!"라는 말도 없습니다. 처음부터 끝까지 침묵입니다. 아무 말도 하지 않습니다. 그러나 이 사람은 영적으로 주님과 소통하면서 큰 구원의 기쁨을 누리고 감사하며 돌아갑니다. 아마도 그는 소문 가운데 예수에 대한 이야기를 들었던 것 같습니다. "예수님께서는 모든 병을 고치신다더라. 문둥병자도 고치시고, 죽은 자도 살리시고, 앉은뱅이도 일으키신다더라. 어떤 환자라도, 어떤 병이라도 다 고치신다더라." 여러분, 이걸 잊지 말아야 합니다. 소문 가운데 복음이 있습니다. 그저 돌아가는 말처럼 들리지만, 잘 들어보십시오. 그 속에 내가 들어야 할 복음이 있습니다. 이걸 잊지 말아야 합니다.

우스운 이야기지만, 저로서는 심각한 이야기입니다. 아주 오래전에 제가 무좀 때문에 얼마나 고생했는지 모릅니다. 이것을 고치려고 아무리 애를 쓰고, 무슨무슨 약을 써봐도 잘 낫지를 않았습니다. 그러다가 어느 날 방송에서 딱 한 번만 바르면 무좀이 낫는다는 약 광고를 보았습니다. 바로 약국으로 가서 그 약을 사다가 발랐지요. 그 뒤로 지금까지 무좀이 없습니다. 방송에는 하도 많은 게 나오니까 무심히 지나칠 수도 있지만, 한번 잘 들어보십시오. 소문 중에 복음이 있습니다. 이걸 딱 잡고 믿으면서 행동으로 옮길 때 그 소문은 정말 복음이 되는 것입니다. 무좀 안 걸려본 사람이 이 느낌을 알겠습니까. 무좀에 걸려본 사람은 지금 이 한마디도 소중하게 듣는 것 아니겠습니까. 그러니까 언제나 예수에 대한 복음은 충만하지만, 정말로 회개하는 죄인들만 아주 관심 있게 이 소문을 듣게 되어 있습니다. 그래서 이 중풍병자는 '예수님께서는 어떤 병이라도 고치신다더라'라는 소문을 듣고, 예수님께 가야겠다고 마음을 먹은 것입니다.

성경에 보면, 환자를 둔 가족이나 그 지인들이 예수님께 나아와 자기 아들이나 딸을 고쳐달라며 예수님을 모시고 가려던 일이 여러 번 있었습니다. 이 사람도 얼마든지 누구한테 예수님을 모시고 오라고 할 수 있었습니다. 그러나 이 사람은 자기가 몸소 예수님께 가야겠다고 생각합니다. "아니다. 누구를 시켜서 예수님을 모셔 올 것이 아니라, 내가 예수님께로 직접 가야겠다!" 이 마음이 참으로 중요합니다. 오늘도 가만히 보면, 예수님께서 나한테로 오시기를 바라는 사람들이 많습니다. 내가 예수님께로 가려고 하지를 않습니다. 장소와 시간과 그 내용에서 내가 예수님께로 가기보다는 예수님께서 내게로 오시기를 바라는 것입니다. 또한, 주님께서 내 뜻을 아시고, 내 소원을 이루어주시기를 바랍니다. 자신이 주님께로 가서 주님의 소원을 이루어드리겠다는 생각은 하지 않습니다. 그 차이가 있는 것입니다. 그는 적극적이고 행동적인 사람입니다. 그는 언제든지 예수님을 모셔올 수도 있었지만, 굳이 그렇게 하려고 하지 않았습니다. '내가 가야겠다. 예수님께서 오시는 것이 아니라, 내가 가야겠다.' 이것이 예배자의 마음입니다.

기도야 어디서든지 할 수 있습니다. 잠자리에서도 할 수 있고, 길거리에서도 할 수 있고, 길을 가면서도, 일을 하면서도 할 수 있습니다. 그렇지만, 아닙니다. 장소를 정하고, 기도하는 곳으로 가야 합니다. 예배하는 곳으로 가는 직접적인 행동이 필요합니다. 그러므로 교회에 와서 기도하는 것이 아주 중요합니다. 우리 어머니는 제가 좀 속을 썩일 때마다 딱 한 말씀을 하셨습니다. 어머니는 저를 때리신 적이 없습니다마는, 그 한마디는 정말 무서웠습니다. "내가 너를 위해 10년 동안 새벽에 교회에 나가서 기도했느니라. 10년 동안 기도하고 너를 낳았느니라." 그 말씀 한마디만 하시면 저는 꼼짝을 못합니다. 기도야 어디서든 할 수 있습니다. 그러나 만민이 기도하는 집으로 정한 교회에 나가서 기도하는 것이 너무나 소중합니다.

제가 전쟁 때 이북에서 이남으로 피난을 나올 때 교회가 폭격으로 말미암아 불타는 걸 보았습니다. 그 뒤에 제가 한 번 가 보았습니다. 정말로 아무것도 없고, 그 터만 남아 있습니다. 그런데, 제 어머니는 돌아가실 때까지 그 불탄 예배당 터에서 기도하셨다는 것입니다. 어느 날 눈이 하얗게 왔는데, 거기 눈 속에서 사람이 나오더랍니다. 우리 어머니가 가마니를 뒤집어쓰고 그 빈터에서 밤새 기도하신 것입니다. 그리고 아침에 일어나시는 걸 본 사람이 제게 말해준 것입니다. 그 말을 듣고 저는 너무나 마음이 아팠습니다. 예, 주께로 나아간다고 하는 행동은 아주 중요한 것입니다. "제가 있는 곳에 주님, 오세요!"가 아니고, "주님 계신 곳에 제가 가겠습니다!"입니다. "주님께서 제 뜻을 들어주세요!"가 아니고, "제가 주님의 뜻을 따르겠습니다!"입니다. 이것이 예배요, 이것이 기도입니다.

그런데, 이 사람을 보니까 중풍병자가 되어서 혼자 갈 수 없었습니다. 그래서 친구 네 사람을 불렀습니다. 이 친구들이 참 착합니다. 이들이 이 사람을 침상째 받쳐 들고 예수님 계신 곳에 왔습니다. 그리고 예수님께로 가까이 가려고 하는데, 거기 모인 사람들이 너무

많아서 우로 올라가 지붕을 뚫고 침상을 밑으로 달아 내립니다. 그 장면을 그림으로 그린 것을 보아도 감격스럽습니다. 지붕이 열리면서 침상이 아래로 내려갑니다. 예수님께서 그들을 보십니다. 오늘본문을 자세히 읽어야 합니다. "그들의 믿음을 보시고……(5절)" 한 사람의 믿음이 아닙니다. 여러 사람, 복수입니다. 환자 한 사람과 친구 네 사람, 총 다섯 사람의 믿음을 보신 것입니다. 그들에게 무슨 고백이 있는 것은 아닙니다. 단지 행동뿐입니다. 예수님께 가까이 가려는 행동, 간절한 마음, 그것이 행동으로 나타납니다. 그때 예수님께서 이들의 믿음을 보셨습니다. 이 환자도 말이 없고, 이것을 수행한 사람들도 말이 없습니다. 그러나 이 행동 자체가 예배요, 주님 보시기에 합당한 행동이었습니다. 그래서 "이들의 믿음을 보시고……"라고 성경은 말씀합니다.

특별히 오늘본문에서 이 환자는 재미있게도 끝까지 말이 없습니다. 시작부터 끝까지요. 그런데, 침묵 속에서 진실을 말하고 있습니다. 침묵 속에서 주님을 만나고 있습니다. 주님께서 이 환자에게 말씀하십니다. "네 죄 사함을 받았느니라(5절)." 참 특별한 말씀입니다. 이 사람은 환자인데, 병 고치려고 왔는데, "네 병이 나을지어다"가 아니고, "네 죄 사함을 받았느니라"라고 말씀하십니다.

병에는 여러 가지가 있습니다. 그러나 다 같은 것이 아닙니다. 요한복음 9장에서 말씀하신 것처럼 "그저 이 사람이 장님으로 태어난 것은 부모의 죄도 본인의 죄도 아니다. 이 사건에 관해서는 하나님께서 하고자 하시는 일을 나타내고자 하심이라"라고 말씀하십니다. 병에 걸리는 데에는 여러 가지 이유가 있습니다. 그러나 그 가운데서 뺄 수 없는 하나가 죄입니다. 죄 때문에 이 사람이 병든 것이고, 주님께서 그 속을 들여다보시고 "네가 병든 것은 네 죄 때문이다"라고 말씀하신 것입니다. 제가 한 번은 어떤 병원의 원장님을 만나기 위해 그분이 일하시는 병원을 방문한 적이 있습니다. 환자가 너무 많아서 따로 만날 수가 없었지요. 결국 환자들이 진찰받는 곳에서 이야기를 나누게 되었습니다. 그래서 그분이 환자를 진찰하는 중에 옆에 앉아서 그 진찰하는 모습을 보았습니다. 그분이 환자들하고 이야기를 하는데, "화를 내지 마세요. 너무 남을 미워하지 마세요. 그리고 걱정 근심을 좀 저버리세요" 하고 충고하는 것이었습니다. 그 말을 듣던 한 환자가 참다 못해 하는 말이 이랬습니다. "병이나 고치시지, 남 속상해하는 것은 왜 자꾸 들추십니까?" 그 말을 듣던 원장님이 빙그레 웃으면서 이렇게 말했습니다. "이 병은 약으로 고칠 병이 아니거든요. 당신의 마음속에 있는 그 증오와 욕심, 분노, 그걸 고쳐야 나을 수 있는 것이지, 제가 약 드린다고 이 병이 낫는 것이 아닙니다."

여러분, 병에 대해 어떻게 생각하십니까? 물론 병이라고 해서 다 죄 때문에 오는 것은 아닙니다. 하지만 다분히 죄 때문에 오는 병이 많습니다. 걱정하고, 미워하고, 증오하고, 밤을 새우고, 잠을 못 자니, 그러다 병에 걸리는 것입니다. 그러니까 병이란 심리적이고 영적인 것입니다. 그런데, 예수님께서는 이걸 보시고 이 환자를 향하여 근본적인 치유를 하십니다. "네 죄 사함 받았느니라." 놀랍게도 이 환자가 이것을 수용합니다. 반항이 없습니다. 보통 좀 거친 사람이라면 "병이나 고치시지, 왜 제 죄는 들추십니까? 더구나 이 많은 사람 앞에서 창피하게요?" 하고 벌떡 일어나서 화를 낼 것입니다. 하지만 이 사람은 인정합니다. 받아들입니다. 여러분 이걸 알아야 합니다. 혼자 있을 때는 내가 잘못한 걸 내가 압니다. 하지만, 다른 사람이 내 죄를 지적하면 화를 냅니다. 그러므로 내 죄를 내가 인정할 때 사람들이 나를 뭐라고 하느냐, 그건 중요하지 않습니다. 그 평판이 중요한 게 아닙니다. 이걸 극복해야 하는 것입니다.

예수님께서는 아무 말씀도 인사도 없이 이 환자를 보시고 딱 한 마디 하십니다. "네 죄 사함 받았느니라." 그 끝에 한 마디가 있지 않습니까. "네 병은 네 죄 때문이다." 예수님의 심판이 여기에 있는 것입니다. 이러한 예수님의 진단을 그대로 수용합니다. 많은 사람 앞에서 "너는 죄인이다"라는 말씀을 받아들입니다. 죄 때문에 병들었다는 사실을 수용합니다. 참으로 겸손한 사람입니다. 이것이 믿음입니다. 이것이 회개입니다. 제가 언젠가 한 번은 교인 가정을 심방했는데, 그분이 독감에 걸려서 고생하고 있기에 "얼마나 어려우십니까?" 했더니, "목사님, 이게 다 제 죄 때문입니다"라고 하더라고요. 그래서 제가 "아니, 그래도 좀 중한 병에 걸려서 회개도 해야지, 감기 정도 가지고 죄 때문이라고 하시면 그건 좀 오버하시는 거 아니요?" 했더니, "그래도 사실이거든요. 제가 제 죄를 압니다"라고 합니다.

자신의 심령 상태는 자신이 제일 잘 압니다. 이 사람은 많은 사람들 앞에서 지금 부끄러움을 당하고 있습니다. 많은 수치심을 느낄 수밖에 없는 처지입니다. 일반적으로 말하면, 반항할 수도 있는 시간입니다마는, 이 사람은 침묵으로 받아들이고 있습니다. 조용히 받아들입니다. 그리고 "네 죄 사함 받았느니라!"라는 말씀을 감사하게 받습니다. 여기에 하나의 고백이 있습니다. 주님을 의사로 본 것이 아니고, 죄를 사하실 수 있는 하나님의 아들로 고백하는 시간입니다. 베드로의 고백이나 마찬가지입니다. "주께서는 그리스도시요, 살아 계신 하나님의 아들이십니다." 그 고백이 여기에도 있는 것입니다. 죄 사함의 권세가 주님께 있음을 인정하는 시간입니다. 당장 시비, 비판이 나오잖습니까. "저가 누구이기에 죄를 사하느냐? 죄 사할 권세는 하나님께 밖에는 없는데, 감히 저가 누구이기에 죄를 사할 수 있다는 말이냐!" 예수님께서 말씀하십니다. "죄 사함의 권세가 내게 있음을 보이리라." 그리고 "일어나 나가라!" 하십니다. 이 병을 고치시면서 죄 사함의 역사가 함께 확증되는 시간입니다. 놀라운 말씀입니다. 우리의 사업이 실패할 때, 내 몸이 병들 때, 주변의 환경이 어려워질 때, 여러분, 그 속에서 주님의 음성을 들어야 합니다. 주님의 손길을 느껴야 합니다. 그리고 우리의 새로운 신앙고백이 있어야 합니다. "네 죄 사함 받았느니라"라는 음성이 들려야 합니다.

옛날에는 심방을 많이 했습니다. 제가 인천에서 목회할 때 자주 심방을 하면서 이집 저집에서 가정 이야기도 듣고, 기도하고, 그랬습니다마는, 그럴 때 오히려 제가 은혜받을 때가 많았습니다. 심방 간 집이 병들었습니다. 참 안타까운 마음에 제가 능력이 있어서 "일어나라!" 하면 좋겠는데, 그럴 능력도 없고, 그저 위로하는 말만 할 수밖에 없습니다. 그러나 제가 은혜받는 것이 무엇인지 아십니까? 병들면서 하나님께 감사하는 것입니다. "제가 병든 것은 하나님께서 저를 사랑하시기 때문입니다. 사업에 실패하고도 제가 잘못된 길로 가고 있었는데, 하나님께서 부도라는 사건을 통하여 제 영혼은 살 수 있게 해주셨습니다." 이런 간증을 들을 때 은혜를 많이 받습니다.

이 사람은 죄 사함을 받았습니다. 병중에서 주의 음성을 들었고, 주의 부르심을 들었고, 병 때문에 주님 앞에 나올 수 있었고, 병 때문에 오늘 이 시간 “네 죄 사함 받았느니라”라고 하는 큰 사죄의 은총, 큰 축복을 누리는 사람이 되었습니다. 그리고 하나님께 영광을 돌렸습니다. 여러분, 조용하게 귀에 들리는 음성이 있어야 합니다. 네 죄 사함 받았느니라— 그것이 복음입니다. △

# 두려워 말고 믿기만 하라

아직 말씀하실 때에 회당장의 집에서 사람이 와서 말하되 당신의 딸이 죽었나이다 선생님을 더 괴롭게 하지 마소서 하거늘 예수께서 들으시고 이르시되 두려워하지 말고 믿기만 하라 그리하면 딸이 구원을 얻으리라 하시고 그 집에 이르러 베드로와 요한과 야고보와 아이의 부모 외에는 함께 들어가기를 허락하지 아니하시니라 모든 사람이 아이를 위하여 울며 통곡하매 예수께서 이르시되 울지 말라 죽은 것이 아니라 잔다 하시니 그들이 그 죽은 것을 아는 고로 비웃더라 예수께서 아이의 손을 잡고 불러 이르시되 아이야 일어나라 하시니 그 영이 돌아와 아이가 곧 일어나거늘 예수께서 먹을 것을 주라 명하시니 그 부모가 놀라는지라 예수께서 경고하사 이 일을 아무에게도 말하지 말라 하시니라

(누가복음 8 : 49 - 56)

## 두려워 말고 믿기만 하라

어느 가정에 덤덤히 사는 부부가 있었습니다. 밸런타인데이가 되어서 그 아내가 남편을 위해 초콜릿을 준비하고, 장미꽃도 준비해서 남편이 들어올 때 이것을 주면서 남편에게 "아이러브유!"라고 말했습니다. 그랬더니 남편이 하는 말입니다. "그런 것은 사랑하는 애인끼리나 하는 거지, 무슨 짓이야?" 이 말을 들은 아내는 기가 막혀서 '이런 남자를 믿고 내가 살아야 하나?' 하고 한탄했다고 합니다. 여러분, 믿음이 어디까지 왔습니까? 한번 물어보아야 하겠습니다. 미국의 시인 사무엘 울만의 「스프링 타임」이라는 유명한 책이 있습니다. 이 책에서 그는 이렇게 말합니다. '나이를 더해가는 것만으로는 사람은 늙지 않는다. 이상을 잃어버릴 때 비로소 늙는다. 세월은 우리의 피부를 늙게 만들지만, 가치를 잃어버리면, 영역을 잃어버리면 영혼은 시든다. 그대가 가지고 있는 믿음만큼 젊고, 의미만큼 늙는다.' 유명한 말입니다.

오늘본문에 나타난 이야기는 한 사건이며, 또 기술된 내용이지만, 너무나 소중한 예수님에 대한 신앙고백을 구구절절 우리에게 설명해주는 소중한 복음입니다. 여기에 한 지성인이 나타납니다. 회당장 야이로입니다. 당시에 회당장은 정치, 경제, 문화, 종교 등 모든 부분에서 사람에게 영향을 미치고, 존경받는 인물이었습니다. 야이로는 아마도 바리새교인이었으리라 생각합니다. 그렇게 존경받는 위치에 있던 사람인데, 지금 그의 존경과 자존심이 다 무너졌습니다. 왜냐하면, 열두 살 된 사랑하는 딸이 병들어 죽어가고 있었기 때문입니다. 회당장 야이로는 이제 체면을 돌볼 계제가 아니었습니다. 무얼 따지고 할 것도 없습니다. 누가복음 8장 41절은 말씀합니다. "예수의 발 아래에 엎드려……" 야이로가 사는 동네하고 예수님의 고향이 그리 멀지 않습니다. 그런고로 어쩌면 이래저래 다 아는 사이였는지도 모릅니다. 그런데, 서른 살 난 예수님 앞에 가서 그가 무릎을 꿇었습니다. 왜요? 절박했기 때문이었습니다. 그래서 그는 겸손할 수밖에 없었습니다. 그리고 겸손한 가운데, 그 정도의 믿음을 가지고 절박하게 예수님 앞에 무릎을 꿇고 "제 집에 오셔서 제 딸을 살려주십시오!"라고 부탁하게 됩니다. 다행히 예수님께서 가겠다고 나서셨습니다. 여기서 한 번 멈추고 생각할 일이 있습니다.

요한복음 3장에 니고데모라는 사람이 나옵니다. 그는 예수님께 나아와서 "어찌하면 영생을 얻겠습니까?" 하고 영생의 도리를 묻습니다. 그는 야이로처럼 어느 식구가 병들어서 나온 것이 아닙니다. 자기 몸이 불편해서 나온 것도 아닙니다. 어쩌면 가장 고상한 문제를 가지고 예수님 앞에 나온 것입니다. 그래서 "어찌하면 영생을 얻겠습니까?" 하고 물은 것입니다. 그 동기의 수준이 아주 높습니다. 그러나 견주어보면, 야이로는 영생의 도리를 묻는 것이 아닙니다. "제 딸이 죽어가고 있습니다." 아주 현실적이고 절박한 사정을 가지고 예수님 앞에 나아와 무릎을 꿇은 것입니다. 다행히 예수님께서 "그래 가자! 너의 집에 가자!" 하시고는 나서셨습니다.

여러분, 고난이나 질병은 아무도 원하지 않는 것입니다. 하지만, 이것이 이 사람을 겸손케 만듭니다. 이 사람이 이만큼의 거룩한 용기를 가질 수 있도록 만들었습니다. 이 사람을 이만큼 믿을 수 있도록, 이만큼의 믿음을 가질 수 있도록 만들었습니다. 발 앞에 무릎을 꿇고, 모든 자존심과 명예 다 버리고, 나사렛에서 나온 서른 살밖에 안 된 예수라고 하는 청년 앞에 무릎을 꿇도록 만들었습니다. 그는 자기 체면이나 많은 의심을 다 접고, 절절하게 겸손한 마음으로 예수님 앞에 무릎을 꿇었습니다. 다행히도 예수님께서 "너희 집에 가자!" 하시면서 나서셨습니다. 가주시겠다는 것입니다. 재촉하여 예수님을 모시고 지금 자기 딸이 죽기 전에 가셔야겠다고 하여 초조한 마음으로 지금 부지런히 가고 있는 것입니다. 성경에 보면, 혈루증으로 고생하는 여인이 '어떻게 하면 나을 수 있을까?' 하다가 몰래 예수님의 옷자락을 만집니다. 그때 예수님께서 "누가 나를 만졌느냐?" 하시니까 옆에 있던 제자들이 말합니다. "아니, 사람들이 이렇게 많이 모여서 밀고 당기고 하는데, 좀 그럴 수도 있지, 뭘 이렇게 불편해하십니까?" 그러자 예수님께서 말씀하십니다. "나를 만진 자가 있다." 무슨 말씀입니까? "가고 오다가 옷을 스친 것이 아니라, 믿음으로, 경건한 마음으로 만진 자가 있다. 내 능력이 나간 것을 내가 아노라." 그러시면서 이렇게 돌아보십니다. 이 여자가 이제 숨기지 못할 줄 알고, 예수님 앞에 나아가 무릎을 꿇고 "제가 이런 혈루증으로 고생한 사람입니다. 그런데, 예수님의 옷자락을 만지는 순간 제가 건강해진 것을 보았습니다!"라며 간증을 합니다.

이에 예수님께서 말씀하십니다. "딸아, 네 믿음이 너를 구원하였으니, 평안히 가라." 이러시느라고 시간이 꽤 지체되었습니다. 그동안 야이로는 아마도 뒤에서 속으로 '아이고, 좀 빨리 예수님을 모시고 가야겠는데, 왜 이런 천한 여자가 와가지고 이 이 거룩한 발걸음을 더디게 하나?' 하면서 초조하고 불안해했을 것입니다.

어쨌든, 바로 이런 순간에 야이로의 집에서 사람이 왔습니다.

와서 오늘본문에 나오는 대로 말합니다. “선생님을 더 이상 괴롭히지 마세요. 당신의 딸은 죽었습니다. 그런고로 예수님을 모시고 가려 하지 마세요. 일은 끝났습니다.” 바로 그 순간, 어떻습니까? 야이로는 진퇴양난에 빠졌습니다. 요샛말로 딜레마에 빠진 것입니다. 예수님을 모시고 가야 합니까, 말아야 합니까? 이 걸음을 지금 멈추어야 합니까, 아니면 그대로 모시고 가야 합니까? 딸이 죽었다는데, 지금 이 야이로의 믿음이 한계에 도달했습니다. 믿음의 한계, 인간의 지식, 인간의 경험, 이성적 판단으로 볼 때는 여기까지입니다. 우리는 종종 이런 시간을 겪습니다. 병원에 가서 많은 환자를 봅니다. 환자를 고치기 위해 여러모로 애쓰다가 어느 순간 딱 끝나면 환자를 시트로 덮어놓습니다. 그리고 의사는 나가지요. 왜요? 인간이 할 수 있는 일이 거기까지기 때문입니다. 여기까지, 지금까지는 우리가 애써 기도하기도 하고, 애쓰기도 하고, 정성을 다하지만, 땡 하는 순간에 인간의 능력은 한계에 도달합니다. 바로 그 시간입니다. 야이로의 집에서 사람이 와서 하는 말입니다. “당신의 딸이 죽었습니다. 예수님을 더 괴롭히지 마세요. 이제 모시고 갈 것 없습니다.” 이런 이야기 아닙니까. 야이로는 지금 답답합니다. 그냥 예수님을 모시고 가야 할지, 말아야 할지 알 수 없습니다. 예수님을 어떤 분으로 보아야 합니까? 죽었다고 하는 말을 들은 이 순간이 야이로의 믿음의 한계입니다.

이때 예수님께서 주신 복음입니다. 잘 들으셔야겠습니다. “두려워 말고 믿기만 하라!” 인간의 한계를 넘어서는 시간입니다. 인간의 지식과 경험의 한계를 넘어서는 말씀입니다. “두려워 말고 믿기만 하라!” 인간의 이성으로 볼 때는 불가능합니다. 전통적인 경험으로서는 안 됩니다. 더는 모시고 갈 필요가 없습니다. 그러나 이 지식과 경험을 극복해야 하는 시간입니다. 믿음이 이것을 넘어서야 하는 시간입니다.

그래서 유명한 철학자 칸트는 말합니다. '너희 믿음을 위하여 너의 이성을 제한하라.' 이성의 능력을 확대하고 있는 동안은 믿음을 가질 수 없습니다. 우리 인간의 타락한 이성, 병든 이성을 제한하고 눌러버리고야 바른 믿음을 가질 수 있기 때문입니다. 또한, 유명한 철학자 파스칼은 말합니다. '이성을 십자가에 못박으라.' 우리의 이성, 우리의 생각, 우리의 의심하는 이성을 십자가에 못박아버리고 나서야 바른 믿음을 가질 수 있다고 말합니다.

의원 된 예수, 병 고치는 예수, 이적을 나타내는 능력의 예수…… 좋습니다. 예수 믿어서 병 고치고, 예수 믿어서 성공하고, 예수 믿어서 영광을 누리고…… 다 좋습니다. 하지만, 이런 기복사상은 죽음 앞에서 한계에 부딪힙니다. 그래서 이제 야이로는 예수를 의원 예수, 기적의 예수, 능력의 예수, 기복의 예수, 그 한계를 넘어서 하나님의 아들, 생명의 주인, 영생을 주시는 하나님의 아들이 되신다고 하는 그런 믿음의 비약이 있어야 했습니다. 이성의 비판을 넘어서는 믿음이 필요한 순간입니다. 새로운 믿음, 새로운 신앙고백이 있어야 합니다. 살아 계신 그리스도, 현재 현실 속에 살아 계신 그리스도, 역사 안에 살아 계신 그리스도를 믿는 믿음으로 그 믿음이 승화되어야 했던 순간입니다. 여기서 야이로는 예수님의 뒤를 따라갑니다. 예수님의 뒤를 따라가기는 하면서도 야이로는 이런 생각 저런 생각을 합니다. '정말 예수님께서 이미 죽은 내 딸을 살리실 수 있을까? 이런 일은 불가능할 텐데?……' 이런 의심이 많았을 것이라고 생각합니다. 저는 그가 의심하지 않았다고 생각하고 싶지 않습니다. "예수님, 그만둡시다!" 이 말이 목구멍까지 나왔을 것입니다. 그러나 예수님께서 "가자! 믿기만 하라!" 하시는데, 어떻게 그런 말을 하겠습니까. 그러나 여기에 귀한 믿음이 하나 있습니다. 그것은 순종하는 믿음입니다. 그는 의심하면서도 순종했습니다. 이걸 잊지 말아야 합니다. 의심하면서도 순종하는 믿음— 그 믿음으로 평가된다는 것입니다. 그것이 복음입니다.

특별히 아브라함의 믿음도 그렇습니다. 아브라함이 99세에 천사의 음성을 듣습니다. "내년 이맘때에 네 아내가 아들을 낳으리라." 이걸 믿어야 합니까? 단산한 지가 언제인데요? 벌써 15년 전에 단산했습니다. 그런 아내가 아들을 낳으리라는 말씀을 어떻게 믿겠습니까. 그러나 아브라함은 믿었습니다. 의심하면서도 믿었습니다. 의심하면서도 순종했습니다. 그것을 성경은 매우 중요하게 여깁니다. 로마서 4장에 보면 그것은 심지어 기독교 신앙의 핵심입니다. 의심은 있을 수 있습니다. 흔들릴 수 있습니다. 그러나 순종으로 믿음을 대신하는 것입니다. 의심하면서도 순종합니다. 그 순종을 믿음으로 간주해주시는 것이 하나님의 은총입니다. 야이로는 모름지기 많은 복잡한 생각을 가지고도 예수님의 뒤를 따라갑니다. "가자!" 하시니 "예!" 하고 따라가는 것입니다. 집에 가서 보니 벌써 아이가 죽었다고 모두 울고불고 야단입니다. 정말로 아이가 죽었습니다. 그런고로 아마 "더는 손댈 것 없습니다"라고 말한 것 같은데, 그때 예수님께서 말씀하십니다. "아니다. 죽은 것이 아니라, 잔다." 그러자 거기 있던 사람들이 다 비웃었습니다. 왜요? 죽은 줄 알았으니까요. 죽은 것이 확실하니까 모두가 다 비웃은 것입니다. 그러나 예수님께서는 사랑하시는 제자와 함께 그 부모를 데리고 들어가셔서 그 아이를 향해 "딸아, 일어나라!"라고 말씀하심으로 그 죽은 아이를 살려내십니다. 이 놀라운 기적을 야이로는 경험한 것입니다. 바로 이 사건에 이르기까지 야이로는 계속 많은 믿음의 시련을 겪습니다. 그러나 계속 따라가면서 순종합니다. 마침내 딸이 살아나는 기적을 보고, 그 영광을 하나님께 돌립니다.

여러분, 세상에서 병이 드는 것은 불행한 일입니다. 또, 원하지도 않는 일입니다. 우리는 많은 고통 가운데 있습니다. 그러나 병 속에 하나님의 부르심이 있다는 걸 잊지 말아야 합니다. 실패와 역경 속에 하나님의 특별한 부르심이 있다는 것입니다. 거기에 의미가 있습니다. 작은 병이든 큰 병이든, 작은 실패든 큰 실패든, 가만히 보십시오. 그 속에 하나님의 역사가 있고, 하나님의 음성이 있고, 하나님의 구체적인 부르심이 있습니다. 믿고 순종하면 구원을 얻게 되고, 은총을 경험하게 되고, 부활신앙을 확증하게 됩니다. 사망을 이기는 믿음, 사망을 초월하는 영생에 들어가는 믿음을 이 사건을 통하여 경험하게 되었다는 것입니다. 요한복음 11장에 보면, 예수님께서 친히 이렇게 말씀하십니다. "나는 부활이요 생명이니 나를 믿는 자는 죽어도 살겠고 무릇 살아서 믿는 자는 영원히 죽지 아니하리라 네가 이것을 믿느냐." 여러분 다시 한번 읽어보십시오. 나는 부활이요 생명이니, 나를 믿는 자는 죽어도 살겠고, 죽어도 살겠고— 그 사건이 오늘본문에 나타난 것 아닙니까. 야이로의 딸은 죽었습니다. 그러나 예수님을 만나는 순간 죽어도 살았습니다. 예수님의 역사 가운데, 집약해서 보면, 죽은 자를 살리신 일이 세 번 있었습니다. 한 번은 오늘본문에 나오는 야이로의 딸입니다. 그 딸이 죽은 지 몇 시간이 지났는지는 모르겠지만, 예수님께서 그 딸을 친히 찾아가셔서 "딸아, 일어나라!"라고 말씀하시면서 살리셨습니다. 그런데, 여러분이 아시는 대로, 나인성 과부의 아들은 죽어서 장례식을 치릅니다. 그러고 있는데, 예수님께서 그 관을 멈추시고 "청년아, 일어나라!" 하시니까 그 청년이 살아났습니다. 그 청년도 아마 죽은 지 한 이틀 정도 되었을 것이라고 생각합니다.

요한복음에 보면, 나사로라는 사람은 죽었습니다. 게다가 이미 무덤에 장사까지 지냈습니다. 죽은 지 나흘이나 되어서 썩는 냄새까지 난다는 지경입니다. 그때 예수님께서 "돌을 옮겨놓으라!"라고 말씀하십니다. 이제 그들이 그 돌을 옮겨놓아야 합니까, 말아야 합니까. 그러나 그들은 예수님의 말씀대로 돌을 옮겨놓았습니다. 예수께서 이르십니다. "나사로야, 나오라!" 그러자 죽은 나사로가 무덤에서 살아나옵니다.

이렇게 세 가지 사건이 있습니다. 다 무엇을 말하는 것입니까? 부활신앙에 대한 예표입니다. "나는 부활이요 생명이니 나를 믿는 자는 죽어도 살겠고……" 벌써 죽었든, 이제 죽어가고 있든, 앞으로 죽을 것이든, 아무 상관이 없습니다. 그것이 예수님의 부활신앙에 대한 확증입니다. 그리고 영생교리에 대한 증거입니다. 그래서 사도 바울은 유명한 말을 합니다. "사는 것이 그리스도요 죽는 것도 유익함이니라." 다시 한번 생각해보십시오. 내가 그리스도를 위해서 사는 것이 아닙니다. 사는 것 자체가 그리스도요, 죽는 것도 유익함이니라— 사나 죽으나 상관이 없습니다. 그걸 넘어선 것, 그게 바로 부활신앙입니다. 이것을 보여주기 위해서 이런 사건들이 예수님 앞에 있었던 것입니다.

여러분, 오늘도 깊이 생각합시다. 영생을 알고 오늘을 사는 것이 하나님의 백성이 가는 길입니다. 영생을 모르고 사는 오늘은 누가 살았든 그 자체가 사망입니다. 계속 사망으로 가고 있는 것입니다. 절망으로 가고 있는 것입니다. 허무함으로 가고 있는 것입니다. 부활생명 말고는 아무 소망도 없습니다. 이걸 잊지 말아야 합니다. 그래서 예수님 말씀하십니다. "나는 부활이요 생명이니 나를 믿는 자는 죽어도 살겠고." 그 말씀을 오늘 보여줍니다. 야이로의 딸이 죽었습니다. "딸아, 일어나라!" 이런 사건들을 통하여 사망의 권세를 이기는 신앙의 모습과 영생 지향적 삶이 무엇인가를 우리에게 보여주고 있습니다. 우리 믿음을 새롭게 해야겠습니다. 이 야이로가 훌륭한 믿음을 가졌습니다마는, 죽음 앞에서 딱 멈춥니다. 그것을 넘어설 수 있을 때, 이것이 영생이요, 이것이 소망이요, 이것이 참 믿음입니다. 예수님께서 말씀하십니다. "두려워 말고 믿기만 하라! 두려워 말고 믿기만 하라!" △

# 한 제자의 결심

그 때에 예수께서 제자들에게 이르시되 오늘 밤에 너희가 다 나를 버리리라 기록된 바 내가 목자를 치리니 양의 떼가 흩어지리라 하였느니라 그러나 내가 살아난 후에 너희보다 먼저 갈릴리로 가리라 베드로가 대답하여 이르되 모두 주를 버릴지라도 나는 결코 버리지 않겠나이다 예수께서 이르시되 내가 진실로 네게 이르노니 오늘 밤 닭 울기 전에 네가 세 번 나를 부인하리라 베드로가 이르되 내가 주와 함께 죽을지언정 주를 부인하지 않겠나이다 하고 모든 제자도 그와 같이 말하니라

(마태복음 26 : 31 - 35)

## 한 제자의 결심

아주 오래전 이야기입니다. 두 살 된 저의 손녀가 그 부모와 함께 저녁에 놀러 왔습니다. 재롱을 부리며 한참 놀다가 저녁을 먹고 늦은 시간에 그 부모가 “집에 가자!” 했더니, 손녀가 “나는 오늘 할머니하고 잘 거야!” 하며 떼를 씁니다. 하는 수 없이 아이를 놔두고 부모는 집으로 갔습니다. 그런데, 한밤중에 자다 말고 깨어나서 이 아이가 어머니 생각이 나니까 냅다 울어댑니다. 어찌나 요란하게 울어대는지, 도저히 말릴 수가 없었습니다. 결국 제가 차를 몰고 그 아이를 자기 집에 데려다주었습니다. 며칠 뒤에 이 아이가 또 놀러 왔습니다. 그러다가 저녁에 또 하는 말이 “오늘 할머니하고 잘 거야!” 합니다. “너 지난번에 그랬다가 울면서 집에 가겠다고 했잖아. 그러니까 안 된다.” 그랬더니 “아니야, 오늘은 진짜 여기서 잘 거야. 할머니하고 잘 거라고!” 하면서 떼를 씁니다. 그래 제가 말했습니다. “야, 내가 너를 어떻게 믿을 수 있느냐? 네 말을 어떻게 믿겠느냐고?” 그랬더니 이 아이 하는 말이 이랬습니다. “나도 나를 못 믿어요.”

여러분, 자기 자신을 믿습니까? 어느 정도 믿고 있습니까? 여러분의 결심, 여러분의 거룩한 생활, 자기 자신과 약속한 것, 얼마나 지키며 살아가고 있습니까? 아는 줄 알았는데, 이제 보니 몰랐습니다. 할 수 있는 줄 알았는데, 형편없고, 할 수 없었습니다. 결국은 자기가 결심하며, 자기에게 속고 있는 것입니다. 많이 속았을 것입니다. 믿을 수 없는 것이 나 자신이라는 것을 이제쯤은 알 것도 같은

데, 여전히 자기 자신에게 믿음을 주고, 자기 자신에게 속으며, 계속 사기당하며, 그렇게 살아가고 있는 것 같습니다.

성도 여러분, 자기 자신을 어느 정도 믿고 있습니까? 또 믿을 수 있다고 생각하십니까? 오늘본문에 예수님의 대표적인 수제자인 베드로가 나옵니다. 예수님의 열두 제자 가운데 대표격인 베드로는 예수님 앞에서 장담합니다. 결심합니다. "죽을지언정 주님을 부인하지 않겠습니다. 주님을 끝까지 따르겠습니다." 그러나 비참하게 예수님을 세 번이나 모른다고 합니다. 그래서 우리 성경공부를 하는 사람들이 이것을 가리켜 '3중 부인'이라고 합니다. 처음에는 부인합니다. 그다음은 맹세합니다. 그리고 마지막에는 저주하는 것입니다. 너무하지 않습니까. 어찌 이렇게까지 비참해질 수 있습니까. 베드로가 어쩌다가 이 지경까지 되었나, 하는 생각이 들 정도입니다. 아니, 예수님을 위하여 목숨을 버리겠다고 맹세한 지가 불과 몇 시간 전인데, 어쩌자고 이렇게 맹세하고, 저주하고, 예수를 부인하는 것입니까. 그리고 그 순간 예수님께서 예언하신 대로 닭이 웁니다. 베드로는 그 새벽닭이 우는 소리를 듣고는 깜짝 놀라서 밖에 나가 슬피 울었습니다. 통곡했겠지요. '어쩌다가 내가 이 모양이 되었나?' 이것이 베드로의 모습입니다.

예수님의 말씀을 똑바로 듣고 바로 이해했더라면 이런 일이 없었을 텐데, 예수님께서 누누이 말씀하셨습니다. 거듭거듭 말씀하셨습니다. "내가 십자가를 져야 하리라. 내가 십자가를 질 것이다." 또 말씀하셨습니다. "나를 따르려거든 자기를 부인하고, 자기 십자가를 지고, 그리고야 나를 좇을 것이니라." 계속 말씀하셨습니다. 이 모든 말씀을 조금이라도 알아들었더라면 이런 엄청난 실수는 없었을 텐데, 하는 생각을 해봅니다.

“하나님의 아들”이라 고백했습니다. “주는 그리스도”라고 고백했습니다. “주를 위하여 목숨을 버리겠나이다” 하고 맹세했습니다. 그런데, 어찌 이렇게 비참한 베드로가 되고, 이렇게 추락할 수가 있습니까. 다른 것이 아닙니다. 예수님의 말씀을 똑바로 이해하지 못했기 때문입니다. 베드로는 복음을 이해하지 못했습니다. 복음은 십자가요, 십자가를 통한 부활입니다. 예수님께서 ‘십자가와 부활’에 초점을 맞추시고 3년 동안 가르치셨는데, 베드로는 그 깊은 뜻을 이해하지 못했습니다. 하나님의 능력은 그 십자가 안에 있습니다. 구원의 역사는 그 부활의 능력에 있는 것입니다. 그런데, 여전히 베드로는 자기를 버리지 못했습니다. 자기를 버리지 못한 탓에 예수님의 말씀을 바로 이해할 수 없었습니다.

여러분, 가만히 보십시오. 공부를 잘해서 1등 하는 아이들에게 비결을 물어보십시오. 그 아이들에게 “과외했냐?” 하고 물어보면 안 했다고 답합니다. 그래 “그럼 어떻게 공부했냐?”라고 물으면 그저 수업 시간에 선생님 말씀을 열심히 들었다고 합니다. 사실입니다. 수업 시간에만 열심히 들으면 충분합니다. 과외까지 갈 것 없습니다. 여기서는 자놓고, 과외 가서 공부하겠다? 이게 잘못된 것입니다. 들을 때 들어야 합니다. 들을 수 있을 때 들어야 합니다. 예수님을 만났을 때 똑바로 들었어야 합니다. 이걸 잊지 말아야 합니다. 그런데, 보십시오. 예수님하고 그렇게 3년 동안을 같이 하면서도 예수님의 말씀을 똑바로 듣지 못했습니다. 그 깊은 뜻을 알지 못했습니다. 예수님의 마음을 헤아리지 못했습니다. 이 얼마나 중요합니까.

제가 강의를 수십 년 했습니다마는, 가르치는 사람은 언제나 가르칠 때 '학생이 내가 하는 말을 얼마나 알아듣나?' 하면서 늘 걱정입니다. 학생들이 질문하는 것을 보면 알 수 있습니다. 질문을 엉뚱하게 하는 경우가 있습니다. 그러면 수업을 잘 안 들은 것이지요. 마찬가지로, 베드로는 이 자리에 앉아서 무엇을 하고 있는 것입니까? 도대체가 말씀에 초점을 맞추고, 주님께서 지금 무엇을 말씀하고 계시는가를 잘 들어가며 말해야 할 것 아닙니까. 제가 예전에 미국에서 공부할 때 경험했던 것이 있습니다. 교수님이 가끔 학생들에게 어떤 질문을 할 때 제가 대답을 제대로 하면 그 교수님이 얼마나 기뻐하셨는지 모릅니다. 그러면서 교수님은, 지금 제 기억입니다마는, 다른 학생들에게 이렇게 말했습니다. "너희들은 영어도 잘하는 놈들이 왜 그걸 못 알아들었냐? 이 학생은 영어도 잘 못하는데, 정확히 알아들었다." 제가 칭찬을 받은 것입니다.

여러분, 알아들어야 합니다. 그 깊은 뜻을 알아듣지 못한다면, 말하는 사람도 답답하고, 듣는 사람은 더 답답합니다. 왜 그랬을 것 같습니까? 이유는 간단합니다. 자기 생각을 버리지 못했기 때문입니다. 자기 고집을 버리지 못했고, 많은 자기 지식이나 자기 경험에 집착한 탓에 그동안은 절대 들리지 않습니다. 다 의심스럽고, 다 말도 안 되고, 다 생각이 다른 것입니다. 그러니까 자기를 부인하고, 자기를 깨끗이 비워놓아야 말씀이 들립니다. 베드로는 3년을 들었는데도 못 들었습니다. 3년을 배웠는데도 베드로는 제대로 배운 사람이 아닙니다. 왜요? 자기를 부인하지 못했기 때문입니다. 자기를 비우지 못했기 때문입니다. 또한, 베드로가 이렇게 비참해진 것은 자기 자신을 몰랐기 때문입니다. 허탄한 꿈 때문에 예수님을 3년 동안 따라다니면서도 자기 자신을 알 수가 없었습니다.

제가 얼마 전에 재미있는 책을 하나 읽었습니다. 이준수 교수의 「실패관리와 성공관리」라는 책입니다. 이 책이 말하는 핵심은 간단합니다. 관리해야 한다는 것입니다. 성공했을 때 성공을 관리해야 합니다. 성공에 취해서 멍청해지면 안 됩니다. 성공을 관리해야 합니다. 돈을 벌었으면 돈을 관리해야 합니다. 지위를 얻었으면 지위를 관리해야 합니다. 명예를 얻었으면 명예를 관리해야 합니다. 실패의 관리도 마찬가지입니다. 예수님과 베드로의 관계를 생각해보십시오. 마태복음 16장에서 예수님께서는 베드로에게 이렇게 말씀하십니다. "너는 베드로다. 네 본래 이름이 있지마는, 시몬이라는 이름을 그만두고, 너는 이제부터 반석이다. 그 반석 위에 내가 내 교회를 세우리라. 천국열쇠를 주노라. 네가 땅에서 매면 하늘에서도 매일 것이다." 베드로는 엄청난 칭찬을 들은 것입니다. 그 소리를 듣고 아마 우쭐해졌을 것입니다. 그런데, 바로 예수님께서는 말씀하십니다. "내가 십자가를 져야 하리라." 예수님께서는 이렇게 말씀하시고도 절대 자기 자신을 잃어버리지 않으셨습니다. 당신이 하고 싶으신 말씀을 하고 계십니다. 그런데, 베드로는 예수님께서 "천국열쇠를 주노라!" 하시니, 그만 우쭐해졌습니다. 그만 가슴이 부풀고 말았습니다. 끝까지 올라가버렸습니다. 자기 자신을 잃어버렸습니다.

여러분, 조심해야 합니다. 성공할 때 자기를 잃어버립니다. 칭찬 들을 때 자신을 잃어버립니다. 이걸 잊지 말아야 합니다. 돈 벌었을 때 성공했다고 축하하지만, 아닙니다. 그것이 함정입니다. 그것이 위험입니다. 건강도 시험입니다. 건강할 때는 정신 못 차립니다. 차라리 병들었으면 좋았을 걸, 건강하기 때문에 교만해지는 것입니다. 여러분, 그것이 자랑할 것이 됩니까. 관리해야 합니다. 베드로가 그만 예수님의 칭찬을 듣고는 자기 자신을 잃어버렸습니다. 또 하나, 우리는 모욕을 당할 때, 실패할 때, 병들 때, 어려운 일 당할 때, 갑작스럽게 사고를 당할 때 자기 자신을 잃어버리기 쉽습니다. 베드로는 지금 바로 이 시험에 빠진 것입니다.

그런가 하면, 베드로가 실패하게 된 이유는 다른 사람과 비교하는 것입니다. 비교란 좋은 것이 아닙니다. 돈 많이 벌고 성공한 것 같아도 그 사람, 고민이 많습니다. 그러니까 부러워할 것이 아닙니다. 그러니까 남의 성공을 보면서도, 남의 실패를 보면서도 남과 비교하는 것을 조심해야 합니다. 예수님께서 "네가 나를 부인하리라"라고 말씀하시자, 아마 베드로는 "천만의 말씀입니다. 다른 사람은 다 부인할지라도 저는 아닙니다"라고 대답했을 것입니다. 아니긴 뭘 아닙니까. 자기만 부인하지 않았습니까. 다른 사람들은 도망갔으니까 적어도 부인하지는 않았지요. 자기를 특별하게 보려 하지 말고, 과시하는 생각, 자기를 과장하는 생각은 금물입니다. 그렇게 하는 동안에 내가 나를 잃어버리게 되고, 자기 상실자가 된다는 것입니다.

또 한 가지, 성경을 자세히 보면, 비참한 장면이 나옵니다. 마태복음 26장 58절에서 베드로는 체포당하신 예수님께서 끌려가실 적에 그 뒤를 멀찍이서 따라갑니다. 너무나 유감스럽습니다. 모름지기 다른 제자들은 다 도망갔습니다. 베드로는 수제자라서 차마 그럴 수는 없었고, 그저 멀찍이서 따라갈 뿐입니다. 얼마나 소극적이고 비겁합니까. 예수님께서 체포당하실 때 "제가 수제자입니다. 저도 같이 갑니다!"라고 했더라면 얼마나 좋았겠습니까. 멀찍이서 따라가는 그 마음을 보십시오. 도망가기는 그렇고, 그렇다고 같이 가기도 그렇고…… 이렇게 기회주의적인 인간이 되어버렸습니다. 눈치 보는 인간이 되어버렸습니다.

그래서 저는 늘 얘기합니다. 교회에 나와서 앞에 앉는 사람이 있고, 뒤에 앉는 사람이 있습니다. 항상 뒤에 앉는 사람이 있습니다. 그들은 교회를 수십 년 나와도 항상 멀찍이서 따라가는 사람들입니다. 이왕이면 앞자리에 앉는 것이 좋지요. 오늘 베드로가 예수님을 멀찍이서 따라가다가 결국은 예수를 부인하게 되고 말았습니다. 확실하게, 완전히 위탁하고 주를 따라가야지, 이렇게 도망가지도 못하고, 따르지도 못하고, 멀찍이 뒤에서 따라가는 마음, 좋지 않습니다.

모든 일에서 적극적이고 긍정적인 자세가 필요합니다. 그런가 하면, 가장 귀중한 이야기입니다. 기도가 없었습니다. 결심했는데, 기도는 없었습니다. 장담했는데, 기도하지 않았습니다. 그냥 잤습니다. 예수님께서 기도하시는 동안 저들은 잤습니다. 세 번이나 깨우는데도 잤습니다. 그런고로 시험을 이길 수가 없었습니다. 기도하면서 하나님께서 주시는 힘으로, 하나님께서 주시는 위로를 얻고, 하나님께서 주시는 능력을 얻고, 하나님께서 주시는 지혜를 알게 되는 것 아니겠습니까. 기도 없이 되는 일이 하나도 없습니다. 작은 일이나 큰일이나, 기도가 먼저입니다. 기도가 먼저라는 걸 잊지 말아야 합니다.

예전에 우리 젊은 청년들이 제게 와서 "목사님, 지금 제가 연애를 하게 되었는데, 저 사람하고 결혼을 할까요, 말까요? 아, 걱정입니다" 할 때마다 저는 똑같이 대답했습니다. "사흘 동안 기도해라. 성경책 하나 들고 기도원에 올라가서 사흘 동안 성경 보고 기도하고, 성경 보고 기도하고, 사흘 동안 기도한 다음에 결정하자. 기도 없는 결정은 잘 될 수가 없다. 기도 없는 생각은 바른 생각이 아니다. 기도가 먼저다." 결심은 허상입니다. 내가 나를 믿는 마음입니다. 기도 없는 장담은 만용입니다. 기도를 통해서 하나님의 뜻을 아는 것입니다. 하나님 앞에 있는 나 자신을 알게 됩니다. 더욱 중요한 것은 기도를 통하여 결국은 그다음이 어떻게 될 것인가를 다 알게 되는 것입니다.

이런 재미있는 말이 있습니다. '어리석은 자는 결심만 한다.' 밤낮 결심만 하고 있으면 실제로 되는 일은 하나도 없습니다. 미국의 유명한 잡지 「포춘」지에 기록된 내용입니다. '실패하는 사람들의 70퍼센트가 약점을 가졌다. 그들은 실천적 용기와 인내가 부족했다. 95퍼센트는 말만 하고, 5퍼센트만 행동에 옮겼다.' 많은 사람이 말만 합니다. 행동으로 옮길 때 거기에 지혜가 있고, 능력이 있습니다. 다시 말씀드립니다. 무지한 용기는 만용입니다. 아무리 큰 소리를 내도 그것은 만용입니다. 기도 없는 결심은 허세입니다. 결심했더라도 기도해야 결심이 관철될 수 있고, 결심대로 살아갈 수 있기 때문입니다.

사도 바울은 고린도 전서 15장에서 말합니다. "나의 나 된 것은 오직 하나님의 은혜다." 오직 은혜— 여기까지 도달하려면 기도 많이 해야 합니다. 예수님은 거룩한 역사를 하실 때 40일 금식기도 하시고 일을 시작하셨습니다. 겟세마네 동산에서 기도하시고 일을 끝내셨습니다. 시작도 끝도 기도여야 합니다. 기도 없이 결심하고, 장담하고, 큰소리치면 아무 소용 없습니다. 베드로는 훌륭한 제자입니다마는, 그만 예수님 앞에서 가장 부끄러운 사람이 되고 말았습니다. 왜입니까? 장담도 했고, 큰소리도 쳤습니다. 그러나 기도가 없었습니다. 겟세마네 동산에서 기도하신 주님의 모습을 보면서 열심히 기도하며, 그 음성을 듣고 기도하며, 생각하고 기도하며, 결심하고 기도하며, 행동하고 그리할 때 영광의 면류관, 승리의 날이 올 것입니다. △

# 그 십자가에서 내려오라

이 때에 예수와 함께 강도 둘이 십자가에 못 박히니 하나는 우편에, 하나는 좌편에 있더라 지나가는 자들은 자기 머리를 흔들며 예수를 모욕하여 이르되 성전을 헐고 사흘에 짓는 자여 네가 만일 하나님의 아들이어든 자기를 구원하고 십자가에서 내려오라 하며 그와 같이 대제사장들도 서기관들과 장로들과 함께 희롱하여 이르되 그가 남은 구원하였으되 자기는 구원할 수 없도다 그가 이스라엘의 왕이로다 지금 십자가에서 내려올지어다 그리하면 우리가 믿겠노라 그가 하나님을 신뢰하니 하나님이 원하시면 이제 그를 구원하실지라 그의 말이 나는 하나님의 아들이라 하였도다 하며 함께 십자가에 못 박힌 강도들도 이와 같이 욕하더라

(마태복음 27 : 38 - 44)

## 그 십자가에서 내려오라

〈벤허〉라고 하는 세계적인 영화를 여러분 다 보셨을 것입니다. 그 긴 영화의 가장 핵심 되는 부분은 딱 한마디에 있습니다. 예수께서 십자가에 돌아가실 때 그 못박는 장면이 잠깐 나옵니다. 거기에 있었던 백부장이 예수께서 십자가에 돌아가시는 장면을 보고 하는 말입니다. "과연 이 사람은 하나님의 아들이었다." 이것은 성경을 그대로 인용한 것입니다. 마가복음 15장 39절입니다. "예수를 향하여 섰던 백부장이 그렇게 운명하심을 보고 가로되 이 사람은 진실로 하나님의 아들이었도다." 예수님께서 운명하시는 것을 보고 한 말입니다. 마태복음 27장 45절에서도 말하고, 또 누가복음 23장 47절에서도 "백부장이 그 된 일을 보고 하나님께 영광을 돌려 가로되 이 사람은 정녕 의인이었도다"라고 말합니다.

여러분, 잠깐 생각을 멈추고 보십시오. 예수님의 부활, 그 부활의 영광을 보고서 하는 말이 아닙니다. 부활한 다음에 하는 말도 아닙니다. 이것은 십자가에 돌아가시는 모습을 보고, 다시 말하면, 그렇게 죽으시는 것을 현장에서 보고 백부장이 말하는 것입니다. 그는 예수님을 십자가에 못박은 장본인입니다. 그런 그가 말합니다. "이 사람은 과연 하나님의 아들이었도다." 이 짧은 사건, 짧은 이야기 속에 무궁무진한 신비로운 말씀이 담겨 있습니다. 어디 이 한마디뿐이겠습니까. 그렇게 운명하시는 것을 보고, 그 죽으시는 장면을 보고 백부장은 말합니다. "저는 하나님의 아들이다." 이 장면이 그렇게 중요하고 신비로운 것입니다.

사람의 사람됨은 그 임종에서 결정이 납니다. 얼마나 화려하게 출생했는가, 얼마나 굉장하게 결혼식을 했는가, 얼마나 사업에 성공했는가가 아닙니다. 그런 것들은 별것이 아닙니다. 어떻게 마치느냐가 문제입니다. 사람처럼 사는 것보다 더 중요한 것이 있습니다. 사람처럼 죽어야 합니다. 성도는 성도답게 죽어야 합니다. 성도로서 가야 합니다. 사람의 마지막 장면, 이것은 결론이요, 최종작품입니다. 어떻게 끝을 낼까가 아주 중요한 것입니다. 그 마지막 결과로 그 인생이 평가되는 것입니다.

우리는 순교자를 쉽게 말합니다. 순교자는 가장 영광된, 성공적인 하나님의 사람들 아니겠습니까. 저는 언젠가 신학대학에서 요한계시록을 몇 학기 가르쳤습니다. 그러자니 요한계시록을 많이 읽게 되었습니다. 덩달아 참고서적도 많이 읽었지요. 요한계시록을 가르치고 읽어 나가다 보니, 결론이 나옵니다. 요한계시록은 순교자 예찬론입니다. 세상에서 어떻게 살았느냐, 하는 것은 묻지 않습니다. 순교한 사람들이 하나님께 나아가 영광 받는 것을 보여주고 있습니다. 그런고로 요한계시록의 귀한 말씀을 보고, 듣고, 체험하면서 많은 성도는 즐거운 마음으로 순교할 수 있었습니다. 순교자는 최고의 영광입니다. 이제 생각해보십시오. 순교자는 어떻게 살았느냐를 묻지 않습니다. 과거가 어떠냐고도 묻지 않습니다. 마지막이 순교이기 때문에 순교자입니다. 그 마지막 포인트가 제일 중요합니다. 마지막 포인트에서 주를 증거하고 죽었기 때문에 순교자가 되는 것 아닙니까. 그러므로 그 일생 전부가 영광스럽게 되는 것입니다. 순교를 지향하는 아름다운 과정이 된 것입니다. 이 마지막이 중요합니다.

우리나라는 예부터 '오복(五福)'을 말해 왔습니다. 인생에 복이

다섯 가지 있다는 것입니다. 여러분, 너무나 잘 알지 않습니까. 수(壽), 부귀(富貴), 강녕(康寧), 유호덕(攸好德), 임종(臨終)—. '수'는 오래 살아야 하고, '부귀' 역시 물질이 좀 있어야 하겠습니다. '강녕'은 건강한 것, 그게 복입니다. 그다음에 '유호덕', 곧 덕이 있어야 합니다. 그런데, '오복' 가운데 마지막 복이 '임종'입니다. 잘 죽어야 합니다. 마지막을 잘 끝내야 한다, 이것입니다. 옛날부터 이 끝이 얼마나 중요한가를 우리 조상들은 생각했던 것입니다. 오늘본문에 나타난 말씀처럼 예수님의 마지막 운명하심을 보고, 예수님을 십자가에 못박던 바로 그 장본인인 백부장이 간증합니다. "이 사람은 하나님의 아들이다." 다시 말하면, 하나님의 아들로 죽으시는 것을 본 것입니다. 그 죽음을 통해서 하나님의 아들 되심을 보았던 것입니다. 하나님의 아들 되심의 계시를 그가 보았다고 증거하고 있습니다.

오늘은 종려주일입니다. 예수님께서 십자가를 바라보시면서 나귀를 타고 올라가시고, 모든 제자가 종려나무 가지를 들고 "호산나! 호산나!" 하고 만세를 부르면서 예루살렘 성전을 향하여 올라가는, 한마디로 말하면, 승전을 지향하는 퍼레이드입니다. 예수님께서는 십자가가 앞에 있다는 것을 다 아시면서도 담대하게 예루살렘 성전을 향하여 올라가십니다. 나귀를 타고 입성하십니다. 이 조그마한 나귀를 타셨다고 하지만, 이스라엘 전통으로 이것은 왕의 행차입니다. 왕의 대관식입니다. 나귀를 타시고 당당하게 백성들의 호산나, 그 만세 소리를 들으시면서 예루살렘을 향하여 올라가십니다. 예수님께서는 십자가를 바라보시면서, 아니, 그 십자가보다 더 뒤에 있는 영광을 바라보시면서 담대하게, 십자가를 피하지도 않으시고, 변명하지도 않으시고, 담대하게 십자가를 향하여 나귀를 타고 올라가십니다. 그 예수님을 보면서 많은 사람이 호산나 만세를 부릅니다.

예수님께서 십자가를 지시기 전에 제자들과 함께 만찬을 하시면서 놀라운 이야기를 하십니다. 십자가를 지시기 바로 몇 시간 전입니다. 며칠 전이 아닙니다. 바로 몇 시간 전 밤에 제자들과 성만찬을 하시면서 하신 말씀입니다. 요한복음 16장 33절입니다. "세상에서는 너희가 환난을 당하나 담대하라 내가 세상을 이겼노라." 십자가를 앞에 놓으시고 예수님께서 말씀하십니다. "너희들은 두려워하지 말라. 담대하라. 내가 세상을 이겼노라." 이것이 호산나의 메시지입니다. 요한복음 19장 30절에서는 십자가에 돌아가시면서 이렇게 말씀하십니다. "다 이루었다……" 다 이루었노라! 다 이루었노라! 성경에 예언된 말씀을 이 사건을 통해서 다 이루었노라! 선포입니다. 예수님께서 십자가에 돌아가시면서 하신 말씀 가운데 가장 위대한 말씀은 이것입니다. "아버지여, 저들의 죄를 사하소서. 자기들이 하는 것을 알지 못함이니이다." 어떤 젊은 신학자는 이렇게 말하기도 합니다. '이 한마디로 말미암아 예수 그리스도는 메시아시다.' 너무 외람되고 우스운 이야기가 될 수도 있겠습니다마는, 십자가에 못박히시면서 예수님께서 "이놈들 두고 보자!" 하셨다면 어떻게 되었겠습니까. 다 왕창 무너지고 마는 것입니다. 그런데, 예수님께서는 십자가에 억울하게 돌아가시면서도 이러셨습니다. "하나님이여, 저들의 죄를 사하소서. 저들이 하는 것을 모르기 때문입니다." 아시는 예수님께서 모르시는 사람들을 용서하시고, 긍휼히 여기시는 기도를 하십니다. 여기에 아주 귀한 하나님 아들의 신비가 있습니다.

뿐입니까. 예수님께서 십자가에 돌아가시기 전에 겟세마네 동산에서 체포되실 때 새벽 어두운 시간이라 서로 알아볼 수가 없었습니다. 그때 가룟 유다가 앞서 나오면서 "내가 입 맞추는 분이 바로 예수님이다!" 하고 군사를 뒤에 몰고 와서 예수님 앞에 인사합니다. 그러나 저들이 예수가 누구인지 찾을 수가 없을 때 예수님께서 척 나타나셔서 "누구를 찾느냐?" 하고 물으십니다. 저들이 "예수를 찾습니다"라고 하자 "내가 그로라" 하시고 나서십니다. 그리고 "내 제자들은 무사히 가게 하라" 하시며 자진하여 군사들 앞에 나타나십니다. 이것이 능력이 아니겠습니까. 이것이 권세 아니겠습니까. 그리고 말씀하십니다. 너무나 유명한 말씀입니다. 요한복음 18장 11절입니다. "아버지께서 주신 잔을 내가 마시지 아니하겠느냐……" 빌라도도 아니고, 가야바도 아니고, 가룟 유다도 아닙니다. 그 누구도 아닙니다. 예수님의 관점에서는 사랑하는 아버지가 사랑하는 아들에게 주시는 십자가입니다. "아버지께서 주시는 십자가를 내가 지지 않겠느냐?" 이렇게 말씀하시며 조용히 그들에게 체포되시고, 법정에 끌려가셔서 그 많은 모욕을 당하시고, 십자가에서 비참하게 돌아가십니다.

바로 그 장면이 오늘 나옵니다. 십자가에 못박히신 바로 그 순간, 많은 사람이 예수님을 비웃습니다. "십자가에서 내려오라. 왜 거기 매달려 있느냐? 내려오라. 오천 명을 먹이고, 바다 위를 걸어가고, 장님이 눈을 뜨게 하고, 문둥병을 깨끗케 하고, 죽은 자를 살리던 자여! 남은 구원하고, 자기는 구원하지 못하는도다." 아주 구체적인 비난입니다. 남은 구원하고…… 그것은 인정합니다. 그 능력은 다 인정합니다. 그러나 "자기 자신은 구원하지 못하는도다. 십자가에서 내려오라"라고 합니다. 모든 사람이 그리하고, 강도들이 그리합니다. 심지어 대제사장들까지도 똑같은 말을 합니다. "십자가에서 내려오라. 그리하면 믿겠노라." 만일 예수님께서 진짜 십자가에서 내려오시면 어떻게 되겠습니까? 예수님께서는 계속 비난을 받으십니다. "십자가에서 내려오라. 그리하면 믿겠노라." 이 많은 비웃음과 조롱이 있지만, 예수님께서는 침묵하십니다. 능력이 없으신 것처럼, 내려올 수 없으신 것처럼 그냥 침묵하시고, 마침내 십자가에 돌아가십니다. 여기에 신비가 있습니다. 여기에 승리가 있습니다. 내가 세상을 이기었노라— 바로 이 순간입니다. 여러분, 이걸 잊지 말아야 합니다.

참 승리가 무엇입니까? 십자가에서 내려오라고 비난합니다. 조롱합니다. 비웃습니다. 모두가 소리 지릅니다. 하지만 예수님께서는 침묵하십니다. 하실 수 있으나, 하실 수 없는 것처럼, 내려오실 수 있으나, 내려오실 수 없는 것처럼 예수님께서는 친히 말씀하십니다. "하늘로부터 열두 영이 더 되는 천사들을 보내시어 다 진멸하실 수도 있다. 그러나 그리되면 이 이루리라 하신, 예언하신 성경말씀, 만백성을 구원하시려 구속의 역사는 어떻게 이루어지겠느냐?" 얼마든지 십자가에서 내려오실 수 있습니다. 십자가를 비웃는 그 많은 사람을 일시에 진멸하실 수도 있습니다. 그런데도 하실 수 없는 것처럼, 그 많은 비난을 받으시면서 십자가에 돌아가십니다. 여기에 참 능력, 참 지혜, 참사랑이 계시되어 있습니다.

사랑이 무엇입니까? 때로 사랑은 침묵입니다. 때로는 하나님의 뜻으로 조용히 수용하는 것입니다. 받아들이는 것입니다. 히브리서 12장 2절이 귀한 해답을 줍니다. "앞에 있는 즐거움을 위하여 십자가를 참으사 부끄러움을 개의치 아니하시더니 하나님 보좌 우편에 앉으셨느니라." 십자가를 참으사…… 십자가 사건을 인내로 보시는 것입니다. 그 많은 비난을 참으셨습니다. 그 억울함도 참으셨습니다. 그 많은 조롱도 참으셨습니다. 그 속에 하나님 능력의 신비가 있습니다. 그 속에 하나님의 영광이 있습니다. 참 승리, 참 사랑, 참 권능이 무엇이겠습니까. 알면서도 모르는 자가 되고, 할 수 있으면서도 할 수 없는 자가 되고…… 얼마든지 변명할 말이 있습니다마는, 그 오해와 비난을 다 꾹 참고 견디십니다. 신앙의 인내로, 사랑의 인내로 예수님께서 "지금은 모르지만, 이후에는 알리라"라고 하십니다. 그러면서 참으십니다. 제자들의 발을 씻어주십니다. 그 어리석은 제자들이 예수님의 깊은 뜻을 알 리가 없습니다. 그러나 예수님께서는 그들의 발을 씻어주시면서 이렇게 말씀하십니다. "지금은 모르지만, 이후에는 알리라."

십자가를 참으사 — 그 많은 비난 속에서 침묵으로 승리하십니다. "십자가에서 내려올지어다……(42절)" 상상해보십시오. 얼마나 어려운 시간입니까. 그러나 예수님께서는 그 놀라운 능력을 다 잠재우시고, 십자가를 지고 돌아가십니다. 십자가를 바라보시며 예수님께서는 호산나 부르는 찬송을 들으셨습니다. 앞으로 어떤 일이 있을지도 모르고, 많은 백성이 종려가지를 들고 호산나를 외칠 때 예수님께서는 "아, 이 사람들아! 내가 지금 십자가를 향해서 가고 있는데, 무슨 쓸데없는 짓인가?" 하시며 나무라지 않으셨습니다. 왜요? 저 앞에 영광이 있기 때문입니다. 십자가를 바라보시면서 예수님께서는 호산나, 그 영광의 찬송을 들으셨습니다. 수용하셨습니다. 받아들이셨습니다. 모르는 사람들의 찬송까지도 온전케 하사 다 받아들이셨습니다. 이것이 예수님 최고의 호산나, 신비입니다. 참 승리를 읽어야 합니다. 최후 승리, 참 승리의 뜻이 무엇입니까? 그 안에 있는 참 능력을 읽어야 합니다. 그 침묵 속에 있는 무궁무진한 능력을 우리는 알 수 있어야 합니다.

십자가를 참으시는 주님의 모습을 보면서 참사랑의 의미를 느껴야 합니다. 이 참사랑은 문자 그대로 아가페를 말합니다. 이것은 능력이요 지혜입니다. 그 결국을 다 아시고, 보시고, 확실한 능력으로 오늘도 우리와 함께하십니다.

여기에 참 승리가 있습니다. 참 능력이 있고, 참된 신비가 있습니다. 주님께서 십자가를 지시며, 또, 많은 비난을 받으시며 "십자가에서 내려오라!" 하고 소리치시는 그 많은 무리까지도 불쌍히 여기시고, 참으시고, "하나님이여, 저들의 죄를 사하소서!" 말씀하십니다. "다 이루었다!" 하십니다. 이런 승리, 이런 영광, 이런 참사랑의 계시…… 이것을 우리가 이해해야 하겠습니다. 하나님의 침묵 속에 오늘도 말씀하십니다. 예수 그리스도의 침묵 속에 참 능력이 있습니다. △

# 부활신앙의 부활

이르시되 미련하고 선지자들이 말한 모든 것을 마음에 더디 믿는 자들이여 그리스도가 이런 고난을 받고 자기의 영광에 들어가야 할 것이 아니냐 하시고 이에 모세와 모든 선지자의 글로 시작하여 모든 성경에 쓴 바 자기에 관한 것을 자세히 설명하시니라 그들이 가는 마을에 가까이 가매 예수는 더 가려 하는 것 같이 하시니 그들이 강권하여 이르되 우리와 함께 유하사이다 때가 저물어가고 날이 이미 기울었나이다 하니 이에 그들과 함께 유하러 들어가시니라 그들과 함께 음식 잡수실 때에 떡을 가지사 축사하시고 떼어 그들에게 주시니 그들의 눈이 밝아져 그인 줄 알아 보더니 예수는 그들에게 보이지 아니하시는지라 그들이 서로 말하되 길에서 우리에게 말씀하시고 우리에게 성경을 풀어 주실 때에 우리 속에서 마음이 뜨겁지 아니하더냐 하고 곧 그 때로 일어나 예루살렘에 돌아가 보니 열한 제자 및 그들과 함께 한 자들이 모여 있어 말하기를 주께서 과연 살아나시고 시몬에게 보이셨다 하는지라 두 사람도 길에서 된 일과 예수께서 떡을 떼심으로 자기들에게 알려지신 것을 말하더라

(누가복음 24 : 25 - 35)

## 부활신앙의 부활

성도 여러분, 성경에 나오는 사람들 가운데 가장 불행한 사람이 누구겠습니까? 수수께끼 같은 이야기입니다마는, '사람들 가운데 가장 불행한 사람이 누구일까?'라는 성경의 수수께끼가 있습니다. 그 사람은 바로 나사로입니다. 그가 죽은 지 나흘 만에 예수님께서 그를 살리셨습니다. 그렇게 살아났을 때까지는 그가 참 행복하고 복된 사람처럼 보이지만, 그 사람 결국 나중에 또 죽었습니다. 세상에 죽는다는 것이 얼마나 힘든 일인데, 한번 죽으면 되었지, 이 사람은 두 번 죽었습니다. 그러니까 가장 불행한 사람이다, 라는 우스갯소리가 있는 것입니다. 그다음 이야기가 있습니다. 전설에 따르면, 죽었다가 살아난 나사로에게 사람들이 물어보았답니다. "죽을 때 어떻더냐? 죽음의 고통이 어떻더냐? 죽어보니 어떻더냐?" 그랬더니 나사로가 빙그레 웃으며 하는 말입니다."별것 아니야." 그렇습니다. 죽음이란 별것 아닙니다.

부활의 문제는 근본적으로 창조 질서에서 그 신비로운 진리를 찾아야 합니다. 창조하실 때 하신 한마디 한마디가 참 중요합니다. 각기 그 종류대로— 그냥 성경을 읽을 때는 슬쩍 지나가게 되지만, 이것은 우주적인 중요한 문제에 대한 해답입니다. 각기 그 종류대로— 하나님께서 먼저는 무기체를 창조하십니다. 천지와 바다와 만물, 무기체입니다. 두 번째가 유기체입니다. 식물과 동물입니다. 그다음 세 번째가 인격체입니다. 우리 사람입니다. 사람은 참 이상하게도 복합적으로 창조하셨습니다. 몸은 흙으로, 그 생명은 영으로 만드셨습니다. 그래서 성경에는 분명히 인간 창조에 대한 이야기가 두 가지로 나옵니다. 하나는 흙으로 만드셨다는 것이고, 또 하나는 하나님의 형상으로 사람을 창조하셨다는 것입니다. 이렇게 딱 두 가지로 나옵니다. 여기에 중요한 의미가 있습니다. 그것이 바로 인간의 모습입니다. 차원이 다릅니다.

여기서 한 번 짚고 넘어가야겠습니다. '진화론'이라는 것이 있습니다. 이것은 유물사관입니다. 진화론을 바탕으로 한 유물사관에서는 모든 것이 물질입니다. 모든 것이 흙입니다. 모든 것이 헛된 물질입니다. 그저 진화론자의 생각은 '흙에서 단세포 동물이 나왔고, 단세포 동물이 진화해서 동물이 되고, 동물이 진화해서 인간이 되었다'라는 것입니다. 여기서 한 가지 알아야 할 것이 있습니다. 성경은 분명히 말씀합니다. 각기 그 종류대로— 소는 소요, 말은 말이요, 닭은 닭이요, 독수리는 독수리입니다. '각기 종류대로'입니다. 독수리가 변해서 닭이 되는 것 아닙니다. 소가 변해서 말이 되는 것이 아닙니다. 그러나 진화론자는 '모든 것이 물질이다'라고 봅니다. 다윈의 유명한 「종의 기원」에서 종의 기원은 하나입니다. 바로 흙덩어리입니다. 하지만 아닙니다. 성경은 분명히 말씀합니다. 각기 그 종류대로— 여기에 오묘한 진리가 있습니다. 예를 들어, 말과 나귀는 비슷합니다. 이 말과 나귀가 교배하여 새끼를 낳으면 그것이 노새입니다. 한데, 이 노새는 번식을 못합니다. 하나님께서 그렇게 막아버리셨습니다. 그러니까 종류대로 창조하셨고, 종류대로 보존되고 있다는 것을 잊지 말아야 합니다.

그런데 이 진화론의 시각에서는 사람도 사람으로 보는 것이 아니라, 동물로 봅니다. 남자는 수컷이고, 여자는 암컷입니다. 거기에는 인격적인 아무 의미가 없습니다. 이런 진화론적 철학 속에는 인격을 소중히 여기는 도덕성이 없기 때문에 비인격적인 일들이 생기는 것입니다. 이걸 잊지 말아야 합니다. 인간은 동물 같은데, 동물이 아닙니다. 사람은 어디까지나 하나님의 형상으로 지어진 인간이라는 그 창조론적 원리를 분명히 알아야 합니다. 그런데. 이 생명 사건은 물질 사건과 차원이 다릅니다. 인간의 지식은 항상 이성과 경험에 근거해서 이루어집니다. 그런고로, 보아야 알고, 경험해야 압니다. 아니, 경험하기 전에는 인정을 안 하려고 합니다. 그것이 인간의 어리석음입니다. 하지만 그렇게 할 수 있는 것이 아닙니다. 경험할 수 있는 것이 있고, 경험할 수 없는 것이 있습니다. 볼 수 있는 것이 있고, 볼 수 없는 것이 있습니다.

제가 몇 번 말씀드렸습니다마는, 북한에 갔을 때 거기에 있는 고관들하고 한 번 만찬을 했는데, 거기서 이상한 질문이 나왔습니다. 김일성대학의 교수가 저한테 물어봅니다. “목사동무는 하나님을 믿는다면서요?” “믿지요.” “하나님을 보았어요?” “못 봤지요.” “못 본 걸 믿어요?” 그다음 말입니다. “우리 공산주의자는 철저하게 못 본 것은 믿지 않습니다. 우리는 꼭 경험한 것만 믿고, 과학적인 것만 믿습니다.” 이렇게 이야기하는 것이었습니다. 아마 저를 망신 주려고 그러는 것 같았습니다. 그래 제가 “저도 하나 물어봅시다” 했더니, “물으세요” 해서 제가 이렇게 물어보았습니다. “사람은 볼 수 있는 것이 있고, 볼 수 없는 것이 있는데, 볼 수 있는 것은 있다고 합시다. 볼 수 없는 것은 없는 것입니까? 내가 못 본 것은 없는 것입니까?” 그 사람이 대답을 못합니다. “또 하나, 물어봅시다. 당신 할아버지 보았어요, 못보았어요?” “못보았지요.” “그럼 할아버지가 있어요, 없어요?" "있지요." "그런 거예요. 보는 것만 있는 게 아니에요. 사실은 보는 것은 작은 것이고, 보지 못하는 것이 무궁무진하게 큰 것이고, 더 확실한 것이에요." 이렇게 설명했더니, 그 김일성대학 교수가 얼굴이 벌게져서 대답을 못하고 서 있었습니다.

여러분, 잊지 말아야 합니다. 경험할 수 있는 것이 있고, 경험할 수 없는 것이 있습니다. 볼 수 있는 것이 있고, 볼 수 없는 것도 있습니다. 그러면 볼 수 없는 것은 어떻게 합니까? 믿음으로 아는 것입니다. 이걸 부정해서는 안 됩니다. 역사적 사건, 그건 믿음으로 아는 것입니다. 우리 경험이라는 것이 그렇습니다. 우리가 보고, 듣고, 만지고, 경험하지 않습니까. 이 경험은 단회적인 것이 있고, 반복적인 것이 있습니다. 딱 한 번만 경험할 수 있는 것이 있고, 또다시 경험할 수 있는 것이 있습니다. 그러나 사실 엄격히 말하면 경험이란 전부가 단회적입니다. 왜냐하면, 여러분이 생전 처음 애인을 만나서 연애할 때 처음에는 천사 같고, 아주 아름답게 보았을 것입니다. 그런데. 그다음 날 또 만나보십시오. 어제하고 오늘이 다릅니다. 같은 사람을 만나고 있지만, 경험이 다르기 때문입니다. 첫 번째 경험과 두 번째 경험은 서로 같은 것이 아닙니다. 그런고로 모든 경험은 단회적이라는 사실을 인정해야 합니다. 그런데, 성경을 자세히 보면, 하나님께서 인간을 창조하실 때 맨 먼저 어떤 생명 사건이 있었느냐 하면, 식물이라는 생명 사건이 있었습니다. 식물이라는 생명은 아주 신비롭습니다. 아주 작은 씨앗이 떨어져서 싹이 나고, 큰 나무가 되고, 열매가 맺는 것을 보십시오. 얼마나 신기합니까.

브라질에 가면 아마존에 높이가 30미터나 되는 나무들이 있습니다. 그런데, 그 30미터나 되는 나무 위에서 또 다른 나무가 자랍니다. 그것이 뭐냐 하면, 새들이 조그마한 씨앗을 먹고 올라가 거기서 변을 보면 그 변 속에 소화되지 않고 남아 있는 씨앗이 그 나뭇가지 위에 떨어져 거기서 싹을 틔운 것입니다. 그 나무의 뿌리가 죽 내려오는데, 영화에 나오는 타잔이 붙잡고 날아다니는 밧줄 같은 것이 바로 그 나무의 뿌리입니다. 그런가 하면, 겨울 동안 식물은 동면합니다. 나무가 잎이 다 떨어지고 앙상하게 죽은 것처럼 되어 있다가 봄이 되면 다시 싹이 나고 꽃이 피는 것이 얼마나 신기합니까. 무슨 말로도 설명할 수 없는 신비로운 것입니다. 이것이 바로 식물학적 생명입니다. 생명은 신비롭습니다.

그런가 하면, 동물학적 생명이 있습니다. 동물이 서로 만나서 본능적으로 생식하는 모습을 보십시오. 저는 어렸을 때 개가 새끼 낳은 모습을 보았습니다. 한데, 그 작은 새끼가 아직 눈도 뜨지 못했는데, 어떻게 알고 꿈틀꿈틀하면서 그 엄마 개의 젖을 딱 물고 빱니다. 여기서 생명의 역사가 이루어지는 것을 봅니다. 동물의 세계에 이루어지는 생명의 역사도 참으로 신기합니다. 이것이 이차원적 생명 사건입니다.

그런가 하면, 인간이라고 하는 존재가 있습니다. 인간은 복합적입니다. 몸은 흙입니다. 동물적입니다. 그러면서 하나님의 형상으로 지어진 인간성이 있습니다. 하나님의 형상으로서의 인간과 동물로서의 인간이 합쳐진 것입니다. 그래서 우리는 조금 잘못되면 동물이 되고, 조금 잘되면 하나님의 자녀가 될 수 있는 것입니다. 그리고 영성으로 하나님의 형상이 된 그 속성으로 동물성을 다스릴 수 있어야 합니다. 다시 말하면, 육체적 본능을 제어할 수 있어야 한다, 이것입니다. 무슨 말입니까? 아무리 먹고 싶어도 이건 먹어서는 안 된다,

그러면 안 먹어야 합니다. 아무리 가고 싶어도 이건 아니다. 그러면 가면 안 됩니다. 자제할 줄 아는 것이 인간입니다. 그래서 아주 성숙한 이성으로 본능을 다스리고, 영성으로 이성을 다스릴 수 있을 때 비로소 온전한 인간이 되는 것입니다.

그러나 여기서 머무르지 않습니다. 다시 말합니다. 식물학적 생명, 동물학적 생명, 인격적인 인간의 생명— 여기에 하나 더 있습니다. 그것이 바로 부활하신 예수 그리스도의 그리스도적 생명이라고 하는 것입니다. 예수님께서 십자가에 돌아가시고, 그다음에 부활하십니다. 부활하신 그 영체, 이것은 그리스도적 생명의 단계입니다. 이것은 우리가 경험할 수 있는 것이 아닙니다. 이제 장차 경험하게 될 것입니다. 그리스도적 생명으로 그리스도께 연합한 사람들이 그리스도와 같이 변화될 것입니다. 이걸 생각해야 합니다. 그리스도적 단계의 생명— 그래서 예수님을 보십시오. 제자들이 믿지 않으니까 손을 내밀어 만져보라 하시고, 심지어는 음식을 가져와라, 영은 음식을 먹지 못하지만 나는 먹느니라, 하시고 음식을 잡수시기도 하고, 손을 만져보라 말씀도 하십니다.

이것은 차원이 다릅니다. 그리스도적 차원의 생명 단계를 말하는 것입니다. 엠마오로 가는 제자들이 이제 예수님에 대하여 서로 말합니다. 누가복음 24장 21절에 이런 말씀이 있습니다. "우리는 이 사람이 이스라엘을 속량할 자라고 바랐노라……" 우리는 그가 이스라엘을 다스릴 자라고 믿었노라— 그런데 그런 분이 십자가에서 비참하게 돌아가시는 걸 보고 실망했습니다. 그러나 예수님께서는 말씀하십니다. "믿는 자가 되라." 예수님의 부활은 역사적 사건입니다. 그러나 그것을 믿는 사람에게는 믿음의 사건입니다. 이 믿음 사건이 중요합니다. 그것을 믿을 때만 그 사건이 내게 생명력이 되고, 내 사건이 되는 것입니다. 그러니까 '믿는 자에게만'이라는 것을 잊지 말아야 합니다. 그래서 아무리 역사적 사건이 여기에 엄연하게 있지만, 이것을 믿는 자에게 주시는 신앙의 사건이 될 때만 생명력이 있다는 것을 잊지 말아야 합니다.

그래서 오늘본문의 이 말씀이 마음에 깊이 감동을 줍니다. "선지자들이 말한 모든 것을 마음에 더디 믿는 자들이여(25절)." "더디 믿는 자여, 왜 이렇게 좀 바르게 즉각적으로 믿지 못하고, 더디 믿느냐? 왜 이렇게 믿기가 힘든 것이냐?" 이 엄연한 사건 앞에서도 예수님께서 이렇게 말씀하신 것을 볼 수 있습니다. 그런데, 가장 중요한 것은 여기 있습니다. 부활하신 사건이 믿을 수 있는 신앙의 사건으로 변하하기 위해서는 두 단계가 필요합니다. 하나가 성경의 증거요, 또 하나가 성령의 역사입니다. 성경을 알아야 한다— 성경을 통해서만 알 수 있습니다. 성경적 맥락에서, 성경을 통해서 믿어야만 이것을 믿을 수 있게 되는 것입니다. 두 번째는 성령의 역사입니다. 오늘본문은 말씀합니다. "우리 속에서 마음이 뜨겁지 아니하더냐……(32절)" 우리의 마음이 성령의 역사로 뜨거워져야 이걸 알게 되고, 믿게 되는 것입니다.

엘리자베스 퀴블러 로스는 아주 유명한 분입니다. 특별히 저한테 깊은 감동을 주신 분입니다. 1960년에 제가 이분의 책을 보고 너무나 감동을 받아서 이분의 책들을 다 찾아 읽었습니다. 그뿐 아니라, 고맙게도 제가 풀러 신학교에 가서 공부할 때 이분이 특강을 하러 오셨습니다. 어찌나 반가웠던지, 그분의 강의를 제가 열심히 들은 일이 있습니다. 그는 죽은 뒤의 생명에 대하여 많은 책을 썼습니다. 그의 기록에 따르면, 무려 2만 명이나 되는 사람들의 죽는 모습을 관찰하고 종합하여 우리에게 결론을 말해줍니다.

여러분, 자세히 들으셔야 합니다. 첫째, 죽을 때는 육신으로부터 영혼이 이탈하는 경험을 하게 된다는 것입니다. 우리의 영혼이 육체에서부터 이탈하는 경험을 한다는 것입니다. 둘째, 강력한 빛에 이끌리어 어디론가 끌려가는 경험을 하게 된다는 것입니다. 셋째, 자신의 삶이 슬라이드처럼 한꺼번에 보인다는 것입니다. 그래서 죄를 짓고, 어둠 가운데에서 산 사람은 고개를 들 수가 없고, 두려움에 떨게 되는 것입니다. 일생 살아온 것이 슬라이드처럼 한눈에 들어온다, 이것이지요. 넷째, 꽃밭같이 아름답고 평안한 곳으로 인도된다는 것입니다. 그래서 이 엘리자베스 퀴블러 로스의 마지막 결론은 이것입니다. '죽음이란 무엇인가? 사람을 지혜롭게 하는 것이다. 우리는 지식에 매여 있지만, 죽음을 앞에 놓고서야 인간이 참 지혜를 얻게 된다. 그런가 하면, 죽음이란 마지막 성장이다. 인격의 성장은 죽음 앞에서 평가된다. 또한, 인격의 완성이다. 신앙생활의 완성이다. 그의 전체 생애를 결론짓는 시간이다. 그런가 하면, 변화와 이동이다.' 이 마지막 말이 중요합니다. 죽음이란 변화와 이동이다— 그렇습니다. 그리스도적 단계로 변화하는 시간입니다. 성경을 자세히 보면, 부활이라는 말과 변화라는 말이 있습니다. 성경에서 사용되는 빈도가 같습니다. 변화와 부활은 곧 그리스도적으로 변하는 것입니다. 그리스도와 함께 변하는 것입니다.

종교개혁자 마르틴 루터는 구원을 이렇게 정의합니다. '죄와 사망과 사탄과 율법과 진노로부터의 자유, 사망 권세로부터의 자유, 그것이 구원입니다. 이 속에서 우리는 주님을 만나고, 주님의 형체

와 같게 변화하는 그 영광을 바라보며 세상을 떠나는 것입니다.' 이것이 바로 신앙사건의 승리입니다. △

# 부활신앙의 행로

그들이 조반 먹은 후에 예수께서 시몬 베드로에게 이르시되 요한의 아들 시몬아 네가 이 사람들보다 나를 더 사랑하느냐 하시니 이르되 주님 그러하나이다 내가 주님을 사랑하는 줄 주님께서 아시나이다 이르시되 내 어린 양을 먹이라 하시고 또 두 번째 이르시되 요한의 아들 시몬아 네가 나를 사랑하느냐 하시니 이르되 주님 그러하나이다 내가 주님을 사랑하는 줄 주님께서 아시나이다 이르시되 내 양을 치라 하시고 세 번째 이르시되 요한의 아들 시몬아 네가 나를 사랑하느냐 하시니 주께서 세 번째 네가 나를 사랑하느냐 하시므로 베드로가 근심하여 이르되 주님 모든 것을 아시오매 내가 주님을 사랑하는 줄을 주님께서 아시나이다 예수께서 이르시되 내 양을 먹이라

(요한복음 21 : 15 - 17)

## 부활신앙의 행로

유명한 철학자 파스칼은 다음과 같이 말하고 있습니다. '자신의 비참함을 알지 못하고 하나님을 아는 것은 자만심에 빠지게 되는 일이다. 하나님을 모르고 우리 자신들의 비참함을 아는 것은 절망에 빠지게 되는 일이다. 예수 그리스도를 아는 것은 자신의 비참함과 하나님을 동시에 아는 것이다.' 대단히 깊은 진리의 말씀을 우리에게 던져주고 있습니다. 예수님을 알 때 하나님을 알게 되고, 자신도 알게 됩니다. 이는 예수 그리스도 안에서 예수의 십자가를 바라볼 때 나를 비추는 그 빛으로 말미암아 두 가지를 동시에 알게 되는 것입니다.

심리학자 롤로 메이는 인간의 불안상태를 분석하며 우리가 늘 경험하는 불안에는 세 가지가 있다고 말합니다. 첫째는 '움벨트(umwelt)'입니다. 이는 환경에서 오는 것입니다. 환경이 변화하는 불확실성 가운데 내가 날마다 경험하는 불안한 마음입니다. 이것은 생물학적 불안입니다. '무엇을 먹을까? 병들면 어떡하나? 내년에는 또 어떻게 되나?' 이렇게 앞으로 변화하는 모든 환경에 대한 불안한 마음이 있는 것입니다. 둘째는 '밋벨트(mitwelt)'입니다. 이는 인간관계에서 오는 것입니다. 어차피 우리는 많은 사람 속에서 살아가고 있는데, 내 마음도 변하고 있지만, '상대방의 사랑이 변하지 않을까? 상대방의 마음이 변함으로 이 인간관계가 흐트러지지 않을까? 또, 나쁜 방향으로 되지 않을까?' 하는 의심이 들어서 불안합니다. 다시 말하면, 인간관계에 대한 믿음이 흔들릴 때 사람은 계속 불안에 떨게 된다는 말씀입니다. 셋째는 '아이젠벨트(eigenwelt)'입니다. 이는 실존의 자아에서 오는 것이고, 생명 자체에 있는 것입니다. 이것은 하나님과 나와의 관계입니다. 환경도 이웃도 아닙니다. 실존적으로 내 생명이 하나님 앞에 가고 있습니다. '나라고 하는 존재가 하나님 앞에서 어떤 모습인가?' 여기서 오는 불안이 '아이젠벨트'라고 말하고 있습니다.

오늘본문에서 우리는 바로 이 실존적 불안상태가 잘 나타나 있는 장면을 보게 됩니다. 참으로 이상하지 않습니까. 보통의 이상한 정도를 넘어서는 아주 이상한 일이 여기에 있습니다. 요한복음 21장 3절입니다. 예수님께서 부활하셨습니다. 그 부활하신 예수님을 만나보았습니다. 부활하신 것이 확실하지 않습니까. 그런데도 수제자 베드로가 하는 말입니다. "나는 물고기 잡으러 가노라." 이 말이 그렇게 처량할 수가 없고, 그렇게 비참할 수가 없습니다. 어찌 베드로가 이런 말을 할 수 있습니까. 예수님께서 부활하신 것이 확실한데도 "나는 물고기 잡으러 가노라" 하니, 다른 제자들 일곱 명이 그를 따라갑니다. 갈릴리까지 그 먼 길을 가서 옛 직업으로 돌아가 밤새 수고하여 물고기를 잡습니다. 그러나 한 마리도 못 잡았습니다. 물고기라는 것이 떼를 지어 다니기 때문에 바로 만나면 잡을 수 있지만, 못 만나면 완전히 공치는 것입니다. 그물질이라는 것이 본디 그러한데, 제자들은 밤새껏 수고해서 한 마리도 못 잡았습니다. 그래서 영적으로나 육체적으로나 경험적으로나 지식으로나, 다 지쳐 가는 상태입니다.

이 베드로의 초라한 모습을 한번 상상해보십시오. 그는 예수님의 제자가 되어 3년 동안 따라다녔습니다. 주님의 모든 능력을 보았고, 모든 기적을 경험했고, 주님의 사랑도 받아보았습니다. 심지어 부활하신 예수님까지도 만나 뵈었는데, 지금의 나를 생각해보니, 이것이 바로 '아이젠 벨트'입니다. 나 자신의 존재가 너무나 초라합니다. 주님의 그 큰 역사 앞에 나는 아무것도 아닙니다. 분명히 예수님께서 나를 부르셨습니다. 이 갈릴리 바다에서 나를 부르셨습니다. 나는 그분의 부르심에 응답했고, 특별히 "주는 그리스도시요 살아계신 하나님의 아들이십니다"라고 예수님 앞에 고백했고, 예수님께서 "천국열쇠를 네게 주노라" 하시는 허락까지 받았습니다. 하지만 예수님께서 그렇게 경고하셨는데도 그는 예수를 세 번이나 모른다고 합니다. 비참해집니다. 미리 예수님께서 예언의 말씀을 하셨습니다. "네가 닭이 울기 전에 나를 세 번 부인하리라." 그 말씀 뒤에는 무슨 말씀이 있겠습니까. "그런고로 조심해라."

"네가 나를 세 번 부인하리라" 하고 말씀하시고, 또 "그런고로 깨어 기도하라" 하고 말씀하셨건만, 저는 깨어 기도하지 못했고, 결국 예수님을 세 번 부인합니다. 이것을 '삼중 부인'이라고 합니다. 처음에는 부인하고, 그다음에는 맹세하고, 그다음에는 저주까지 합니다. 철저하게 예수님을 부인하게 됩니다. 그 순간 예수님의 예언대로 닭 우는 소리가 들립니다. 예수님께서 "닭이 울기 전에 네가 나를 부인하리라" 하신 말씀이 생각나서 베드로는 밖에 나가 통곡했습니다. 그런데, 예수님께서는 부활하셨고, 그 부활하신 예수님께서 나타나시어 베드로를 만나주셨습니다. 이렇게 부활하신 예수님을 분명히 만나 뵙고 나서 베드로는 그 마음속에서 또 다른 실존적 불안에 빠지게 됩니다. '나는 너무나 초라하다. 주님 앞에 감히 이제 내가 다시 주의 제자가 되겠다는 말을 할 수가 없구나!'세 번 부인한 것도 문제지만, 부활하신 예수님 앞에 너무나 초라한 자신의 모습을 보고 마음속 깊은 곳에서 이렇게 중얼거렸을 것입니다. '주님, 죄송합니다. 저를 떠나소서. 저를 잊으소서. 저는 주의 제자가 될 자격이 없습니다. 죄송합니다.'

여러분, 우리가 환란과 고통을 당할 때는 자기 자신을 잊어버리기 쉽습니다. 그러나 너무나 큰 영광 앞에, 너무나 큰 능력 앞에, 너무나 큰 사랑 앞에 자신의 초라함을 고백할 수밖에 없는 것입니다. '저는 자격이 없습니다. 저는 이런 사랑을 받을 자격이 없습니다. 저는 이런 거룩한 역사에 함께할 자격이 없습니다.' 무자격한 자신, 무능한 자신을 돌아보고 이렇게 기피하면서 그는 옛 직업으로 돌아가고 있는 것입니다. 참으로 비참한 모습입니다.

예수님께서 부활하신 사건은 확실합니다. 그러나 그 부활 사건 앞에서 자신은 더 초라해지는 것입니다. 부활하신 주님을 만나면서 자신은 더 비참해졌기에 그는 갈릴리로 돌아갔던 것입니다. 부활신앙의 고백이 귀중합니다마는, 그 영광된 고백의 바로 뒤에 자기 자신의 모습을 돌아보면 부활신앙의 행로가 미궁에 빠지게 되는 것입니다. 이제 예수님께서 베드로를 찾아가십니다. 갈릴리까지, 바닷가에까지 찾아가십니다. 영적으로 지치고, 육적으로도 지치고, 생활 속에서도 지쳐서 이제는 거의 절망상태에 있는 베드로를 찾아가셔서 불러놓으시고 이렇게 말씀하십니다. "아가파오 메(네가 나를 사랑하느냐)?" 베드로가 감히 이 자리에서 무슨 말을 하겠습니까. 그래서 "제가 주를 사랑하는 줄 주께서 아시나이다!"라고 합니다.

예수님께서는 "아가페의 사랑으로 사랑하느냐?" 하고 물으셨습니다. 그런데 베드로는 "필로의 사랑을 하는 것을 주께서 아시지 않습니까?" 하고 대답한 것입니다. 묻는 것은 아가페고, 대답하는 것은 필리아입니다. 천지 차이입니다. '아가페'는 우리가 아는 대로 높은 사랑, 하나님의 절대적인 사랑을 말합니다. 반면에 '필리아'는 '프렌드'라는 말의 어원입니다. 필리아는 곧 친구입니다. 그저 가까이 지내고, 3년 동안 같이 지내고, 그래서 알게 된 지식, 그래서 알게 된 사랑을 말합니다.

그러니까 예수님께서 아가페의 사랑을 하느냐고 물으실 때 "아가페까지는 못하지만, 필리아는, 친구의 사랑은 하고 있지 않습니까"라고 한 것입니다. 그때 예수님께서 세 번째로 물으십니다. "필리아스 메(그러면 친구의 사랑은 하느냐)?" 이 질문을 받은 베드로는 다급했습니다. "주님께서는 모르는 것이 없으신데, 제가 비록 이 자리에 와 있지마는, 제가 주를 사랑하는 줄 주께서 아시지 않습니까." 이렇듯 겸손하게 진실을 고백합니다. 그때 예수님께서는 계속 말씀하십니다. "사랑하느냐? 그러면 내 양을 먹이라. 내 양을 쳐라. 내 양을 먹이라. 네가 나를 사랑한다면, 내가 사랑하는 양을 네가 먹여야 하지 않겠느냐. 내가 하던 일을 네가 해야 하지 않겠느냐. 내가 시작한 이 일을 네가 완성해야 하지 않겠느냐. 어찌하여 네가 여기 와 있느냐?" 주님께서 말씀하십니다. "네가 어찌하여 여기 있느냐? 어떻게 갈릴리 바다에 와 있느냐? 어찌하여 옛사람으로 돌아갔느냐?" 물으십니다. 참으로 예수님께서 물으실 때도 마음이 아프셨다고 생각합니다. 여러분, 여기에서 생명의 진리를 말씀하십니다. "사랑하느냐? 내 양을 먹이라." 부활신앙은 생명의 동력입니다. "내 양을 먹이라." 신앙이 사랑으로 승화되어야 합니다.

여러분, 그리스도께서 위하여 죽으신 형제를 사랑하는 것이 그리스도를 사랑하는 것입니다. 그리스도를 사랑한다는 말은 그리스도께서 사랑하시는 자를 사랑한다는 뜻입니다. 그리스도를 사랑한다는 말은 그리스도께서 하신 역사를 내가 사랑한다는 의미입니다. 유명한 에리히 프롬의 「사랑의 기술」이라는 명저가 있습니다. 이 책에서 그는 사랑의 4가지 요소에 대해서 말합니다. 첫째, 배려하는 마음입니다. 내가 중심인 마음이 아니고, 상대방을 배려하는 것입니다. '저분이 지금 어떨까? 지금 저분이 배고플까? 저분이 외로울까? 저분이 어떤 형편에 있는가?' 이렇게 내가 아니라, 방향을 돌려서 내가 사랑하는 자를 배려하는 마음, 그것이 바로 사랑입니다. 둘째, 그런고로 사랑이라는 것은 꽃을 사랑할 때 그 꽃에 물을 주는 것입니다. 꽃을 사랑한다고 하면서 물을 주지 않는다면 그건 사랑이 아닙니다. 또한, 사랑은 지식입니다. 내가 사랑하는 자를 아는 것입니다. 아니, 내가 받은 사랑을 아는 것입니다. 내가 얼마나 사랑을 받고 있는지, 내가 얼마나 엄청난 사랑을 받으면서 여기에 있는지, 그걸 알고 깊이 깨닫는 것입니다. 그뿐만 아니라, 사랑은 책임을 지는 것입니다. 상대방에 대한 책임을 내가 지는 것입니다. 그의 짐을 내가 같이 지는 것입니다. 멍에를 같이 메는 것입니다. 같은 마음으로 같은 길을 가는 것입니다. 책임지는 그 마음으로 상대방의 허물도 책임지는 것입니다. 그 사람의 잘못도 내가 책임지는 것입니다. 무거운 책임을 내가 같이 지는 것입니다. 그것이 사랑입니다.

한 걸음 더 나아가서 사랑은 존경하는 마음입니다. 존경하는 마음 때문에 내 뜻을 버리게 됩니다. 그분의 뜻이 좋으니까 따르고, 그분이 하시는 역사가 너무나 귀하기 때문에 내가 하던 일은 다 버리고 주님의 뒤를 따르는 것입니다. 나의 일은 그분에 대한 존경 속에

묻힙니다. 이것이 사랑이라고 에리히 프롬은 말하고 있습니다. 사실로 그러합니다. 예수님께서도 아마 이렇게 말씀하실 것입니다. "네가 왜 여기 있느냐? 네가 예루살렘 성전에서 복음을 전하고 있어야지, 네가 어찌하여 여기에 있느냐? 네가 어찌 갈릴리 바다에 있느냐? 과연 네가 나를 사랑하느냐?" 이렇게 묻고 계십니다. 부활신앙은 그리스도의 양을 먹이는 마음으로 승화되어야 합니다. 그리스도께서 사랑하시는 자를 나도 사랑하게 될 때, 그것이 사랑에 대한 응답입니다.

사도행전 3장 6절에 보면, 베드로와 요한이 갈릴리 바다에서 다시 예루살렘으로 돌아갑니다. 그래서 예루살렘 성전에 올라갔는데, 바로 그 시간 성전 문 앞에 나면서부터 앉은뱅이 된 사람이 앉아 있었습니다. 그 사람은 항상 거기에 앉아서 손을 내밀고 구걸하는 앉은뱅이였습니다. 그가 성전에 들어갈 때 그전과 같이 베드로와 요한을 향해서 적선을 해달라며 손을 내밉니다. 그때 베드로와 요한이 말합니다. "은과 금은 내게 없습니다." 바로 그 순간 거지가 무슨 생각을 했겠습니까. 아마 이런 생각을 했을 것입니다. '없으면 그냥 지나가지, 누가 뭐라고 했나?' 그런데, 바로 그 순간 엉뚱한 말이 들려옵니다. "내게 있는 것으로 네게 주노니, 나사렛 예수의 이름으로 일어나라!" 그러자 그가 벌떡 일어납니다. 굉장한 사건입니다. 이 사건이 예루살렘 교회의 기초가 되고, 발원점이 된 것을 알아야 합니다. 이 사건 때문에 예루살렘 교회가 세워지고, 부흥하고, 권세를 얻게 됩니다. 이 사람이 벌떡 일어나서 성전에 올라가 찬송을 부릅니다. 하나님께 영광을 돌립니다. 어떻게 되겠습니까? 베드로와 요한이 깜짝 놀랐습니다. 저는 생각해봅니다. '베드로가 더 놀랐을까, 앉은뱅이가 더 놀랐을까?' 저는 아무래도 베드로가 더 놀랐을 것 같습니다. '이런 일이 어찌 있을 수 있는가?' 이것이 부활신앙입니다. 부활하신 예수님께서 나와 함께하실 때 주님께서 하시던 일이 그대로 나타나는 것입니다.

그뿐입니까? 베드로와 제자들을 시기 질투하는 바리새인들과 서기관들이 그들을 괴롭힙니다. 그들을 잡아다가 "예수의 이름으로 복음을 전하지 말아라!" 하면서 때리고, 핍박하고, 박해합니다. 그럴 때 베드로의 대답을 들어봅시다. 사도행전 4장 19절입니다. "너희의 말을 듣는 것이 하나님의 말씀을 듣는 것보다 옳은가 판단하라." 하나님 앞에서 너의 말을 들으랴, 하나님의 말씀을 들으랴— 이렇게 담대하게 말합니다. 사도행전 5장 41절에는 이런 말씀도 있습니다. "그 이름의 위하여 능욕 받는 일에 합당한 자로 여기심을 기뻐하면서 공회 앞을 떠나니라." 예수의 이름으로 핍박받는 것, 예수의 이름으로 매를 맞는 것, 예수의 이름으로 순교하는 것을 기뻐하며 공회를 나왔습니다. 바로 이것이 부활신앙의 행로입니다. 부활신앙은 이런 담력, 이런 용기, 이런 권세를 더한 것입니다.

부활신앙은 그리스도를 사랑하는 마음으로 그리스도께서 사랑하시는 자를 내가 사랑하고, 그리스도께서 위하여 죽으신 자를 위하여 내가 죽는 것입니다. 그런고로 예수님께서 말씀하십니다. "나를 사랑하느냐? 내 양을 먹이라!" 부활하신 예수님께서 말씀하십니다. 이 아가페의 사랑에서 부활신앙의 능력을 확증하게 되는 것입니다. 부활신앙은 사랑으로 결실을 맺습니다. 사랑함으로 그리스도의 현존을 확증하게 됩니다. 사랑으로 그리스도의 생명력을 체험하게 됩니다. 사랑하면서 그리스도의 부활하신 능력을 현실생활 속에서 체험하게 되었다는 말씀입니다. 갈릴리에 피신해 있는 이 초라한 제자를 예수님께서 찾아가시어 이렇게 말씀하십니다. "네가 나를 사랑하느냐? 내 양을 먹이라! 나를 사랑하는 자는 여기에 있지 않느니라. 내가 하던 일을 해야 하고, 나의 뜻을 이루어야 하고, 내가 사랑하는 자를 사랑하는 것이다. 그것이 바로 네가 나를 사랑하는 것이다." 그래서 그 뒤 제자들은 환란과 순교와 핍박도 아랑곳하지 않습니다. 왜입니까? 이제는 부활신앙이 있기 때문입니다. 부활의 아침이 앞에 있기에 그들은 오히려 순교를 자랑스럽게 여겼습니다.

여러분이 너무나도 잘 아는 이야기입니다. 〈쿼바디스〉라는 영화에 보면, 마지막에 베드로가 로마를 피해서 도망가려고 합니다. 그때 예수님께서 아무 말씀도 없이 로마를 향해서 가시는 것을 보고 베드로가 "쿼바디스 도미네(주여, 어디로 가십니까)?" 하고 여쭙니다. 그러자 예수님께서 대답하십니다. "네가 버리고 나온 로마를 향해 다시 십자가에 못박히려고 간다." 그 순간 베드로가 예수님을 붙들고 말합니다. "아닙니다. 제가 가겠습니다." 그러고는 다시 로마로 자진해 들어가서 순교합니다. 사람들이 베드로를 십자가에 못박겠다고 하니까 베드로는 이렇게 말합니다. "예수님께서 십자가에 달리셨는데, 내가 어찌 감히 같은 모습으로 죽겠느냐? 내 십자가는 거꾸로 하라!" 그래서 베드로는 십자가에 거꾸로 못박혀서 순교했습니다. 이것이 베드로입니다. 이것이 바로 부활신앙입니다. 이것이 부활신앙의 행로입니다. 이걸 잊지 말아야 합니다.

그리스도를 위하여 받는 고난을 기뻐하고, 그리스도께서 사랑하시는 자를 사랑하고, 그리스도께서 위하여 죽으신 자를 위하여 나

도 죽고— 여기까지입니다. 이 놀라운 아가페의 승리, 그 고백이 바로 부활신앙의 행로입니다. △

# 그 여인을 사랑하라

여호와께서 내게 이르시되 이스라엘 자손이 다른 신을 섬기고 건포도 과자를 즐길지라도 여호와가 그들을 사랑하나니 너는 또 가서 타인의 사랑을 받아 음녀가 된 그 여자를 사랑하라 하시기로 내가 은 열다섯 개와 보리 한 호멜 반으로 나를 위하여 그를 사고 그에게 이르기를 너는 많은 날 동안 나와 함께 지내고 음행하지 말며 다른 남자를 따르지 말라 나도 네게 그리하리라 하였노라 이스라엘 자손들이 많은 날 동안 왕도 없고 지도자도 없고 제사도 없고 주상도 없고 에봇도 없고 드라빔도 없이 지내다가 그 후에 이스라엘 자손이 돌아와서 그들의 하나님 여호와와 그들의 왕 다윗을 찾고 마지막 날에는 여호와를 경외하므로 여호와와 그의 은총으로 나아가리라

(호세아 3 : 1 - 5)

## 그 여인을 사랑하라

20여 년 전에 제가 미국 L.A.에 부흥회를 인도하러 갔을 때의 일입니다. 그 부흥회가 끝나고 나가면서 교인들과 일일이 인사를 하고 악수를 나누는 시간이었지요. 제가 잘 아는 목사님의 사모님을 만나게 되었습니다. 그런데 저는 그 목사님 사모님에게 뭐라고 인사해야 할지 난감했습니다. 왜냐하면, 그 목사님이 뒤늦게 미국으로 유학을 갔다가 차 사고가 나서 그만 식물인간이 되었기 때문입니다. 무려 13년을 식물인간으로 지냈습니다. 그런 목사님을 모시고 있는 사모님이 지금 내 앞에 있는 것입니다. 뭐라고 인사를 해야 할지 몰라 망설이다가 그저 보통 하는 말로 "사모님, 안녕하십니까?" 했더니, 사모님의 입에서 나오는 대답이 너무나도 가슴 아팠습니다. "아직 안 죽었어." 이렇게 딱 한 마디 하십니다. '아, 이럴 수가 있나? 어떻게 사모님이 이렇게 말할 수가 있나?' 참 마음이 괴로웠습니다. 그러나 '얼마나 힘들면 그렇게 말씀했을까?'라는 생각도 들었습니다. 그다음 해에 L.A.로 또 부흥회를 갔습니다. 그 사모님이 거기 또 참석했고, 예배를 마친 다음 나갈 때 또 저와 더불어 악수를 하게 되었습니다. 역시 똑같은 말로 "사모님, 안녕하십니까?" 했더니, 그분이 작년에 한 말이 있으니까 그걸 생각하면서 제게 하는 말입니다. "목사님, 제 남편이 세상을 떠나고 나니까 제가 더는 이 세상에 살아야 할 이유가 없어졌습니다." 13년 동안을 식물인간으로 있었지만, 그 남편이 떠나니까 나는 오히려 살아야 할 이유가 없어졌다— 그때 사모님의 그 말을 제가 두고두고 기억합니다.

여러분, 사랑해야 할 대상이 없다면 내가 살아야 할 이유가 없는 것입니다. 이걸 알아야 합니다. 예수님께서 말씀하신 유명한 '선한 사마리아 사람의 비유'가 있습니다. 누가복음 10장에 보면, 젊은 율법사가 예수님께 나아와 이렇게 여쭈어봅니다. "제가 어떻게 하면 영생을 얻겠습니까?" 예수님께서 대답하십니다. "네가 율법을 알지 않느냐?" 그리고 다 말씀하시고 나서 끝에 가서 이렇게 이르십니다. "이웃을 네 몸과 같이 사랑하라. 그리하면 네가 살리라." 이 말씀을 듣고 젊은 율법사가 되묻습니다. "누가 제 이웃입니까? 제가 누구를 사랑해야 합니까? 제가 사랑해야 할 대상이 누구입니까?" 이에 예수님께서 선한 사마리아 사람의 비유를 들어 말씀하십니다. "한 사람이 예루살렘 성전에 올라왔다가 가는 길에 불한당을 만났다. 그래서 아주 죽게 되었는데, 제사장이 그냥 지나가고, 레위 사람도 그냥 지나갔다. 그런데, 너희들이 멸시하는 사마리아 사람만이 이 사람을 잘 돌보아주었다." 그리고 결론을 내리십니다. "너도 그와 같이 하라. 그리하면 살리라."

여러분, 깊이 생각해야 합니다. 사랑이 없으면 산 것이 아닙니다. 사랑을 느끼지 못하고 사는 생은 사는 생이 아닙니다. 사랑은 사람을 자유케 합니다. 우리 영혼을 자유케 하는 것은 사랑뿐입니다. 사랑은 생명력을 주고, 삶에 의미를 부여해줍니다. 의미 주도적 인간은 바로 사랑을 아는 사람입니다. 사랑을 모르고 사는 사람은 살았어도 죽은 것입니다. 그뿐 아니라, 사랑하는 사람에게는 항상 미래가 보입니다. 가슴이 열릴 뿐 아니라, 환한 미래의 소망이 다가옵니다.

그런데 문제가 있습니다. "누구를 사랑해야 합니까? 누가 내 이웃입니까? 내가 사랑할 사람이 누구입니까? 어떻게 사랑해야 합니까?"라고 묻습니다. 이 질문에 대한 답이 오늘본문에 있습니다. 이 호세아 3장은 읽어도 읽어도 깊은 감명을 주는 중요한 사랑에 대한 교훈입니다. 하나님께서 어떤 날 호세아에게 "너 장가를 가라!" 하셨습니다. 아마도 호세아는 이렇게 생각했을 것입니다. '하나님께서 중매하시니까 절세미인을 소개해주시려는가보다!' 하지만 하나님께서는 엉뚱한 말씀을 하십니다. "저 거리에 고멜이라고 하는 창녀가 있다. 그 창녀를 데려다가 결혼하여 네 아내로 삼아라."

하나님께서 중매를 하셨는데 창녀와 결혼을 하라시는 것입니다. 하나님의 말씀입니다. "저 창녀를 사랑하라." 정말로 엄한 하나님의 말씀이라서 호세아는 순종했습니다. 하지만 달가웠을 리가 없습니다. 하지만 마음이 가지는 않아도 하나님의 명령이기에 호세아는 그 창녀를 데려와 결혼하고 아내로 삼았습니다. 그리고 아들 둘, 딸 하나, 이렇게 3남매를 낳았습니다. 그런데, 그 아이들 이름을 짓는 것을 보십시오. 둘째 아들을 낳았을 때 이름을 '로암미'라고 짓습니다. 히브리말로 '로암미'는 '이는 내 백성이 아니다'라는 뜻입니다. 아마도 호세아가 생각할 때 '저 둘째 아들은 내 아들이 아니지?'라고 의심했던 것 같습니다. 어쨌든 이렇게 3남매를 낳은 여자인데도 아직까지 옛 버릇을 버리지 못합니다. 그 낡은 습관에서 벗어나지 못하여 또 딴 남자들을 상대합니다. 마지막에는 몇 사람 건너다가 딴 남자를 사랑해서 결국은 노예로 팔려 갑니다.

그렇게 가출하였는데, 오늘본문 3장 1절은 말씀합니다. "타인의 사랑을 받아 음녀가 된 그 여자를 사랑하라……" 어찌 이럴 수가 있겠습니까. 호세아가 아마 한 말씀 드렸을 것입니다. "하나님, 이거 너무하십니다. 저는 가정생활이 엉망이 되고 말았습니다. 제 신세가 엉망이 되고 말았습니다. 하나님, 어찌 이러실 수가 있습니까?" 이렇게 반항했을 것입니다. 하지만 하나님의 엄한 명령입니다. 타인에게 연애를 받아 음부가 된 그 여자를 사랑하라— 오늘본문 3장 1절을 유심히 읽어보면 처절한 말씀이 있습니다. "여호와가 그들을 사랑하니 너는 또 가서 …… 그 여자를 사랑하라." '여호와께서 사랑하시니, 나는 사랑할 수 없지만, 하나님께서 사랑하시니까 네가 사랑하라. 여호와께서 사랑하시니, 가서 그 여자를 사랑하라.' 이것이 하나님의 말씀입니다.

여기에 엄청난 신학적이고 신앙적인 교훈이 있습니다. 하나님께서 사랑하시니까 내가 사랑하는 것입니다. 하나님께서 긍휼히 여기시니까 내가 긍휼히 여겨야 하는 것입니다. 이것이 하나님의 뜻이니까 하는 것입니다. '내 감상으로 이것을 사랑하면 내게 즐거움이 올 거다.' 이렇게 손익계산을 해서 하는 것이 아닙니다. 신학적이고 신앙적인 엄청난 고백이 여기에 있습니다. 하나님께서 사랑하시니까 저 여자를 너도 사랑하라— 이렇게 말씀하시는 것입니다. 근본적으로 사랑의 동기는 하나님께 있습니다. 이걸 잊지 말아야 합니다. 세상에 사랑이라는 것은 좋을 때도 있고, 나쁠 때도 있습니다. 좋은 점도 있고, 나쁜 점도 있습니다. 하지만 이것은 아닙니다. 하나님과의 약속입니다. 하나님께서 사랑하시기 때문에 사랑하는 것입니다. 하나님께서 긍휼히 여기시기 때문에 나도 긍휼히 여기는 것입니다. 하나님의 마음이 그러하시기 때문에 하나님의 뜻을 알고, 하나님의 마음에 응답하는 사람은 하나님께서 사랑하시는 자를 자신도 사랑합니다. 사도 바울은 말합니다. 그리스도께서 위하여 죽으신 형제를 식물로 망하게 하지 마라— 여러분은 이웃을 사랑할 때 무슨 마음으로 대하십니까? 그리스도께서 저들을 위해서 십자가에 돌아가셨습니다. 그만큼 사랑하셨으니까 나도 사랑하는 것이 마땅합니다. 이것이 사랑의 근본이요, 기독교 윤리의 핵심입니다.

그뿐 아니라, 이 사랑은 낭만적인 것이 아닙니다. "기다려라. 사랑해라. 좋은 마음을 가져라. 용서해라." 이런 말이 아닙니다. 행동이 따라야 합니다. 사랑에는 반드시 행동이 따릅니다. 희생이라는 사랑의 행동, 사랑의 역사가 따라야 합니다. 여기에서 '가서'라는 말이 아주 중요합니다. 우리는 때때로 사랑한다고 하면서 기다릴 때가 많습니다. 무던히 기다립니다. 아니, 그것 가지고는 안 됩니다. 가야 합니다. 움직여야 합니다. '행동적이라야 한다.' 이것이 사랑의 근본입니다. 그뿐 아니라, 오늘본문을 자세히 보면 이렇게 되어 있습니다. "내가 은 열다섯 개와 보리 한 호멜 반으로 나를 위하여 그를 사고(2절)." 팔려 갔으니 값을 지불하고— 그렇습니다. 팔려 갔으니까 그 여자를 데려오려면 팔려 갈 때의 값을 내가 내야 하는 것입니다.

오늘본문에 '은 열다섯 개'라고 나옵니다. 이게 무슨 말입니까? 남자 노예의 값은 은 삼십입니다. 그래서 예수님도 은 삼십에 팔리셨습니다. 그러나 여자는 값이 꼭 그 절반입니다. 그래서 '은 열다섯 개, 돈 주고, 값을 지불하고 사오라.' 이 말씀은 대가를 지불하라는 뜻입니다. 다시 말하면, 저 사람이 한 행동에 대한 책임을 내가 지는 것입니다. 실수는 이 여자가 했지만, 그분이 한 모든 실수에 대한 책임은 내가 지는 것입니다. 이것이 사랑입니다. 사랑은 책임지는 마음입니다. 비판하는 마음이 아닙니다. 잘했느니 못했느니, 옳으니 그르니…… 아닙니다. 그 책임을 내가 묻는 것입니다.

빌레몬서에 보면, 사도 바울이 오네시모에 대하여 말할 때 빌레몬에게 이렇게 말합니다. "오네시모가 혹시 잘못한 것이 있던가? 빚을 졌으면 내게 계산하라. 내가 갚으리라." 이 사람의 실수에 대한 것을 자신이 갚겠다고 하는 것입니다. 내가 대신 갚는 것이 사랑입니다. 비판하는 것이 아닙니다. 잘했느니 못했느니가 아닙니다. 거기에 대해서 무슨 미래가 있느니 없느니, 그것도 아닙니다. 이미 잘못한 과거에 대한 모든 실수를 내가 책임지는 것입니다. "내가 갚으리라. 가서 돈을 주고, 책임을 지고, 다시 사오라. 있는 대로 그대로 사랑하라."

더더욱 오늘본문 3절에는 눈물겨운 말씀이 있습니다. "그에게 이르기를 너는 많은 날 동안 나와 함께 지내고 음행하지 말며 다른 남자를 따르지 말라 나도 네게 그리하리라……" 절절한 말씀입니다. "이제부터는 제발 가출하지 말고, 다시 실수하지 말고, 다시 옛날로 돌아가지 말아다오. 그리고 나만 사랑해라. 나도 네게 그리하리라. 나도 너만 사랑하리라." 약속입니다. 얼마나 놀라운 이야기입니까. 상대방에게만 사랑을 요구하는 것이 아닙니다. 나도 네게 그리하리라— 절절한 사랑 고백입니다. 다시 출발하는 것입니다. 새출발입니다. 다시 동행하는 것입니다. 함께 공동운명의 길을 가자는 것입니다. "너는 나만 사랑해라. 나도 네게 그리하리라." 얼마나 귀한 말씀입니까. 예수님께서 십자가에 돌아가실 때도 이렇게 말씀하셨습니다. "하나님이여, 저들의 죄를 사하소서. 자신들이 하는 일을 모르기 때문입니다." 이 한마디가 얼마나 귀중합니까. 어떤 사람은 '이 한 마디가 아니었다면 예수는 그리스도가 될 수 없었다'라고도 이야기합니다. 그렇습니다. 예수님께서 십자가를 지시면서 그리스도를 못박는 그 아우성치는 사람들을 내려다보시고"이놈들, 두고 보자!" 하셨다면 어떻게 되는 것입니까? "심판 날에 두고 보자!" 이렇게 말씀하셨다면 그리스도의 사역은 곤두박질하는 것입니다. "하나님이여, 저들을 사하소서. 모르기 때문입니다." 아는 내가 모르는 저들을 용서하는 것입니다. 이것이 사랑입니다. 사랑은 언제나 그 뿌리가 하나님께 있고, 실존적인 하나님과 나와의 관계에 있다는 것을 잊지 말아야 합니다.

유명한 무어 감독이라고 있습니다. 영국의 정치가 잘못될 때 이 감독이 끌려가서 순교합니다. 사실 이것은 억울한 일입니다. 하지만 정치적 관계 때문에 판사가 사형선고를 하지 않을 수 없게 되었습니다. 그래 판사가 원치 않는 사형선고를 합니다. 그다음에 무어 감독이 빙그레 웃으면서 말합니다. "재판장님, 내게 사형선고를 해주신 것 감사합니다. 성경에 보면 스데반이 돌에 맞아 죽었습니다. 순교할 때 사도 바울이 그 옆에 있었습니다. 바울은 스데반을 죽였습니다. 그러나 내가 믿는 바로는, 두 사람이 다 하늘나라에 가서 서로 만나 옛날이야기를 하면서 그렇게 화목하고, 하나님께 영광을 돌릴 것입니다. 그렇게 나는 믿고 있습니다. 바라건대 재판장님, 나는 예수를 믿고 지금 순교합니다마는, 이제 당신도 예수 믿고 언젠가 하늘나라에 와서 사도 바울과 스데반처럼, 우리 형제처럼 반갑게 만나서 인사를 합시다." 이런 명언을 했습니다. 그때 재판장이 기가 막혀서 눈물을 흘리며 말했습니다. "나는 당신에게, 원치 않지만, 어쩔 수 없이 사형선고를 했는데, 어떻게 당신은 나에게 이런 보배로운 말씀을 약속할 수 있단 말이요?" 그때 순교자 무어가 유명한 말을 합니다. "하나님께서 벌써 내게 그렇게 하셨거든요." 여러분, 아시겠습니까? “하나님께서 나 같은 죄인은 벌써 용서하셨거든요. 그러니까 내가 당신을 용서하는 일 정도는 아무것도 아닙니다. 내가 하나님의 사랑을 받은고로 당신을 용서할 수 있는 것입니다.” 이렇게 말했던 유명한 무어 감독의 순교사가 남아 있습니다.

오늘본문을 읽으면서 하나 궁금한 것이 있습니다. ‘고멜이 이렇게까지 타락했다가 돌아왔는데, 그다음에 무사히 살았을까? 또 가출하지 않았을까?’ 이런 생각을 하게 됩니다. ‘어떤 결과가 왔을까?’ 궁금합니다. 그러나 오늘본문을 자세히 읽어보면, 하나님의 약속은 이루어졌습니다. 그러므로 이제 다시는 옛날로 돌아가는 일이 없는 아름다운 해피 엔딩을 추측해볼 수 있습니다. 이런 사랑을 창조적 사랑이라고 합니다. 이 창조적 사랑은 조건이 없습니다. 묻지 마십시오. 사랑은 허다한 허물을 덮습니다. 아무 조건도 없습니다. 사랑하면 하는 것입니다. 뿐만이 아니라, 사랑에는 손익계산이 없습니다. ‘이 사랑으로 말미암아 내게 돌아오는 결과가 어떻게 될까?’ 그런 생각 하는 것 아닙니다. 철저하게 신앙적입니다. 하나님께서 나 같은 죄인을 사랑하셨기에 내가 저를 사랑하는 것입니다. 그 외에 다른 아무 이유도 없습니다. 호세아가 그 고멜을 사랑할 수 있었던 것, 바로 그러한 창조적 사랑입니다.

사랑에는 낙심도 없고, 절망도 없습니다. 동시에 사랑은 능력입니다. 사람을 구원하는 능력이요, 소생케 하는 능력이요, 중생케 하는 능력이요, 사람의 생명을 구원하는 능력입니다. 그 능력이 여기에 있습니다. 오직 사랑— 다시 한번 깊이 마음에 새겨두십시다. “그 여자를 사랑하라. 그 여자를 사랑하라.” △

# 이 후에는 알리라

유월절 전에 예수께서 자기가 세상을 떠나 아버지께로 돌아가실 때가 이른 줄 아시고 세상에 있는 자기 사람들을 사랑하시되 끝까지 사랑하시니라 마귀가 벌써 시몬의 아들 가룟 유다의 마음에 예수를 팔려는 생각을 넣었더라 저녁 먹는 중 예수는 아버지께서 모든 것을 자기 손에 맡기신 것과 또 자기가 하나님께로부터 오셨다가 하나님께로 돌아가실 것을 아시고 저녁 잡수시던 자리에서 일어나 겉옷을 벗고 수건을 가져다가 허리에 두르시고 이에 대야에 물을 떠서 제자들의 발을 씻으시고 그 두르신 수건으로 닦기를 시작하여 시몬 베드로에게 이르시니 베드로가 이르되 주여 주께서 내 발을 씻으시나이까 예수께서 대답하여 이르시되 내가 하는 것을 네가 지금은 알지 못하나 이 후에는 알리라 베드로가 이르되 내 발을 절대로 씻지 못하시리이다 예수께서 대답하시되 내가 너를 씻어 주지 아니하면 네가 나와 상관이 없느니라 시몬 베드로가 이르되 주여 내 발뿐 아니라 손과 머리도 씻어 주옵소서 예수께서 이르시되 이미 목욕한 자는 발밖에 씻을 필요가 없느니라 온 몸이 깨끗하니라 너희가 깨끗하나 다는 아니니라 하시니 이는 자기를 팔 자가 누구인지 아심이라 그러므로 다는 깨끗하지 아니하다 하시니라

(요한복음 13 : 1 - 11)

## 이 후에는 알리라

아브라함이라고 하는 랍비가 있었습니다. 이 랍비가 어느 날 새벽에 하나님 앞에 기도하면서 "하나님, 오늘은 보람찬 일을 한번 하게 해주세요. 여러 가지 선한 일을 하지만, 일생에 기억할 만한, 가장 선한 일을 한번 하게 해주세요." 이렇게 하나님 앞에 기도했더니, 하나님께서 영감을 주십니다. "저 거리에 나가보면 아주 술에 찌들어서 정신을 못 차리는 불량배가 있는데, 그를 네가 식사에 초대해서 잘 대접해라. 그런 특별한 사랑을 한번 베풀어보렴." 그래서 그는 거리로 나가서 많은 불량배 가운데 가장 불쌍해 보이는 불량배 하나를 자기 집으로 초청해 정성스럽게 준비한 식사를 대접했습니다. 식사 도중에 랍비는 하나님의 은총에 대하여 얘기했습니다. 그러자 이 불량배는 하나님을 향해 욕을 퍼부으면서 "하나님의 은총 따위는 생각해본 일이 없습니다. 나는 은총을 누려본 일이 없으니까요!"라고 큰 소리로 하나님께 욕을 하는 것입니다. 이에 화가 난 랍비는 참다 못 해 소리를 질렀습니다. "너 같은 놈한테 식사를 대접한 내가 참으로 어리석구나! 당장 내 집에서 나가거라!" 그리고 그 불량배를 내쫓았습니다. 그날 밤 기도하는 가운데 하나님께서 아브라함 랍비에게 나타나셔서 말씀하십니다. "나는 지난 50년 동안이나 그 불량배가 퍼붓는 욕설을 참으면서 날마다 그에게 먹을 것을 주었다. 그런데 너는 그에게 겨우 한 끼의 식사도 줄 수 없다는 말이더냐?" 이 말씀에 랍비 아브라함은 무릎을 꿇고 하나님 앞에 깊이 회개하였다고 합니다.

오늘본문의 첫 구절은 아무 때나 읽어도 깊은 감동을 주는 말씀입니다. “세상을 떠나 아버지께로 돌아가실 때가 이른 줄 아시고 세상에 있는 자기 사람들을 사랑하시되 끝까지 사랑하시니라.” 이 중에서도 ‘끝까지’라는 말이 그렇게 깊은 감동을 줍니다. 폴 틸리히라는 유명한 신학자가 그의 신학 이론 가운데에서 아주 간단하게 말합니다. ‘세상에는 두 가지 원리가 있다. 하나는 인간적이고 정치적이고 역사적인 질서이고, 또 하나는 인간 역사의 질서를 넘어서는 하나님의 질서이다. 죄악을 생각하자면 심판밖에 없지만, 심판을 넘어서는 놀라운 은총의 세계가 있다.” 오늘본문에서 한번 생각해보십시다. 예수님께서 하나님 앞에 가실 시간이 가까웠는데, 이 말씀은 지금 십자가를 지실 시간이라는 것입니다. 십자가를 지실 때가 며칠 뒤가 아닙니다. 불과 몇 시간 뒤입니다. 그러니까 십자가를 몇 시간 뒤에 지셔야 하는, 그런 절박한 시간에 마지막으로 유월절 잔치를 잡수려 하셨습니다. 그래서 마가의 다락방에 마지막 식사를 차려놓고 유월절 잔치를 제자들과 함께하십니다. 그야말로 종말론적 송별회입니다. 이 잔치를 잡수시고, 바로 겟세마네 동산을 거쳐서 골고다 언덕의 십자가에 돌아가십니다. 이 사실을 잘 알고 계십니다. 그러면서 제자들과 함께 유월절 잔치를 잡수시려고 준비시키시고, 그 자리에 앉으셨습니다.

그런데 오늘본문을 자세히 보면, 인간적으로 생각할 때 좀 화가 나는 부분이 하나 있습니다. 이 제자들이 발을 씻지 못하고 유월절 잔치에 앉았습니다. 유대인들은 집에 들어설 때 꼭 손을 씻습니다. 밖에서 들어올 때는 반드시 손발을 씻고 식사하게 되어 있는 것이 이스라엘 사람들의 종교예식이자 생활풍습입니다. 따라서 발을 씻지 못했다는 것은 말이 안 되는 일입니다. 어째서 그랬을까요? 우리가 충분히 짐작할 수 있습니다. 이스라엘 사람들이 신는 신발은 주로 샌들입니다. 그러니까 먼지가 있는 대로 다 발에 묻기 때문에 집에 들어갈 때는 반드시 손발을 깨끗이 씻고 들어가게 되어 있습니다. 특별히 식사 전에는 반드시 손발을 씻어야 합니다. 그럴 때 노예가 있는 사람들은 그 노예가 주인의 발을 씻습니다. 윗사람과 아랫사람이 있을 때는 당연히 아랫사람이 윗사람의 발을 씻게 되어 있습니다. 그러나 노예가 없는 집은 어떻게 하느냐 하면, 아내가 남편의 발을 씻고, 그다음에 남편이 아내의 발을 씻어줍니다. 형과 동생이 있으면 동생이 먼저 형의 발을 씻어주고, 그 뒤에 형이 동생의 발을 씻어주는 것입니다. 그러면 오늘 사건을 볼 때 이 집에는 노예가 없습니다. 발 씻어주는 심부름을 할 사람이 없는 가정입니다. 그러면 제자들끼리 서로서로 씻어주어야 하는 것입니다.

이렇게 생각해봅시다. 베드로는 "내 동생 안드레야. 네가 내 발을 먼저 씻겨라. 그리하면 내가 네 발을 씻겨줄게" 하고, 야고보는 "내 동생 요한아. 네가 내 발을 씻겨라. 그러면 내가 네 발을 씻어줄게"라고 할 수 있습니다. 그런데 서로 미루었습니다. 이렇게 서로서로 미루다 보니 그만 아무도 발을 씻을 수 없었습니다. 먼저 허리를 굽혀 씻어주는 사람이 없다 보니, 발을 씻지 못하고, 더러운 발 그대로 앉아서 거룩한 유월절 잔치를 맞이하게 된 것입니다. 예수님께서 그 상황을 보시고 여러 가지로 복잡한 생각을 하셨겠지만, 아무 말씀 않으시고 "물을 가져와라!" 하십니다. 그런 뒤에 제자들의 발을 손수 씻어주셨습니다. 그리고 베드로에게 말씀하십니다. "겸손으로 허리를 동이라." 아마도 베드로는 그때 수건을 생각한 것 같습니다. 예수님께서 허리를 동이시고, 제자들의 발을 씻어주십니다. 하나님의 아들이 제자들의 발을 씻어주시는 것입니다. 여기에 전설이 있습니다. 예수님께서는 누구의 발을 먼저 씻어주셨을까요? 아마도 가룟 유다의 발을 맨 먼저 씻어주셨을 것이라고 전해집니다. 그렇게 차례로 씻어주시다가 베드로의 차례가 되었습니다. 그러자 베드로는 "주님, 제 발은 절대 씻지 못하십니다!" 했습니다. 여기서 '절대'라는 말은 헬라어로 '영원히'라는 뜻입니다. 그러니까 이런 뜻입니다. "주님, 제 발은 영원히 씻어주지 못하십니다."

그때 예수님께서 말씀하십니다. "이 사람아, 내가 네 발을 씻어주지 아니하면, 너는 나와 상관이 없느니라." 이 무슨 말씀입니까? "나한테 발을 씻기는 체험을 네가 하지 않으면 너는 내 제자가 될 수 없다." 이런 뜻 아니겠습니까. 베드로가 그때 한마디 합니다. "온 몸을 다 씻어주세요. 제 머리까지도요." 그러자 예수님께서 말씀하십니다. "이미 목욕한 자는 그럴 필요가 없다. 발만 내놓아라." 그리고 베드로의 발을 씻어주셨습니다. 그러시고 나서 제자들에게 말씀하십니다. "내가 너희들에게 본을 보였노라." 여기서 우리는 깊이 생각해야 합니다. 지금 몇 시간 뒤에 십자가가 있는 것을 자세히 알고 계십니다. 그러면서도 제자들의 발을 씻어주십니다. 이 사건을 뒤늦게 사도 요한은 깨닫고, 오늘본문 13장 1절에서 말씀합니다. "예수께서 제자들을 사랑하시되 끝까지 사랑하시니라." 여기서 '끝까지'라는 말의 뜻은 시간의 개념이 아닙니다. 형편없는 사람까지, 철딱서니 없는 사람까지도 다 사랑하셨다는 뜻입니다.

예수님께서는 자신의 십자가가 눈앞에 있는 것을 알고 계십니다. 이제 그 처지에서 제자들을 사랑하십니다. 언제 우리가 문제이겠습니까. 자기 생활에 집착하고, 자기 고난에 집착하고, 자기 고민에 집착할 때입니다. 그러면 남을 사랑할 수 없습니다. 이걸 잊지 말아야 합니다. 내 생활에 집착하면 남을 생각할 수 없게 됩니다. 그런데 예수님께서는 지금 십자가를 앞에 놓고 계십니다. 그런데도 끝까지 그 시간에 제자들을 사랑하십니다. 제자들을 사랑하시되 끝까지 사랑하시니라— 예수님께서 십자가를 지시고 골고다 언덕을 향하여 가실 때 많은 예루살렘의 여인들이 따라오면서 울었습니다. 예수님께서 그때 하시는 말씀입니다. "예루살렘의 딸들아, 나를 위하여 울지 말고, 너희와 너희 자녀를 위해서 울어라." 예수님께서는 지금 자기중심, 자기집착에서 벗어나 계십니다. 자유하신 것입니다. 그뿐 아니라, 예수님께서 십자가에 돌아가시는 그 순간까지도 '내가 지금 얼마나 억울하게, 얼마나 아프게, 얼마나 고통스럽게……', 이런 생각이 아니고, 십자가를 지시는 순간에도 이렇게 기도하십니다. "하나님이여, 저들의 죄를 사하소서. 저들이 하는 것을 모르기 때문입니다." 자기중심과 자기집착에서부터 벗어난 온전한 마음으로 저들을 생각하신 데서 사랑의 진수가 나타납니다. 이것이 끝까지 사랑하시는 것입니다.

특별히 오늘본문을 자세히 보면, 예수님께서 제자들의 발을 씻어주시면서 말씀하시는 가운데 마음에 걸리는 것이 있습니다. 그들 속에 가룟 유다가 있습니다. 예수님을 팔아넘길 사람이 지금 여기서 예수님을 빤히 쳐다보고 있습니다. 그 사람의 형편을 아시면서도 예수님은 그 가룟 유다에게 집착하지 않으시고, 더 많은 사람을 생각하시면서 사랑을 베푸신 것입니다. 이것이 끝까지 사랑하신 것입니다. 가룟 유다가 있다고 가룟 유다를 미워하시고, 가룟 유다가 있는 그 전체를 다 미워하시고, 가룟 유다가 사는 세상을 미워하시는 것이 아닙니다. 예수님께서는 가룟 유다가 있는 것을 아시면서 가룟 유다의 발을 먼저 씻어주셨습니다. 이것이 사랑의 극치입니다. 이것이 끝까지 사랑하신다는 말씀의 뜻입니다. 배신자도 있고, 잘못되는 일도 있고, 억울한 일도 있습니다. 그래도 내 사랑은 변함이 없습니다. 내가 베풀어야 할 사랑은 '끝까지'입니다. 예수님께서는 가룟 유다를 두시고, 가룟 유다를 포함하여 그 전체를 사랑하셨다는 것을 잊지 말아야 합니다.

또한, 오늘본문에 깊은 감동을 주는 말씀이 있습니다. 예수님께서 베드로의 발을 씻어주시면서 하시는 말씀입니다. "지금은 모르지만 이후에는 알리라." 베드로는 이제 예수님을 세 번 모른다고 하게 됩니다. 예수님을 부인하고, 맹세하고, 저주하는 삼중 부인을 하게 됩니다. 예수님께서는 그 형편없는 베드로를 알고 계십니다. 그러면서 그 베드로의 발을 씻어주십니다. 그리고 말씀하십니다. "지금은 네가 모르지만 이후에는 알리라" 대단히 의미심장합니다. 영어성경에는 이렇게 되어 있습니다. "Someday you will know what I'm doing(언젠가는 내가 지금 무엇을 하고 있는지 네가 알 것이다)." 헬라어로는 조금 더 깊은 뜻이 있습니다. "이 사건 뒤에 내가 네 발을 씻는다. 내가 십자가를 진다. 네가 나를 부인한다. 이 모든 사건 뒤에 언젠가는 다 알게 될 것이다. 내가 무엇을 하고 있는지, 아니, 이것이 사랑이라는 것을, 이것이 사랑의 본질이라는 것을 네가 알게 될 것이다." 사랑은 믿음입니다. 아니, 사랑하면 믿어집니다.

여러분, 사랑을 고백하고 부부가 되었습니까? 언젠가 조금씩 의심하는 생각이 들어옵니까? 그러면 사랑이 식은 것입니다. 사랑하는 마음이 가득 차 있는 동안에는 믿을 수 있는 것도 믿어지고, 믿을 수 없는 것도 믿어집니다. 이것이 사랑의 신비로운 능력입니다. 그리고 사랑은 기쁨입니다. 우리가 흔히 말하기를, 유행가 가사처럼 '사랑은 눈물의 씨앗'이라고 합니다마는, 그것은 거짓말입니다. 사랑하면 기쁘게 되어 있지, 눈물을 흘리게 되어 있는 것이 아닙니다. 사랑하는 자의 마음에는 기쁨이 있습니다. 사랑은 감격이 있습니다. 사랑은 행복감이 있습니다. 그리고 사랑은 기다립니다. 믿고 기다립니다. 그것이 사랑입니다. 끝까지 기다리는 것입니다. 그리고 인내하는 것입니다.

어떤 고등학생이 뭐가 자기 마음대로 되지 않는다고 해서 가출을 했습니다. 어머니가 이 아들을 찾느라고 일주일 동안 고생을 했습니다. 간신히 수소문해서 찾았습니다. 알고 보니, 이 아들이 어떤 집 지하에 있는 골방을 하나 얻어들어 거기에서 자취를 하고 있었던 것입니다. 어머니가 보니 그 방이 엉망입니다. 부엌도 엉망이고, 냉장고는 텅텅 비어 있습니다. 어머니가 한나절 동안 그 아들 없는 방을 깨끗이 청소했습니다. 그릇도 씻어놓고, 냉장고도 가득 채워놨습니다. 그리고 어머니가 그 방에서 나올 때 냉장고에 그 아이의 백일 사진을 딱 붙여놓았습니다. '내가 이렇게 너를 사랑했노라.' 그리고 그 옆에다가 한 구절을 더 썼습니다. '나는 너를 믿는다.' 그 아이가 그동안 사랑한다는 말은 들었지만, '나는 너를 믿는다'라는 말은 처음 들었습니다.

사랑한다는 말 백 마디보다 믿는다는 말 한마디가 능력이 있는 것입니다. "나는 너를 믿는다. 네 장래를 믿는다. 사람 될 줄 믿는다. 돌아올 줄 믿는다. 내 사랑의 열매가 나타날 줄 믿는다. 나는 너를 믿는다." 저는 그래서 결혼주례를 할 때마다 이렇게 말합니다. "사랑한다는 말 백 마디보다 '내가 당신을 믿습니다!'라는 한마디가 훨씬 더 능력이 있습니다. 조금도 의심하지 말고, 어두운 그림자 없이 '나는 너를 믿는다!'라고 하십시오." 예수님께서는 제자를 믿으셨습니다. 이제 곧 베드로가 예수를 모른다고 하리라는 것을 다 아시면서도 "나는 너를 믿는다. 이 후에는 알리라" 하셨습니다. 사랑은 믿음이요 기다림입니다. 사랑은 변화시키는 것입니다. 믿음이 변화시킵니다. 믿음은 낙심이 없습니다. 반드시 이루어질 줄로 믿고 기다리는 것입니다. 무던히 기다리는 것입니다.

예수님을 생각해보십시오. 예수님께서는 저들을 믿으셨습니다. 저들이 언젠가는 반드시 다시 돌아와 예수님께서 왜 저들의 발을 씻어주셨는지 알 것이고, 예수님께서 저들을 얼마나 사랑하셨는지 알 것이며, 나아가 언젠가는 저들이 다 예수님을 위해서 순교하리라는 것을 믿으셨습니다. 저는 예수님의 제자들에 대한 기록을 보다가 깊은 감동을 받고, 일생 잊지 않는 것이 있습니다. 예수님의 열두 제자가 다 순교했습니다. 어떤 신학자는 이렇게도 말합니다. '이 한 가지만 가지고도 예수님께서는 확실히 하나님의 아들이시요 그리스도이시다.' 제자가 그 스승을 위해서 순교합니다. 예수님께서는 이것을 알고 계셨습니다. "지금은 너희들이 이렇게 형편없지만, 언젠가는, 지금은 모르지만, 이후에는 알 것이고, 마침내 너희들이 나를 위해서 다 순교하게 될 것이다." 사랑에는 낙심이 없습니다. 절망이 없습니다. 이 사랑이 곧 능력입니다. △

# 복음으로 낳은 자녀

내가 너희를 부끄럽게 하려고 이것을 쓰는 것이 아니라 오직 너희를 내 사랑하는 자녀 같이 권하려 하는 것이라 그리스도 안에서 일만 스승이 있으되 아버지는 많지 아니하니 그리스도 예수 안에서 내가 복음으로써 너희를 낳았음이라 그러므로 내가 너희에게 권하노니 너희는 나를 본받는 자가 되라 이로 말미암아 내가 주 안에서 내 사랑하고 신실한 아들 디모데를 너희에게 보내었으니 그가 너희로 하여금 그리스도 예수 안에서 나의 행사 곧 내가 각처 각 교회에서 가르치는 것을 생각나게 하리라

(고린도전서 4 : 14 – 17)

## 복음으로 낳은 자녀

제가 한 60년 동안 목회 생활을 하면서 마음 아픈 경험을 하는 때가 종종 있습니다. 그중에서도 제 기억에서 사라지지 않는 특별한 사건 하나가 있습니다. 1960년, 그 당시에 서울역 주변에는 창녀촌이 많았습니다. 그때 저는 남대문교회에 가서 부흥회를 인도했습니다. 닷새 동안 했는데, 어느 날 저한테 상담을 받고 싶다며 제 숙소로 찾아온 한 청년이 있었습니다. 한데, 그는 말을 더듬고 잘 못합니다. 그의 얘기를 가만히 들어보니 이랬습니다. 그는 창녀의 아들로 창녀촌에서 태어났습니다. 그리고 창녀들의 사랑을 받으며 성장했습니다. 그렇다 보니, 보고 들은 것이 다 창녀에 대한 것이고, 창녀들 이야기뿐입니다. 이제 이 청년이 예수님을 믿고 교회에 출석하기 시작했습니다. 그런데 괴로운 것은, 눈만 감으면 창녀들의 일이 보인다는 것입니다. 지울 수가 없다는 것입니다. 아무리 몸부림을 쳐도 그 악몽에서 깨어날 수가 없답니다. 그러다가 마침내 말을 잘 못하게 된 것입니다. 제가 이 청년을 붙들고 여러 시간 이야기도 하고, 기도도 하면서 '아, 참으로 불쌍한 사람이다!' 하고 안타깝게 생각했습니다. 지금도 이 청년의 그 울부짖음을 지울 수가 없습니다.

예수님께서 전도사역을 시작하시던 초창기에 광야에 나가 40일 동안 금식기도를 하십니다. 그리고 마귀에게 시험을 받으십니다. "이 돌들을 명하여 떡 덩어리가 되게 하라!" 이런 마귀의 시험에 예수님께서는 이렇게 대답하십니다. "사람이 떡으로만 사는 것이 아니요 하나님의 입으로 나오는 모든 말씀으로 살 것이니라." 예수님의 복음 전도 제1성입니다. 사람은 하나님의 말씀으로 산다— 사람의 육체는 밥을 먹고 삽니다마는, 우리의 속사람은, 우리의 영혼은 하나님의 말씀을 먹고 삽니다. 아니, 하나님의 말씀을 먹어야 삽니다. 참으로 불쌍한 사람은 하나님의 말씀을 한 번도 들을 기회가 없었던 사람입니다. 그래서 저는 북한을 위해서 기도할 때마다 늘 죄송스럽고, 하나님 앞에 울부짖는 내용이 있습니다. "하나님, 복음을 듣고도 안 믿는 사람은 그렇다 치고, 일생 한 번도 하나님의 말씀을 들을 기회가 없었던 저들, 그래서 하나님의 말씀을 한 번도 들어보지 못한 저 심령들은 어떻게 하실 것입니까? 그런 일은 없게 해주세요. 믿고 안 믿고는 하나님께서 알아서 하시겠지만, 하나님의 말씀을 한 번도 들어보지 못한 심령이 이 지구상에 없게 해주세요. 저 북한 땅에 없게 해주세요. 저들이 복음을 들을 수 있게 해주세요." 제 기도 제목입니다. 여러분, 말씀을 들어야 할 것 아니겠습니까. 들을 기회가 없다면 믿을 기회도 없는 것 아니겠습니까. 구원받을 기회가 없는 것 아니겠습니까.

사람은 창조될 때 몸이 흙에서 났습니다. 그래 흙에서 난 것을 먹고 살다가 본디 흙이니 흙으로 돌아갑니다. 그것이 몸입니다. 그러나 사람은 몸만이 아닙니다. 그 속에 영이 있습니다. 하나님의 형상으로 지으신 영이 있습니다. 이 영이 건강하여 그의 육체적 본능과 이성을 온전히 다스릴 때 비로소 건강한 인간이 되는 것입니다. 다시 말합니다. 영이 이성을 다스리고, 이성이 몸을 다스리는 균형이 이루어질 때 건강한 인격이 된다, 이것입니다. 속사람은 말씀을 계속 들어야 합니다. 말씀을 배워야 합니다. 말씀을 느껴야 합니다. 실생활 속에서 말씀을 확증해야 합니다. '아, 이것이 말씀이 이루어진 것이다. 하나님의 말씀이 여기서 성취되는 것이다.' 이런 확증을 하면서 살아가야 건강한 인격입니다. 말씀을 체험하며 사는 것입니다.

그렇습니다. 우리가 길을 가나 오나, 밥을 먹으나 안 먹으나, 잠을 자나 깨나, 무슨 소식을 들으나 안 들으나, 가만히 보면 우리는 그 속에서 말씀을 들을 수 있습니다. 아니, 내가 들은 말씀을 확증할 수 있습니다. 내가 배우고 깨달아온 말씀이 여기서 확증되는 것을 시간시간 체험하게 됩니다. 그것이 인간입니다. 그것이 건강한 인간입니다. 그런고로 속사람은 계속 말씀을 들어야 합니다. 아니, 들을 기회가 있어야 합니다. 예수님께서 여러 번 말씀하셨습니다. "너희들은 들음으로 복이 있다." 들을 기회가 있는 자에게 복이 있는 것입니다. 들을 기회도 없다면 어떻게 되는 것입니까? 이게 가장 불행한 일 아니겠습니까.

그 유명한 히틀러가 마지막에 한 말이 무엇인지 아십니까? 이것입니다. "나는 하나님이 있다는 말을 한 번도 들어본 적이 없다." 사람이 무엇을 보며, 무엇을 들으며, 무엇을 느끼며, 무엇을 체험하며 사느냐가 아주 중요합니다. 요새 와서는 모델이라는 말을 많이 합니다. 참 인간으로서의 모델, 표본이 중요합니다. 또 달리는 우리가 '멘토'라는 말을 합니다. 우리 인간의 기본적인 멘토가 누구겠습니까. 이래서 하나님의 말씀을 듣고, 하나님의 말씀을 따르고, 하나님의 말씀을 체험하며 살아야 인간이 인간 될 수 있다는 것을 잊어서는 안 됩니다.

본문에서 사도 바울은 아비 됨을 확증하고 있습니다. 복음으로써 내가 너희를 낳았음이니라— "복음으로써 내가 너희를 낳았다. 너희는 나의 자녀다. 그런고로 나를 본받으라." 자식이 아버지를 본받듯이 본받으라고 말합니다. 여기에 '낳았다'라는 말이 있는데, 이 낳았다는 의미를 나타내는 단어로 두 가지가 있습니다. 영어로 'born'이라는 말이 있고, 또 'beget'이라는 말이 있습니다. 일반적으로는 'born'을 씁니다. 아브라함이 이삭을 낳고, 이삭이 야곱을 낳고…… 이렇게요. 하지만 이것은 어머니가 아들을 낳는다는 의미가 아닙니다. 이것은 'beget'입니다. "나는 너희 아버지다. 그런고로 나를 본받으라." 이것이 'beget'입니다.

오늘본문에도 잠깐 비칩니다. "내 사랑하고 신실한 아들 디모데……(17절)" 디모데와 사도 바울은 서로 인간적인 아무런 관계가 없습니다. 디모데의 아버지는 헬라 사람이고, 어머니는 히브리 사람입니다. 어쨌든 사도 바울과는 육체적으로는 관계가 없습니다마는, 이렇게 당당히 말합니다. "사랑하는 아들 디모데야 네가 나를 통해서 복음을 듣고, 나를 통해서 복음을 배우고 훈련받아서 오늘 하나님의 종으로 역사하고 있다." 얼마나 귀중한 말씀입니까. 너는 내 아들이니, 그런고로 너는 나를 본받으라— 여러분, 이 '본받으라'라는 말처럼 귀한 말이 없습니다. 왜냐하면 가르친다는 말은 별로 의미가 없기 때문입니다. 본을 보인다는 것은 말이 필요한 일이 아닙니다. 여러분, 가정교육은 말로 되는 것이 아닙니다.

제가 인천에서 목회할 때 한 장로님의 부인이 있었는데, 슬하에 자녀가 아들 셋, 딸 둘로 다섯이었습니다. 그런데, 그 가운데서 셋이나 서울대학교를 갔습니다. 그리고 박사도 되었고요. 사람들이 어떻게 자녀를 그리 훌륭하게 잘 키웠느냐고 부러워하니까 그 사모님이 이렇게 대답했습니다. "저는 초등학교도 못 나왔습니다. 그래서 저는 한 일이 아무것도 없어요. 단, 아이들이 공부할 때 저는 잠을 안 잤습니다. 저들이 공부하는데, 어떻게 제가 옆에서 잘 수 있었겠어요? 그 시간에는 저도 안 자고 옆에서 뜨개질을 했어요." 여러분, 말을 많이 해야 하는 것 아닙니다. 말을 못 들어서 잘못되는 것이 아닙니다. 본을 보여야 합니다. 본을 보이는 것이 중요합니다.

예수님께서 요한복음 13장에서 제자들에게 "내가 너희들에게 본을 보이노라" 하시면서 뭐라고 하셨습니까? 제자들의 발을 씻어 주셨습니다. 본을 보인다는 것은 말을 많이 하는 것이 아닙니다. 이론을 따지는 것도 아닙니다. 비판하는 것도 아닙니다. 말없이 본을 보이는 것입니다. 사도 바울은 말합니다. "내가 그리스도를 본받는 자 같이 너희는 함께 나를 본받으라. 나를 닮으라. 내 얼굴, 내 생활이 아니요, 내가 그리스도를 본받는 자 된 것 같이 너희는 나를 본받으라." 이것이 바로 부모가 자식을 위해서 해야 할 가장 절대적 교훈입니다. 나를 본받으라—

교육학자인 존 드레셔가 쓴 재미있는 글이 있습니다. 어린이가 성장하면서 꼭 필요한 것 일곱 가지를 말하는 글입니다. 첫째가 신앙입니다. 어렸을 때 믿음을 배워야 한다는 것입니다. 믿음을 잃어버리면 큰 손해가 납니다. 이스라엘 어린아이들이 유치원에서 저희끼리 놀면서 하나님이 있다 없다, 하며 토론을 했답니다. 그 가운데 여자 한 아이가 "하나님은 계셔. 하나님은 분명히 계셔!"라고 말하니까 다른 친구가 말하기를 "네가 보았냐?" 합니다. 그러니까 그 아이가 이렇게 대답했습니다. "아니, 우리 어머니가 있다고 했으니까 있는 거야." 이 얼마나 중요한 얘기입니까. 우리 어머니가 있다면 있는 거야— 어머니의 말씀을 믿는 것입니다. 어머니에 대한 전적인 신뢰가 있는 것입니다. 믿음을 배우지 못하고 사는 사람은 불행합니다. 만사를 의심하고 살아야 하는 사람은 운명적으로 불행합니다. 믿어야지요. 한 사람은 믿어야지요. 최소한도 한 사람은 믿음을 심어주어야 합니다.

둘째가 중요합니다. 무엇이 중요하고, 무엇이 중요하지 않은가? 무엇이 절대적으로 중요하고, 무엇은 상대적으로 중요한가? 그것을 가르쳐야 합니다. 셋째는 안정감입니다. 어떤 경우에도 내 마음이 평안함을 유지할 수 있는 체질이 되어야 합니다. 넷째는 수용감입니다. 내 생각만 옳은 것이 아닙니다. 다른 사람의 생각도 옳습니다. 그런고로 다른 사람의 말을 잘 받아 수용할 수 있는 사람이 되어야 합니다. 다섯째는 사랑하고 사랑받는, 사랑에 대한 교육입니다. 이것이 필요합니다. 그리고 가장 중요한 하나가 있습니다. 칭찬을 배워야 합니다. 칭찬할 줄도 알고, 칭찬받을 줄도 알아야 합니다. 여러분, 가만히 보십시오. 칭찬할 줄 모르는 사람은 칭찬 들을 줄도 모릅니다. 누가 칭찬하면 외려 화를 냅니다. 불행한 사람입니다. 칭찬을 들었으면 “감사합니다!” 할 것이지, 벌컥 화를 낸다니, 이런 불행이 어디에 있습니까. 사람은 칭찬을 배워야 합니다. 몸에 익혀야 합니다. 또, 훈육을 익혀야 합니다. 가르침을 받고, 생활을 고칠 줄 아는, 훈육을 받아들이는 훈련이 필요합니다.

벤자민 웨스트에 대한 이야기를 해드리고 싶습니다. 어느 날 그의 어머니가 그와 여동생을 남겨두고 시장에 갔습니다. 어머니가 외출한 사이 둘은 집안 여기저기를 살펴보다가 물감을 발견습니다. 이 아이가 신이 나서 그 물감으로 온 방의 벽에다 칠을 하여 난장판을 만들어놓았습니다. 어머니가 돌아와서 보니 세상에 그런 난장판이 없습니다. 보통 사람 같으면 아이들을 크게 혼낼 일이지요. 하지만 그의 어머니는 오히려 빙그레 웃으면서 "네가 그린 저 벽화 참 잘 그렸다" 하고 칭찬했습니다. 그 아이가 자라서 세계적으로 유명한 화가가 되었습니다. 여러분, 칭찬으로부터 사람이 사람 될 수 있습니다. 그러므로 칭찬을 듣는 훈련, 칭찬을 할 줄 아는 인간이 되어야 하는 것입니다.

도로시 로놀트라는 분의 이런 충고가 있습니다. 아주 재미있어서 제가 소개하고 싶습니다. '어린아이들이 자랄 때 꾸지람을 많이 들으면 그 아이는 결국 비난을 배우게 된다. 미움을 받으며 자란 아이는 싸움질을 하게 된다. 놀림 속에 자란 아이는 수줍움을 배우게 된다. 창피를 당하며 자란 사람은 죄의식을 가지게 된다. 관용을 배운 사람은 참을성을 가지게 된다. 격려를 받으며 자란 사람은 자신감을 가지게 된다. 칭찬을 받으며 자란 사람은 감사할 줄 아는 사람이 된다. 공정한 대접을 받고 자란 사람은 정의로운 사람이 된다. 안정감 속에 자란 사람은 믿음을 가지게 된다. 인정을 받으면서 자란 사람은 자신을 사랑하게 된다. 인정과 우정을 받고 자란 사람은 온 세상을 사랑하게 된다." 이 모두가 교육적인 말씀입니다. 어떻게 자랐느냐에 따라 일생이 달라집니다. 이 얼마나 중요한 이야기입니까. 저는 이 이야기를 생각할 때마다 늘 마음에 깊이 간직하는 바가 있습니다.

아브라함 링컨 대통령은 원래 초등학교 3학년밖에 다니지 못한 사람입니다. 그 흔한 대학이고 대학원이고 모릅니다. 그러나 아브라함 링컨은 대통령이 됩니다. 그는 취임식 날 주머니에 있던 자그마한 성경책을 딱 손에 들고 "이 성경책으로 말미암아 내가 대통령이 됩니다"라고 말했습니다. "이 성경책은 나의 사랑하는 어머니가 주신 것입니다. 어머니가 돌아가실 때 이 성경책을 내게 주셨습니다. 이 성경책으로 말미암아 내가 대통령이 되었습니다." 그랬는데, 사실 그 어머니는 계모입니다. 낳았다는 이유로 될 수 있는 일이 아닙니다. 계모지만, 하나님의 말씀으로 가르쳐서 아브라함 링컨을 대통령이 되게 한 것입니다.

그렇습니다. 복음을 듣고, 복음을 느끼고, 복음에 감격하고, 복음 속에 살고, 그 안에 말씀의 역사가 있어야 합니다. 사도 바울은 그의 편지 속에서 절절한 말을 합니다. "내가 너희를 낳았다. 너희는 나를 본받으라." 뿐만이 아니라, 갈라디아서 4장은 말씀합니다. "그리스도의 형상이 이루기까지 해산하는 수고를 하노니……" 해산의 수고가 얼마나 어려운 일입니까. 그러나 이런 극한의 수고를 사도 바울은 말합니다. "해산의 수고를 계속하노라. 너희들 속에 그리스도의 형상이 이루기까지……" 이 얼마나 귀중한 복음입니까. 우리는 자녀를 낳았습니다. 자녀를 키웁니다. 그 속에 그리스도의 형상을 조각해야 합니다. 그리스도의 형상을 새겨야 합니다. "나를 닮으라"가 아니고, "예수님을 닮아라"입니다. "내 말을 들으라"가 아니고, "하나님 말씀을 들으라"입니다. "내 사랑에 감격하라"가 아니고, "하나님의 사랑을 알고 하나님의 사랑에 응답하라"입니다. 이것이 진정한 가정교육입니다.

여러분, 우리에게 주신 귀한 자녀들을 그리스도의 사람으로 낳아서 그리스도의 사람으로 키우고, 그 속에 그리스도의 형상이 이루기까지 거룩한 수고를 다하여 아름답고 귀한 자녀들이 되고, 후손들이 되고, 그리고 그런 축복의 가정들이 되어야 할 것입니다. △

# 네 마음으로 나의 명령을 지키라

내 아들아 나의 법을 잊어버리지 말고 네 마음으로 나의 명령을 지키라 그리하면 그것이 네가 장수하여 많은 해를 누리게 하며 평강을 더하게 하리라 인자와 진리가 네게서 떠나지 말게 하고 그것을 네 목에 매며 네 마음판에 새기라 그리하면 네가 하나님과 사람 앞에서 은총과 귀중히 여김을 받으리라 너는 마음을 다하여 여호와를 신뢰하고 네 명철을 의지하지 말라 너는 범사에 그를 인정하라 그리하면 네 길을 지도하시리라 스스로 지혜롭게 여기지 말지어다 여호와를 경외하며 악을 떠날지어다 이것이 네 몸에 양약이 되어 네 골수를 윤택하게 하리라 네 재물과 네 소산물의 처음 익은 열매로 여호와를 공경하라 그리하면 네 창고가 가득히 차고 네 포도즙 틀에 새 포도즙이 넘치리라

(잠언 3 : 1 - 10)

## 네 마음으로 나의 명령을 지키라

저는 어렸을 때 할아버지께 많은 이야기를 들었습니다. 그저 시간만 있으면 붙들고 옛날이야기를 해달라고 조르면 우리 할아버지는 한 이야기를 또 하시고, 한 이야기를 또 하셔도 그것이 늘 재미있고 좋았습니다. 늘 듣던 이야기입니다마는, 그 가운데서도 가장 인상적인 이야기 하나가 늘 가슴에 남아 있습니다. 그것은 산속에 사는 효자 노총각 이야기입니다. 그는 산속에서 홀어머니를 모시고 사는데, 아주 효성을 다해서 온 마을에 효자라는 소문이 자자하게 퍼졌습니다. 그런데, 이 마을 말고도 저 넓은 동리에 부잣집 아들이 하나 있는데, 그 아들이 또 그렇게 효심이 좋아서 많은 사람이 그를 효자라고 칭찬했습니다. 그 본인도 자부심을 가지고 있었고, 그 아버지도 자기 아들이 효자라고 행복해 했습니다. 그러던 어느 날 어떤 사람이 이 부잣집 효자에게 말하기를 “동네 사람들이 그러는데, 당신은 진짜 효자가 아니고, 저 산속에 있는 노총각 효자가 진짜 효자라고들 사람들이 그럽디다.” 이 말을 듣고 이 부잣집 효자가 속으로 좀 불쾌했습니다. ‘내가 제일가는 효자인 줄 알았는데, 아니, 나 말고 더 훌륭한 효자가 있다니?’ 그래 조용한 시간에 그 산속의 효자를 찾아갔습니다. 물어물어 그 노총각 효자의 오두막집을 찾아냈지요. 마침 그 효자는 나무하러 가서 없고, 집에는 그의 어머니만 계셨습니다. 그 노모가 이 부자 효자에게 어떻게 왔느냐고 물어서 그는 이렇게 대답했습니다. “그저 아드님이 이 세상에서 가장 훌륭한 효자라고들 해서 그 효자의 모습을 좀 보고 배우려고 제가 여기까지 왔습니다." 그러자 그 어머니가 "글쎄, 효자인지 뭔지는 모르겠지마는, 아이는 착합니다" 하고 답하더랍니다. 잠시 기다리니까 이윽고 노총각 효자가 나무를 짊어지고 집에 돌아와 말합니다. "어머니, 제가 왔습니다." 그랬더니, 어머니가 그 아들더러 이리 오라고 하면서 앞에 앉혀놓고 세숫대야에 물을 떠다가 세수를 시켜주는 것이었습니다. 아들이 어머니를 씻어드리는 것이 아니라, 어머니가 다 큰 아들의 얼굴을 씻어주는 것입니다. 그다음에는 또 아들더러 발을 내놓으라고 하더니, 일하고 돌아온 아들의 그 더러워진 발을 또 깨끗이 씻어주는 것이었습니다. 이 모습을 보던 그 부자 아들은 '이게 말이 되나? 어떻게 이렇듯 다 큰 아들을 늙은 어머니가 세수시켜주고, 발까지 씻어주느냐!' 하고 화를 내면서 그 집을 나왔습니다. 그리고는 저만큼 산을 내려가는데, 그 노총각 효자가 황급히 따라와 묻습니다. "왜 이렇게 그냥 가십니까? 뭐가 언짢으셨습니까?" 그랬더니, 이 부자 아들이 말합니다. "아니, 나는 당신이 효자라고 해서 와봤는데, 다 큰 아들이 어머니한테 세수시켜달라고 얼굴을 내밀고, 발을 씻어달라고 발을 내미는, 이런 불효자가 세상에 어디 있습니까." 그러자 그 말을 들은 노총각 효자가 이렇게 답했답니다. "어머니께서 그걸 기뻐하시니까요. 어머니께서 저한테 그렇게 해주는 걸 기뻐하시니까 제가 그렇게 하는 것입니다." 여러분, 이거 깊이 생각해야 할 이야기라고 생각합니다.

오늘본문에도 같은 맥락의 말씀이 있습니다. 여러분이 잘 아시는 대로, 탕자 이야기에 나오는 두 아들이 있지 않습니까. 이 집에 두 아들이 있는데, 그 가운데 둘째아들이 자기 몫의 유산을 달라고 해서 그걸 받아 집을 떠나 멀리 갑니다. 그래 허랑방탕하게 지내다가 마침내 그 유산으로 받은 걸 다 없애버리고 거지 신세가 되어 돼지 치는 집에 의탁하여 쥐엄 열매라도 얻어먹으며 살려고 하지요. 그러나 그마저도 여의치 않았습니다. 이에 돌이켜 '우리 아버지 집에는 노비도 많고, 일꾼도 많고, 먹을 것도 많은데, 나는 여기서 굶어죽는구나!' 하며 회개하고 집으로 돌아옵니다. 하지만 실은 배가 고파서 온 것입니다. 아무튼 돌아왔습니다. 아버지는 기뻐서 "내 아들이 죽었다 살았노라! 잃었다 얻었노라!" 합니다. 그리고 "이 아들에게 옷을 입혀라. 반지를 끼워라. 신발을 신겨라. 소를 잡아라. 잔치를 하자. 나는 아들을 잃었다가 얻었노라!" 하며 기뻐하고, 잔치를 크게 베풉니다. 그때 큰아들이 돌아옵니다. 도중에 집 안에서 나는 시끌벅적한 소리를 듣고, 와서 무슨 소리냐고 물으니, 동생이 돌아왔는데, 그걸 아버지가 기뻐하셔서 크게 잔치를 베풀고 있다는 것이었습니다. 그러자 이 형이 말합니다. "나, 집에 안 들어간다." 그러면서 아주 불쾌하게 이렇게 말합니다. "아버지의 유산을 창기와 함께 먹어버린 저놈이 돌아왔는데, 아버지가 그것을 기뻐해서 이런 잔치를 여시다니, 너무 불쾌해서 나는 집에 안 들어갈란다." 그때 아버지가 큰아들이 온 걸 알고 밖으로 나와서 하는 말입니다. "얘야, 네 동생은 죽었다가 살았고, 잃었다 얻었다. 우리가 함께 기뻐하는 것이 옳지 않겠느냐?" 이렇게 달래고 위로하는 것을 볼 수 있습니다.

여러분, 효도가 무엇입니까? 이 큰아들은 효자같이 보이지만, 아버지의 마음을 이해하지 못했습니다. 아버지의 마음이 기쁘면 나도 기뻐야지요. 아들이 돌아왔다고 기뻐하는 아버지를 보면 동생이 돌아왔다고 같이 기뻐해야지요. 아버지의 마음을 슬프게 하면 불효자입니다. 그러므로 그 형은 불효자입니다. 이걸 잊지 말아야 합니다. 누가복음 15장 18절에 보면, 그 형이 노하고 분해서 불평하는 걸 볼 수 있습니다. 그렇다면 그는 아버지 집에서 평안하게 아버지의 명령을 따라서 수고한 것 같지만, 그 마음으로 볼 때는 불효자입니다. 아버지의 마음을 이해하지 못하고 있기 때문입니다. 여러분, 참 효자가 어디에 있습니까?

오늘본문은 이렇게 말씀합니다. "네 마음으로 나의 명령을 지키라(1절)." 너희의 마음으로 나의 명령을 지키라— 마음의 문제입니다. 행동의 문제가 아닙니다. 그 중심의 문제입니다. 어떤 마음이냐? 아버지의 마음으로, 부모님의 마음으로 돌아가는 것입니다. 내가 어떤 일을 하거나 열심히 살 때 부모님의 마음으로 돌아가서 그렇게 하는 것입니다. 그러려면 억지가 아니어야 합니다. 자원하는 마음이어야 합니다. 만일에 불효했다고 형벌을 받는다면 그것은 진정한 효가 아닙니다. 형벌 의식에 매여도 안 됩니다. 그뿐만 아니라, 보상의식도 불가합니다. '내가 이렇게 효도하면 복을 받을 것이다. 효도하면 아버지가 나에게 많은 유산을 주실 것이다. 효도하면 많은 사람에게 칭찬받을 것이다.' 이렇게 보상심리가 작용하면 그것은 효가 아닙니다. 그러면 율법의 관계가 되기 때문입니다. 여러분, 잊지 말아야 합니다. 이 탕자의 형은 효를 율법의 관계로 이해했습니다. 안 됩니다. 효는 은총입니다. 이것을 함으로 말미암아 복을 받는 것도 아니고, 효도하지 못함으로 벌을 받는 것도 아닙니다. 내가 효도할 수 있다는 것, 그 자체가 은총입니다.

부모님을 먼저 보낸 분들에게 묻습니다. 얼마나 그립습니까. 이제 효도하고 싶어도 할 길이 없습니다. 저는 할아버지로부터는 사랑을 많이 받았지마는, 아버지로부터는 매도 많이 맞고, 꾸중도 많이 듣고, 잔소리도 많이 들었습니다. 그래서 '아버지는 나를 왜 이렇게 괴롭히시나?'라고까지 생각했습니다. 그러다가 전쟁이 나고, 제가 남쪽으로 와서 군대생활을 하고 있을 때 종종 아버지 생각이 났습니다. '이런 때는 아버지께 여쭤보았으면 좋겠다. 아버지, 이런 때는 어떻게 하면 좋겠습니까?' 이렇게 여쭙고 싶은데, 아버지가 안 계신 것입니다.

때때로 아버지의 말씀이 그리워질 때가 있습니다. 그래서 저는 그 옛날에 아버지가 하시던 말씀을 자꾸 떠올려보면서 그걸 제 수첩에다 써놨습니다. 보니까 꽤 많습니다. 여기에 있는 글들을 읽으면서 아버지의 교훈이 옳았다고 생각합니다. 여러분, 궁금하시지요? 한 가지만 말씀드리겠습니다. '절대로 물건값 깎지 마라. 그것 깎아 가지고 부자 되는 사람 없다.' 그래서 저는 절대 안 깎습니다. 또, 다른 말씀으로는 '개는 짖어도 기차는 간다'도 있습니다. 이런 아버지의 말씀을 생각할 때 '지금 아버지가 옆에 계시면 얼마나 좋을까?' 하고 생각하지만, 이제는 그 교훈을 듣고 싶어도 들을 길이 없잖습니까. 그런고로 아무 보상도 바라지 말고, 부모님이 옆에 계시다는 사실 그 자체만으로도 은총임을 잊지 말아야 합니다. 아버지의 생각과 아버지의 뜻을 기뻐하는 마음에서 아버지께 순종하는 것입니다. 지금 당장은 이해가 잘 안 될지라도 최소한 '아버지의 나이가 되면 알게 되겠지' 하고 생각하면서 오늘 순종해야 합니다. '마음으로'라는 말이 무엇입니까? 기쁨으로, 감사함으로, 행복함으로 그렇게 순종하라는 것입니다.

신학자 본회퍼의 유명한 잠언 같은 이야기가 있습니다. '기독교인과 비기독교인을 구별할 수 있는 기준은 단순하다. 구별이 간단하다. 모든 일에 감사와 즐거움으로 하는 자는 기독교인이지만, 어떤 일을 하더라도 감사와 즐거움이 없다면 그는 기독교인이 아니다. 기독교인은 환란을 당할 때도, 아니, 순교할 때도 감사함으로 순교한다. 그가 기독교인이다." 여러분, 효자가 누구입니까? 마음으로부터 그 법을 따르는 사람입니다. 마음에서부터 기쁨으로, 감사함으로, 행복함으로, 사랑함으로— 그것이 효자입니다.

아이들에게 심부름을 시킬 때 바로 안 가는 경우가 있습니다. 그러면 다시 "빨리 가라!" 하는데, 그래도 간다고 하고서는 안 갑니다. 그러면 마지막으로 말합니다. "간다고 하고서는 왜 안 가냐? 빨리 가라!" 그때 아이가 "알겠다고요. 간다고요!" 하면, 저는 이렇게 말합니다. "야, 가지 마라!" 왜 그럽니까? 마음이 없기 때문입니다. 행동의 문제가 아니라, 마음과 진실과 자원하는 마음이 함께해야 한다는 말입니다. 오늘본문은 말씀합니다. "내 아들아 나의 법을 잊어버리지 말고 네 마음으로 나의 명령을 지키라(1절)." 아버지의 명령을 지킬 때 마음으로부터 지키라— 그 명령이 무엇입니까? 3절 이하에 죽 이어집니다. "인자와 진리가 네게서 떠나지 말게 하고 그것을 네 목에 매며 네 마음판에 새기라(3절)." 인자와 진리를 따라— 이것이 아버지의 마음입니다. 범사에 그를 인정하라— 이것이 아버지 마음입니다. 이렇게 아버지의 마음으로 신앙생활을 해야 한다는 말입니다.

마음속 깊이 있는 또 다른 이야기가 있습니다. 어떤 가정에서 사랑스럽게 결혼하고, 첫아이를 낳았는데, 그 첫 아이가 돌이 되기 전에 아버지가 실수하여 그리고 집을 나가버립니다. 그렇게 20년을 지냅니다. 어머니가 홀로 갖은 고생을 다 하면서 이 아들을 키웠습니다. 그 아들이 이제 스무 살이 되었습니다. 아버지는 밖으로 나돌면서 살다가 병들었습니다. 그러다가 죽기 전에 집에 돌아왔습니다. 어머니는 그걸 보고 비록 병들어 왔어도 남편이고, 아이의 아버지이기에 다시 받아들이고, 관계를 회복하려고 애를 썼습니다. 하지만 아들은 아닙니다. 자기에게 아버지는 없다고 하면서 아버지가 앞에 있는데도 아버지라고 부르지 않았습니다. 아버지도 어찌할 도리가 없습니다. 어머니가 이 둘 사이에서 너무 애를 쓰다가 그만 병들어 죽게 되었습니다. 이제 마지막 임종을 앞에 두고 양 옆에 남편과 아들이 있었습니다. 어머니는 죽기 직전에 그 남편과 아들의 손을 서로 합치게 하고서는 말합니다. "여보, 이 아이를 '내 아들아!'라고 부르세요." 아버지는 그 말을 듣고 힘겹게 "내 아들아!"라고 했습니다. 그다음 어머니는 아들에게도 말합니다. "아들아, 이 분을 아버지라고 불러라." 아들이 아버지를 봐서는 그러고 싶지 않지만, 사랑하는 어머니를 생각하며, 어머니의 마음으로 아버지를 아버지라고 부릅니다. 어머니는 그렇게 두 사람의 손을 딱 모아 쥐고 세상을 떠났습니다.

하나님의 사랑으로, 예수님의 마음으로 복 받은 자의 인격은 부모님께 대한 감사로부터 시작합니다. 마음으로부터 효심이 있어야 그 사람이 복 받은 인격입니다. 그런 사람은 중심에서 감사함으로, 행복함으로 부모에게 효를 행합니다. 그렇습니다. 부모가 살아 계실 때는 못합니다마는, 부모님이 세상을 떠나신 다음에는 종종 생각합니다. '부모님이 지금 살아 계신다면 효를 다할 텐데……' 글쎄요, 지난 다음에 후회한들 도리가 있습니까. 복의 근원이 여기에 있습니다. 오늘본문을 자세히 보면, 2절은 이렇게 말씀합니다. "그리하면 그것이 네가 장수하여 많은 해를 누리게 하며 평강을 더하게 하리라." 효가 평강의 근원이요, 복의 근원이라는 걸 잊지 말아야 합니다. 효의 성품, 효의 인격, 효의 덕이 가문에 이어질 때 그것이 복의 근본이 되는 것입니다.

어버이 주일을 맞이해서 우리의 효심을 다시 한번 신앙적으로 재정비하십시오. 오늘 할 수 있는 효가 있습니다. 부모님의 말씀을 마음에 기억하고, 중심에서부터 사랑하고 존경하며 효심을 다할 때 하나님을 기쁘게 해드릴 수 있습니다. 그렇게 하나님을 기쁘게 해드린 자에게 주시는 금생과 내세의 축복이 여기에 있는 것입니다. 내 아들아 나의 법을 잊어버리지 말고 네 마음으로 나의 명령을 지키라— △

# 십 리를 동행하라

또 눈은 눈으로, 이는 이로 갚으라 하였다는 것을 너희가 들었으나 나는 너희에게 이르노니 악한 자를 대적하지 말라 누구든지 네 오른편 뺨을 치거든 왼편도 돌려 대며 또 너를 고발하여 속옷을 가지고자 하는 자에게 겉옷까지도 가지게 하며 또 누구든지 너로 억지로 오 리를 가게 하거든 그 사람과 십 리를 동행하고 네게 구하는 자에게 주며 네게 꾸고자 하는 자에게 거절하지 말라 또 네 이웃을 사랑하고 네 원수를 미워하라 하였다는 것을 너희가 들었으나 나는 너희에게 이르노니 너희 원수를 사랑하며 너희를 박해하는 자를 위하여 기도하라 이같이 한즉 하늘에 계신 너희 아버지의 아들이 되리니 이는 하나님이 그 해를 악인과 선인에게 비추시며 비를 의로운 자와 불의한 자에게 내려주심이라 너희가 너희를 사랑하는 자를 사랑하면 무슨 상이 있으리요 세리도 이같이 아니하느냐 또 너희가 너희 형제에게만 문안하면 남보다 더 하는 것이 무엇이냐 이방인들도 이같이 아니하느냐 그러므로 하늘에 계신 너희 아버지의 온전하심과 같이 너희도 온전하라

(마태복음 5 : 38 - 48)

## 십 리를 동행하라

1970년 초에 제가 미국에 있는 풀러 신학대학에 유학했던 때가 있습니다. 거기에서 저는 생전 처음 문화인류학이라는 학문을 접했습니다. 그 첫 번째 수업시간에 받았던 충격과 인상을 일생 잊어버릴 수가 없습니다. 크라프트 교수님이 이런 이야기로 강의를 시작하셨지요. 미국 사람들은 날씨가 궂어서 천둥이 치면 그걸 '개와 고양이 사이 같다'라고 표현합니다. 개와 고양이는 만나기만 하면 서로 싸웁니다. 이것이 개와 고양이의 속성입니다. 이렇게 개와 고양이는 한집에 살면서도 많이 싸웁니다. 이 이야기 끝에 교수님이 그 이유를 아느냐고 우리에게 물어보았습니다. 저도 그 이유가 궁금했습니다. 그는 빙그레 웃으면서 쉽게 설명합니다. "개와 고양이는 신호가 다르기 때문입니다. 개는 기분이 좋을 때 꼬리를 올립니다. 개는 입으로 말하는 법이 없습니다. 꼬리로 말합니다. 꼬리를 살랑살랑 흔들면서 가까이 오면 그것은 기분이 좋다는 뜻이지요. 그런데, 기분이 나쁘면 꼬리가 밑으로 내려갑니다. 그리고 물려고 할 때는 꼬리가 두 발 사이에 들어가 있습니다. 그때는 임전 태세입니다. 이것이 개의 언어입니다. 이것이 개의 문화요 속성입니다. 그러나 고양이는 다릅니다. 어쩌면 그렇게 꼭 반대입니까. 고양이는 기분이 좋으면 꼬리가 내려갑니다. 그러다가 기분이 나빠서 화를 낼 때 보면 꼬리가 올라 갑니다. 그러니, 이 두 짐승이 서로 사랑할 수 있을까요? 어느 날 주인이 밖에 나가고 없는데, 개가 고양이에게 특별한 생각으로 서로 사이좋게 지내고, 서로 사랑하는 마음으로 지내자는 뜻으로 꼬리를 올리고 고양이에게 다가갑니다. 그럼 고양이가 어떻게 반응하겠습니까? '지금 나랑 싸우자는 거지?' 이렇게 생각하지 않겠습니까. 이래서 개와 고양이는 친할 수가 없는 것입니다." 참 중요한 이야기입니다. 개와 고양이는 서로 다릅니다. 신호가 다르고, 언어가 다르고, 문화가 다르고, 생활 습성이 다르고, 표현이 다릅니다. 그러니 싸울 수밖에 없는 것입니다.

이것을 신학적으로 설명하면 성육신의 교리와 관계됩니다. '말씀이 육신이 되어 우리 가운데 거하신다. 말씀이 육신이 되었다. 하나님께서 사람이 되셨다. 하나님께서 보좌를 버리시고, 모든 것을 버리시고 땅에 오셔서 죄인의 모습으로 십자가에 돌아가셨다.' 이 중요한 성육신의 교리가 간단히 설명됩니다. 개가 고양이를 만나려면 자기 자신의 오랜 문화와 언어를 버려야 합니다. 자기 자신은 꼬리를 흔드는 것이 사랑의 표시지만, 그것을 버리고 고양이의 신호를 택해야 합니다. 그렇게 꼬리를 낮추고야 고양이를 만날 수 있는 것입니다. 이것이 성육신의 교리입니다. 이 고양이와 개 이야기는 기독교의 가장 중요한 아가페 사랑도 설명할 수 있습니다. 사랑이 무엇입니까? 나의 문화, 나의 속성, 나의 언어, 나의 관습을 버리고 상대방의 언어, 상대방의 처지, 상대방의 심정을 알고, 이해하고, 그것을 선택하고, 그쪽으로 가야 그것이 사랑이요, 기독교 윤리의 근본입니다.

오늘본문 39절은 말씀합니다. "악한 자를 대적하지 말라……" 얼마나 깊고 오묘한 말씀입니까. 인간관계에는 이웃과의 관계가 있고, 친구와의 관계가 있고, 애인과의 관계가 있고, 원수와의 관계가 있습니다. 문제는 '대적하지 말라'입니다. 악한 자를 대적하지 말라— 이것은 악한 자를 악한 자로 대하지 말라는 뜻입니다. 적을 적으로 생각하지 말하는 뜻입니다. "그를 악한 자로 생각하지 말고, 이웃으로 생각하라. 아니, 때로는 은인으로 생각하라. 고마운 마음으로 생각하라. 그의 사정을 깊이 이해하면서 응답하라." 대적하면 원수지만, 사랑하면 이웃입니다. 따로 있는 것이 아닙니다. 누구든 내가 사랑하면 이웃이고, 내가 저를 적으로 생각하는 순간 그것은 헤어날 수 없는 깊은 함정이 되는 것입니다.

이웃이 무엇을 필요로 하는지 보십시오. 헐벗었습니까? 입혀야 합니다. 배고픕니까? 먹여야 합니다. 길을 잃어버렸습니까? 인도해야 합니다. 낯선 곳에 삽니까? 그가 낯설지 않도록 돌보아야 합니다. 그래서 오늘본문은 아주 오묘하게 말씀해줍니다. 오 리를 가자고 하면 억지로 우선 오 리를 갑니다. 그러나 가는 동안에 마음을 바꾸어서 '오 리를 가자고 했지만, 십 리까지 가자'라고 합니다. 가는 동안에 이웃이 되었기 때문입니다. 처음에는 억지로 가게 되었지만, 그러나 이제는 사랑하는 사람이 되었습니다. 그의 사정을 깊이 알고 동정하는 사람이 된 것입니다. 그러다 보니까 십 리까지 가게 되는 것입니다.

어머니는 어린아이의 마음을 읽을 줄 압니다. 어린아이의 언어는 딱 하나로, "으앙!" 하고 우는 것밖에 없습니다. 그러나 어머니는 압니다. 아이가 왜 우는지, 무엇이 필요해서 우는지를 읽을 줄 아는 것입니다. 그래서 그걸 채워줍니다. 배고파하면 먹이고, 추워하면 입힙니다. 이것이 사랑의 근본입니다. 결국 이웃의 필요에 응답하면서 오 리를 가는 동안 마음이 변합니다. 마음이 동화됩니다. 그렇게 사랑의 마음으로 바뀔 때 오 리를 지나 십 리까지도 같이 가게 되는 것입니다. 그러므로 우리가 대하는 모든 대상을 읽을 줄 알아야 합니다. 내가 만나는 모든 대상의 세계관, 그가 살아온 습관, 그 깊은 것을 읽어가면서 사랑은 시작되는 것입니다.

우리 가정에서 가끔 문제 되는 것이 하나 있습니다. 아내들이 이왕이면 남편에게 맛있고 좋은 음식을 해주고 싶어서 없는 돈으로 시장에 가서 좋은 식자재를 구해와 부엌에서 나름대로 정성을 다해 음식을 만듭니다. 이때 남편이 "아, 참 맛있네. 이렇게 맛있는 음식은 내 생전 처음이야. 감사해!" 하면서 먹어주면 얼마나 좋겠습니까. 그런데, 그렇지가 않습니다. 기껏 한다는 소리가 이렇습니다. "돈만 없앴구먼. 옛날 우리 어머니가 해주시던 음식이 참 좋았는데……" 그러면 그 소리를 듣고 아내는 화가 나는 것입니다. '내가 얼마나 정성을 다했는데, 그걸 가지고 비교를 하다니?' 이러면서 싸우려고 들면, 그 가정이 어떻게 되겠습니까. 사람은 네 살 때부터 나름의 입맛이 생긴다고 합니다. 그리고 그 입맛으로 일생을 삽니다. 그러니까 네 살 때 먹던 음식이 제일 맛있는 것입니다. 네 살 때 우리 어머니가 해주신 음식이 입에 들어오면 그것이 기억에 남습니다. 그런고로, 정말 남편을 잘 섬기고 싶다면 남편이 네 살 때 먹던 음식이 무엇인지를 연구해야 합니다. 거기에 초점을 맞추어야 좋은 대접이 될 수 있습니다. 사랑이란 무엇입니까? 상대방의 언어, 상대방의 생활 습관, 상대방이 어떻게 살아왔는가를 깊은 동정의 마음으로 이해해야 합니다.

예수님께서 하신 말씀에 선한 사마리아 사람의 비유가 있습니다. 선한 사람 사마리아 사람의 비유인데도 정작 이 선한 사마리아 사람의 이름은 없습니다. 그런데도 이 선한 사마리아 사람이 그 불한당 만난 사람을 도와주고 있습니다. 불한당 때문 다 죽게 되어 누워 있는 사람이 할 말이 있습니까? 아무 말도 없습니다. 그 아무 말도 못 하는 자를 내가 도와줍니다. 어떻게 도와야 하는 것인지, 내가 알고 있습니다. 그래서 정성을 다하여 여관에다 맡겨놓고 '내가 다시 돌아올 때까지 잘 돌봐주세요' 하고 부탁까지 합니다. 이 모든 것은 사마리아 사람의 뜻에 있는 것입니다. 사마리아 사람은 자기 자신의 처지 때문이 아니고, 이 사람에게 무엇이 필요한지를 알고 있습니다. 거기에 맞추는 것입니다. 거기에 응답하고 있는 것입니다. 중요한 것은 말이 없다는 것입니다. 아니, 이름이 없습니다. 이름도 없이, 빛도 없이 선한 일을 하고는 훌쩍 떠나버리고 맙니다. 이 아름다운 그림을 우리는 잊어서는 안 됩니다. 거기에 진정한 사랑이 있기 때문입니다.

오 리를 함께 가는 것은 율법입니다. 하지만, 십 리를 가는 것은 은혜입니다. 말없이 이 사람의 깊은 뜻을 읽고, 거기에 응답하고 있습니다. 나 중심의 필요에서, 나 중심의 편리함이나 안일에서 떠나 아무 보상도 바라지 않고 '저 사람이 무엇을 필요로 하는가?'에 응답하고 있습니다. 나 중심의 필요에 집착하면 보상심리가 됩니다. 그러나 저 사람 중심으로 '저 사람이 무엇을 필요로 하는가?'에 집중하면 나는 선한 사마리아 사람이 되는 것입니다. 그뿐 아니라, 오 리를 가는 동안 조금씩 조금씩 마음이 변화하여 이 사람 가는 길에 동행이 되고 싶어집니다. 동행이 되면서 얻어지는 기쁜 행복을 이미 체험했기 때문입니다.

다시 한번 정리해보십시오. 오 리까지는 억지로 갔습니다. 그러나 십 리까지는 자발적으로 가는 것입니다. 오 리까지는 가자고 하니까, 부탁하니까 갔지만, 나머지 십 리는 자발적으로, 자원해서, 즐거운 마음으로 동행하는 것입니다. 오 리를 갈 때는 내가 남의 일을 도우려고 간 것입니다. 그러나 십 리는 부득이해서 간 것이 아닙니다. 내가 하고 싶어서 간 것입니다. 자원해서 자발적으로 한 일입니다. 벌써 선행의 기쁨을 맛보았습니다. 오 리를 가면서 행복을 느꼈습니다. 오 리를 가는 동안 이야기하면서, 또 이 사람의 처지를 보면서 갈 때 자기는 돕는 자요, 이 사람은 복을 받는 자입니다. 돕는 자의 행복을 체험해보셨습니까? 다소라도 돕는 선행이라는 것은 사람을 행복하게 해줍니다. 나 중심의 생각에서 이웃 중심의 생각으로 바뀌는 것입니다. 오 리를 간 것은 특권이고, 십 리를 가는 것은 영광으로 느끼는, 그런 행복을 이 사람은 벌써 경험한 것입니다.

사스오워라고 하는 유명한 랍비가 있습니다. 그는 아주 덕망이 높아서 많은 사람에게 존경받는 어른입니다. 그가 어느 날 제자들과 함께 길을 가고 있었습니다. 그때 아주 남루하고 몸에서 썩은 냄새가 나는 거지가 가까이 와서 "나를 좀 도와주세요"라고 합니다. 옆에 있는 제자들은 그 거지가 가까이 오는 것조차가 마음에 안 들었습니다. 그런데 이 랍비는 말합니다. "형제여, 얼마나 어렵습니까. 내가 많이 도와주고 싶지만, 넉넉지를 못해서 주머니에 딱 한 푼이 있습니다"라고 하고는, 그것을 가지고 한 끼 식사라도 하라고 주었습니다. 그 주는 모습을 보고 제자들이 말했습니다. "선생님, 한 푼밖에 없는데, 그 남은 한 푼을 거지에게 주십니까? 그뿐 아니라, 저렇게 구제 불능한, 저렇게 더러운 거지에게 왜 자비를 베푸십니까?" 그랬더니 이 랍비는 말했습니다. "아니다. 나는 아무것도 없는 사람이지마는, 나에게 무엇이 있으리라고 생각하고 내게 손을 내밀고, 내게 구걸을 하니, 이 얼마나 고마운 일이냐. 하나님께서는 그동안 내게 값없이 오늘까지 식량을 주시어서 내가 먹고살았는데, 그것을 생각하면 저 사람에게 더 많이 베풀고 싶다. 그러지 못하는 것이 오히려 미안하고 죄송스러울 뿐이다. 저분이 내게 무엇을 요구하는 그 자체가 나로서는 너무나 고맙다. 그래서 내가 이렇게 고마운 마음으로 인사를 한 것이다." 여러분, 구제할 일이 있습니까? 고마운 마음으로 할 것입니다. 내가 선행할 일이 있습니까? 선행은 특권입니다. 아무에게나 있는 것이 아닙니다. 선행을 할 수 있는 특권을 영광으로 알고, 감사함으로 받아야 할 것입니다. 작은 선행, 할 수 있는 선행, 벌써 하고 있는 선행, 아주 쉬운 것, 그 속에 귀중한 삶의 의미가 있습니다. 내 삶의 본질이 거기에 있는 것입니다.

많은 사람이 강요된 현실을 살아가고 있습니다. 죽지 못해 삽니다. 환경의 변화를 기대하며, 팔자를 탓하며 삽니다. 여러분, 그만하십시오. 그리고 오늘 내게 주어진 현실 속에서 하나님의 은혜를 체험해야 할 것입니다. 내게 오 리를 가자는 사람이 있으면 그걸 감사히 여기고, 내 겉옷을 달라는 사람이 있으면 그것도 감사하게 생각하고, 나 자신의 자세를 바꾸어서 강도 만나는 마음이 아니라, 하나님께서 내게 주신 특권을 행사하는 가장 큰 행복의 기회로 삼아야 할 것입니다.

우리는 시몬이라는 사람이 억지로 십자가를 졌다는 이야기를 알고 있습니다. 그가 어째서 그랬는지는 모릅니다마는, 그는 억지로 십자가를 예수님 대신 지고 골고다 언덕에 올라갔습니다. 아마도 그저 그 무지몽매한 사람들이 예수님을 학대하는 것을 보고, 동정으로 한마디 했다가 그렇게 되지 않았나 싶습니다. 어떻든 그가 억지로 십자가를 진 것은 사실입니다. 그다음에 그는 예수를 믿고, 하나님의 사람이 되었습니다. 그는 한평생 자기 어깨를 어루만져보며 이렇게 생각했다고 합니다. '하나님께서 내게 은혜를 주셔서 내가 예수님의 십자가를 질 수 있게 되었구나!' 그의 부인은 사도 바울의 믿음의 어머니가 되었고, 그 아들들인 알렉산더와 루포는 선교사가 됩니다. 이렇게 귀한 가정이 됩니다. 선택받은 가정이 됩니다.

여러분, 억지로 하는 일이 있습니까? 생각을 바꾸십시오. 내 처지를 버리고, 저의 처지로 돌아가서, 이 선행 자체를 영광으로 알고, 감사와 감격한 마음으로 베풀 때 내 삶의 의미가 달라집니다. 내 삶의 가치가 달라집니다. 순교자는 마지막에 순종할 때 순교 자체를 영광으로 생각합니다. 그리스도인이 선행을 할 때 그 선행 자체가 하나님께서 주시는 은사입니다. 특권입니다. 항상 십 리를 동행하는 마음으로 살아가야 합니다. 거기에 주님께서 함께하십니다. △

# 그리스도의 사랑의 현실

형제들아 내가 너희와 같이 되었은즉 너희도 나와 같이 되기를 구하노라 너희가 내게 해롭게 하지 아니하였느니라 내가 처음에 육체의 약함으로 말미암아 너희에게 복음을 전한 것을 너희가 아는 바라 너희를 시험하는 것이 내 육체에 있으되 이것을 너희가 업신여기지도 아니하며 버리지도 아니하고 오직 나를 하나님의 천사와 같이 또는 그리스도 예수와 같이 영접하였도다 너희의 복이 지금 어디 있느냐 내가 너희에게 증언하노니 너희가 할 수만 있었더라면 너희의 눈이라도 빼어 나에게 주었으리라 그런즉 내가 너희에게 참된 말을 하므로 원수가 되었느냐

(갈라디아서 4 : 12 - 16)

## 그리스도의 사랑의 현실

제가 젊었을 적인 1978년의 이야기입니다. 제가 이화여자대학교의 초청을 받아서 대학생들만 2천 명을 모아놓고 특별강의를 한 번 한 일이 있습니다. 학교 측에서 저한테 요구한 강의제목이 있었습니다. 바로 배우자 선택을 어떻게 해야 하는가에 대한 것이었습니다. 한 시간 반에 걸친 강의를 다 끝내고 나니까 맨 앞에 앉아 있던 한 학생이 이런 질문을 해왔습니다. "교수님, 만일 교수님께서 지금 총각이시라면 어떤 여자와 결혼하시겠습니까?" 하도 맹랑하고 당돌한 질문이어서 제가 아직도 잊지 못합니다. 저는 이렇게 바로 대답했습니다. "나는 얼굴은 보지 않겠어요. 왜냐하면 어차피 새벽에 나갔다 저녁에 돌아올 테니, 얼굴은 중요하지 않고, 음식도 밖에서 먹는 날이 많을 것 같으니, 그것도 별로 중요하지 않아요. 한데, 내게 제일 중요한 것이 하나 있어요." 그리고 일부러 제가 영어를 썼습니다. "Receptivity가 좋은 여자하고 하겠어요." 그랬더니, 그 여학생이 "교수님, 그게 무슨 말인가요?" 하고 다시 묻기에 제가 빙그레 웃으면서 이렇게 설명해주었습니다. "그것은 바로 수용성이에요. 내가 무슨 말을 할 때 옆에 앉아서 수용해주고, 공감해주는 것이 중요해요. 그 수용성이 바로 사랑의 본질이에요. 여기에 따라서 아름다움이 결정되는 것이에요." 그랬더니, 그 여학생이 그 말에 동의하면서 자리에 앉았습니다. 아우구스티누스는 이런 말을 했습니다. '인간은 알고 있는 것에 따라 평가되는 것이 아니고, 그가 사랑하는 것에 따라 평가되는 것이다.' 얼마나 아느냐가 문제가 아닙니다. 얼마나 사랑하느냐, 그것이 그 사람의 인간 됨의 가치가 됩니다. 그리고 또 말했습니다. '오로지 사랑만이 인간을 인간 되게 하고, 인격을 인격 되게 하는 것이다.'

저는 특별히 스위스의 신학자 칼 바르트를 좋아해서 그의 책을 많이 읽은 편입니다. 그런데 그 칼 바르트가 80세 때 여러 대학에 다니면서 특별 강연을 많이 했습니다. 그 내용이 책으로 묶여 나왔지요. 특별히 시카고 대학에 갔을 때 많은 학생 앞에서 명강의를 했습니다. 그가 강의를 마치고 나갈 때 웬 학생이 그를 따라오면서 특별한 질문을 했습니다. "바르트 박사님, 지금까지 살아오시면서 마음에 스쳐 간 가장 중요한 생각, 일생을 통해서 마음이 항상 머물러 있는 생각이 무엇입니까?" 늙은 바르트 교수는 빙그레 웃으면서 대답했습니다. "'Jesus loves me, still Bible said so.' 이것은 찬송가 '예수 사랑하시면'에 나오는 한 부분입니다. '예수께서 나를 지금도 사랑하신다. 이것에 대해 성경이 말씀한다.' 이것이 나의 마음속에 있는 가장 중요한 복음이요, 신학의 주제입니다."

공교롭게도 사랑에 대한 헬라어는 우리말하고 조금 달라서 개념이 완전히 셋으로 나뉩니다. 거기에서 파생된 것도 많습니다마는, 우선 기본적으로 세 가지입니다. 하나가 에로스입니다. 그리고 필리아와 아가페, 이렇게 세 가지가 있습니다. 에로스라는 사랑은 내게서 출발해서 가는 것입니다. 다시 말해, 나 중심적인 사랑입니다. 그런가 하면, 필리아라는 것은 이웃 중심입니다. 남을 도와주는 사랑입니다. 그다음에 아가페, 곧 하나님의 사랑이 있습니다. 이에 대해서 독일의 요한네스로쯔라는 유명한 교수가 이렇게 정리합니다. '사람의 에로스가 필리아를 통해 정화되고, 필리아는 아가페를 통해 고양될 때만 비로소 온전한 사랑이 될 수 있다. 아가페가 없는 에로스, 필리아는 타락되기 때문이다.' 사랑한다는 것은 참 중요합니다. 사랑의 적극성도 좋습니다. 열정도 좋습니다. 하지만 그사이의 사랑은 자기중심적이고 이기적입니다. 끌어당기는 것입니다. 쟁취하는 것입니다. 그렇게 사랑의 불덩어리가 될 때 그 사랑은 많은 사람을 괴롭힙니다. 나 중심적인 에로스의 사랑은 참으로 무서운 죄악에 빠지기 쉽습니다. 그런가 하면, 필리아를 통해서 에로스가 이웃 사랑으로 발전해야만 건강한 사랑이 될 수 있습니다. 거기에 아가페적인 하나님의 높은 사랑이 함께할 때 비로소 이 에로스와 필리아도 참사랑의 의미를 살릴 수 있는 것입니다.

우리가 성경에서 말씀하는 모든 사랑의 근본은 아가페입니다. 이걸 잊지 말아야 합니다. 하나님께서 우리를 사랑하신 것이 아가페입니다. "너희가 서로 사랑하라." 이것은 "너희가 아가페의 사랑을 하라"라는 말씀입니다. 참사랑은 그 사랑하는 사람의 마음과 인격을 변화시킵니다. 참사랑을 할 때 인격이 달라지고, 성품이 달라지고, 사람의 얼굴이 달라지고, 건강이 달라집니다. 참사랑을 하면 사랑하는 사람 자체가 달라집니다. 여러분 아시는 대로, 사랑하면 예뻐지지 않습니까. 사랑할 때 벌써 자기 자신이 변화를 일으킵니다. 그다음에는 사랑받는 자를 또 변화시킵니다. 사랑하는 자가 자기 자신이 먼저 변화될 뿐만 아니라, 사랑하면서 그 사랑을 받는 사람도 변화시키는 것입니다. 중생입니다. 새사람이 되는 것입니다. 사랑의 능력이 여기에 있습니다. 그래서 아가페는 곧 생명력입니다. 아가페의 사랑은 생명력으로 작용합니다. 사랑은 하는 사람과 받는 사람을 다 변화시킵니다. 생명력이 거기에 있는 것입니다.

저는 오늘본문을 읽을 때마다 늘 깊이 감동하는 한 구절이 있습니다. "그리스도 예수와 같이……(14절)" 사랑하는 자도 예수 그리스도와 같이, 사랑을 받는 사람도 예수 그리스도와 같이 — 이것이 성령의 역사입니다. 성령께서는 사랑의 영이십니다. 성령 안에서 사랑하는 자와 사랑받는 자가 다 함께 사랑의 도가니에서 그리스도의 성품을 이루어 간다는 것입니다. 그리스도와 같이 — 그 사랑의 현실을 오늘본문에서 읽을 수 있습니다. 이 본문의 내용을 조금 더 설명하면 이렇습니다. 사도 바울이 갈라디아 교회에 가서 설교를 합니다. 오늘본문의 내용을 하나의 시나리오처럼 잘 생각해보면 충분히 추리할 수 있습니다. 어느 날 사도 바울이 갈라디아 교회에 가서 설교를 하다가 불현듯 간질병 발작을 일으킵니다. 이 병은 아무 때나 발작하면 사람이 쓰러지는데, 소리를 내면서 쓰러집니다.

저는 간질병에 대해서는 조그마한 경험이 있습니다. 제가 중학교 3학년 때였습니다. 선생님이 저한테 "너 교회 다니지?"라고 하시면서 간질병 앓는 친구와 짝이 되어 옆에 앉으라고 하셨습니다. 그래 저는 그 간질병 앓던 친구하고 2년 동안 짝으로 지냈습니다. 특별한 경험이었지요. 그 친구, 정말로 종종 쓰러졌습니다. 그럴 때마다 소리를 내면서 쓰러집니다. 그러면 제가 그 친구를 돌보아야 합니다. 제일 중요한 것은 친구가 발작으로 쓰러질 때 머리를 다치게 하지 않는 것입니다. 또, 발작하는 동안 이를 거칠게 갈기 때문에 이가 상하지 안도록 손수선이나 막대기를 아래윗니 사이에 집어넣어야 합니다. 다시 멀쩡해지기까지는 대체로 15분 정도 걸렸습니다. 그 시간이 지나면 친구는 언제 그랬더냐는 듯이 다시 툭툭 털고 일어납니다.

성경에 보면, 사도 바울이 고린도후서 12장에서 육체의 가시, 사탄의 사자를 물리쳐 달라고 하나님 앞에 세 번이나 특별기도를 합니다. 하지만 하나님께서는 응답하지 않으십니다. 그리고 네게 있는 은혜가 족하니, 그냥 가지고 있으라고 하십니다. 바울에게 있었던 육체의 가시가 무엇인지 정확히는 모르겠습니다. 제가 예전 미국에서 공부할 때 논문을 쓰고 마침 시간이 좀 남았습니다. 그래서 그 남은 시간에 한 주일 동안 집중해서 '육체의 가시, 사탄의 사자'가 무엇인지 알아보려고 도서관에 들어가서 연구했습니다. 그러나 아무리 읽고 연구해봐도 그것이 무엇인지를 모르겠는 것입니다. 나중에 천당에 가면 사도 바울에게 물어봐야겠다 싶었습니다. 물론 제가 나름대로 연구한 결론은 있습니다. 바로 간질병입니다. 간질병을 앓으면서 전도를 하려니 얼마나 힘들었겠습니까. 여기 가서 쓰러지고, 저기 가서 쓰러지고…… 그래서 사도 바울은 누가라고 하는 의사를 언제나 동반해서 다녔습니다. 따라서 사도 바울의 모든 상황을 누가가 제일 잘 압니다. 그래서 그 누가가 바로 사도행전을 씁니다. 그다음으로 누가복음을 쓰고요. 그만큼 사도 바울과 누가는 항상 같이했습니다. 쉽게 말하면, 간질병을 고쳐주지는 아니하시고, 쓰러질 때마다 어려움 당하지 않도록 누가라는 의사를 동반케 하신 것입니다. 이것이 하나님의 뜻입니다.

그래 하는 수 없이 사도 바울은 이 육체의 가시를 품고서 전도를 합니다. 그리고 갈라디아 교회에 간 것입니다. 여러분, 상상해보십시오. 바울이 그 갈라디아 교회에서 설교하다 말고 갑자기 소리를 지르면서 쓰러집니다. 온 교인들이 그걸 보고 얼마나 놀랐겠습니까. 저는 성경의 이 대목을 읽을 때 또 생각나는 것이 하나 있습니다. 제가 오래전에 광주제일교회에 가서 부흥회를 인도한 적이 있습니다. 그때 부흥회를 인도하는 저녁에 교인들이 가득히 모였는데, 제가 설교하는 도중에 바로 앞에 앉은 장로님이 갑자기 벌떡 일어나더니 소리를 지르면서 쓰러졌습니다. 온 교인이 깜짝 놀라 다 일어났지요. 한데, 그 주변에 있던 사람들은 놀라지 않고 가만히 있는 것입니다. 그래서 제가 '아, 이거 간질병이구나!' 하고 생각했습니다. 그래 제가 말했지요. "여러분, 걱정하지 마십시오. 아무 일도 없습니다. 안심하십시오." 이렇게 교인들을 안정시키고 나서 한 15분쯤 지나니까 그분이 멀쩡하게 툭툭 털고 일어나서 부끄러웠는지 밖으로 나가버렸습니다. 그렇게 설교를 잘 마쳤습니다. 그 집회가 끝나고 저는 공항으로 가 비행기를 타고 돌아왔는데, 그 비행장에 그 장로님이 배웅을 나왔더라고요. 장로님이 제 손을 꼽 붙잡고 울면서 한마디 합니다. "목사님, 예배 중에 소란을 떨어서 죄송합니다." 그 한 마디를 하고 헤어졌습니다. 제가 오면서 계속 생각했습니다. '사도 바울이 저 간질병을 가지고 한평생 여기저기 가서 쓰러지면서 전도할 때 얼마나 힘들었을까?' 이렇게 '육체의 가시, 사탄의 사자'에 대해서 뼈저리게 경험한 바가 있습니다.

오늘본문에도 사도 바울이 갈라디아 교회에 가서 쓰러졌습니다. 그러나 교인들은 놀라지 않았습니다. 그래서 그는 말합니다. "너희를 시험하는 것이 내 육체에 있으되……(14절)" 사실 그렇습니다. 이런 일이 생기면 믿음이 약한 분들은 시험에 빠집니다. 사도 바울이 남의 병은 고치면서 자기 병은 못 고친다고요. 많은 능력을 나타내면서도 정작 자기 질병 하나 못 고치는 사람이라고요. 그러면 이게 전도가 되겠습니까. 그러나 갈라디아 교인들은 그렇지 않았습니다. "내 육체의 약함이 믿음을 시험할 만한 사건이지만, 그런데도 업이 여기지 아니하고, 그리스도와 같이 영접했느니라. 예수 그리스도와 같이 영접했느니라." 사도 바울은 너무나 고맙고 감격해서 이렇게 말하고 있습니다.

사도 바울은 갈라디아 교회를 사랑합니다. 아니, 사도 바울은 갈라디아 교인들의 사랑을 받고 있습니다. 사랑을 느끼고 있습니다. 그 사랑에 감격하고 있습니다. 이렇듯 자기 육체에 가시가 있지만, 그런 자기를 받아주는 갈라디아 교회 성도들로 말미암아 사도 바울은 행복해하고 있습니다. 만족해하고 있습니다. 이것이 성령 충만입니다. 이걸 잊지 말아야 합니다. 사도 바울은 그렇게 큰 사랑을 느끼고 있습니다. 그리스도의 사랑을 느끼고 있습니다. 그리스도의 사랑에 감복하고 있습니다. 이런 사랑이 바로 수용적인 사랑입니다. 그것이 바로 아가페의 사랑입니다. 예수님께서 제자들에게 말씀하십니다. "너희가 어린아이 같은 소자 중 하나를 내 이름으로 영접하면 하늘에서 상이 크겠다." 그 사람을 보는 것이 아닙니다. 소자를 보는 것이 아닙니다. 그리스도를 보고 소자를 보는 것입니다. 내가 이웃을 사랑하는 것이 아닙니다. 그리스도를 보고, 그를 사랑하는 것입니다. 이것이 기독교 윤리의 핵심입니다.

제가 신학대학교에서 기독교 윤리를 여러 해 가르쳤는데, 늘 '핵심이 어디에 있을까? 가장 중요한 요절이 무엇일까?' 하고 생각하였습니다. 사도 바울이 말합니다. "그리스도께서 위하여 죽으신 형제를 식물로 망하게 하지 마라." 사람을 볼 때 '그리스도께서 위하여 죽으신 형제'로 보는 것입니다. 내가 나를 볼 때도 '나를 위하여 십자가를 지신 예수', 그리고 나를 보는 것입니다. 이웃을 볼 때도 '저 사람을 위하여 예수님께서 십자가에 죽으셨다' 하며 십자가의 사랑 안에서, 그 빛 안에서 이웃을 보는 것입니다. 오늘본문의 '예수 그리스도와 같이'가 얼마나 귀중한 말씀입니까. 그리스도와 같이 나를 생각하며, 그리스도와 같이 이웃을 보고, 그리스도와 같이 느끼고…… 그것이 성령 충만한 사람의 모습입니다.

사도행전에 보면, 스데반이 큰 핍박을 받습니다. 사람들이 소리를 지르며 스데반을 죽이려고 몰려들고 있습니다마는, 스데반은 하늘을 우러러봅니다. 하늘에서 인자가 하나님 우편에 서신 것을 봅니다. 제자들이 예수님을 따를 때 예수님을 향해서 "랍비여!"라고 했습니다. 그 누구도 예수님을 향해서 "인자여!"라고 말한 바가 없습니다. 그러나 예수님께서는 늘 말씀하실 때마다 "인자가"라고 하십니다. 무려 신약성경에서 마흔 번이나 말씀하시는데도 제자들은 단 한 사람도 예수님을 향하여 "인자여!"라고 말한 바가 없습니다. 그러나 스데반은 순교 직전에 말합니다. "인자가 하나님 우편에 서신 것을 보노라." 그리고 다시 세상을 보니까 그의 눈에는 원수가 없습니다. 자기를 죽이려고 돌을 던지는 사람도 원수가 아닙니다. 그래서 스데반은 이럽니다. "이 허물을 저들에게 돌리지 말아주십시오." 이 얼마나 엄숙한 기도입니까.

성령 충만한 사람에게는 원수가 없습니다. 근심도 없습니다. 두려움도 없습니다. 그의 얼굴빛은 천사의 그것과 같이 됩니다. 그래서 "천사의 얼굴과 같더라"라는 것이 스데반의 모습입니다. 성령 충만한 사람의 모습입니다. 아가페의 사랑에 미친 사람의 모습입니다. 그 사랑 안에서 자기를 보고, 그 사랑 안에서 이웃을 보고, 세상을 봅니다. 특별히 오늘본문 마지막 가서 보면 참 알기도 어렵고, 해석하기도 어려운 말씀이 있습니다. 사도 바울이 갈라디아 교인들이 자기를 이렇게 사랑해준 것을 생각합니다. "그리스도와 같이 영접했느니라. 너희들은 나를 사랑했느니라. 사랑했느니라. 그리고 눈이라도 빼어주었으리라." 여러분, 눈을 빼어주는 사람 보았습니까? 아무리 부부지간이라도 상대방을 위해 눈을 빼어주는 것이 쉽습니까. 그만큼 바울은 그런 사랑을 느꼈습니다. "너희들은 나를 위해서라면 눈이라도 빼어줄 수 있을 만큼 사랑하는구나." 이렇게 사랑을 느꼈습니다.

이것이 수용적인 사랑이요, 아가페의 본질이요 속성입니다. 최고의 사랑입니다. 그리스도 때문에 사랑하고, 예수 때문에 행복합니다. 아가페 사랑에 감격할 때 사랑하는 자가 변합니다. 사랑받는 자도 변합니다. 사랑받는 감격이 모든 세계를 바꿉니다. 마침내 "하나님은 사랑이시다. 하나님께서 세상을 이처럼 사랑하사 독생자를 주셨다"라는 고백에 도달하게 되는 것입니다. 오늘본문에 그리스도와 같이 영접하고, 그리스도와 같이 따를 때 이 사도 바울의 귀중한 아가페적 사랑의 응답이 바로 오늘 우리의 인격이 되고, 성품이 되어야 할 것입니다. △

# 그 과원지기의 믿음

이에 비유로 말씀하시되 한 사람이 포도원에 무화과나무를 심은 것이 있더니 와서 그 열매를 구하였으나 얻지 못한지라 포도원지기에게 이르되 내가 삼 년을 와서 이 무화과나무에서 열매를 구하되 얻지 못하니 찍어버리라 어찌 땅만 버리게 하겠느냐 대답하여 이르되 주인이여 금년에도 그대로 두소서 내가 두루 파고 거름을 주리니 이 후에 만일 열매가 열면 좋거니와 그렇지 않으면 찍어버리소서 하였다 하시니라

(누가복음 13 : 6 - 9)

## 그 과원지기의 믿음

어떤 어머니가 부엌에서 아침식사를 마치고 설거지를 하고 있었습니다. 그 집에는 유치원에 다니는 어린 아들이 하나 있었습니다. 하루는 이 아들이 강아지와 방 안에서 놀고 있었습니다. 어머니가 방 안에서 나는 소리를 잠깐 들어보니까 아들이 강아지를 마구 때리면서 "너 내 말 안 들으면 죽여버릴 거야!" 하고 소리를 지르는 것이었습니다. 어머니는 깜짝 놀랐습니다. '도대체 저런 말을 어디서 배웠을까?' 가만히 생각해보니, 그 폭력적인 말을 다름 아닌 자기가 아이한테 심어놓았다는 것을 깨달았습니다. 어린아이의 마음은 깨끗합니다. 듣지 않은 말을 어떻게 하겠습니까. 보지 않은 일을 하겠습니까. 이에 어머니는 깜짝 놀라서 눈물로 회개했다는 이야기입니다.

오늘본문에 나타난 예수님의 비유는 아주 간단한 말씀입니다. 하지만 깊이 묵상해보면 신학적으로 구속사적인 깊은 메시지가 담겨 있습니다. 읽을수록, 묵상할수록 깊고 오묘한 말씀이 담겨 있는 본문입니다. 무화과나무에 대한 이야기입니다. 무화과나무는 관상나무가 아닙니다. 우리나라에서 무화과나무는 주로 남쪽에 많이 있고, 서울 경기 쪽에는 별로 없습니다. 이 무화과나무는 관상나무가 아닙니다. 소나무같이 그냥 보기만 하는 나무가 관상나무 아닙니까. 그렇다고 무화과나무가 목재로 쓸 수 있는 나무인 것도 아닙니다. 무화과나무는 비틀어지고, 그렇게 높이 자라지 않고, 옆으로 퍼집니다. 그리고 가지들이 전부 다 비틀어져서 건축자재로 쓸 수 있는 나무가 아닙니다.

무화과나무의 목적은 딱 하나 열매가 잘 열리는 것입니다. 사실 그 열매가 그렇게 맛이 있지는 않습니다. 그래도 무화과나무 열매만의 특징은 있습니다. 바로 열매 안에 꽃이 핀다는 것입니다. 그래서 열매 안에 있는 꽃과 열매를 같이 먹는 것입니다. 요새는 아주 잘 익은 무화과가 시장에 많이 나옵니다마는, 이 무화과는 원래 다 익지 않은 것도 먹을 수 있습니다. 더구나 이스라엘 나라에는 이 무화과가 1년 내내 열리고, 두 차례 딸 수 있습니다. 그렇기 때문에 이 무화과나무는 열매도 많이 열리고, 오고 가는 사람 누구라도 얼마든지 따먹고 급한 대로 시장기를 해결할 수 있습니다.

그러나 오늘본문에 나오는 이 무화과나무에는 무화과 열매가 없습니다. 그래서 주인이 말합니다. "내가 3년을 와서 보았다. 그런데도 열매가 없다. 그러니 이제는 찍어버려라. 어찌하여 땅만 버리겠느냐?" 옳은 말입니다. 열매 없는 무화과는 찍어버리는 게 당연합니다. 여기서 중요한 것은 두 가지입니다. 하나는 3년을 기다렸다는 것입니다. 여기에 하나님의 인내가 있습니다. 우리가 혹 잘못할 때 하나님께서는 즉각적으로 심판하시지 않습니다. 당장 벼락을 치시는 분이 아닙니다. 하나님께서는 오래오래 참으십니다. 여기에 3년이라고 했습니다마는, 3년이 아니라, 10년이 아니라, 그 이상도 참으십니다. 참으시는 하나님입니다. 하나님께서는 오래오래 기다려주시고, 은총을 베풀어주십니다. 하나님의 인내가 여기에 함축되어 있습니다.

그리고 두 번째는 과원지기를 나무라지 않습니다. 분명히 이 주인은 나무가 나쁘다고 합니다. 과원지기를 향해서는 아무런 꾸중이

나 심판을 하지 않습니다. 그리고 "나무가 나쁘다. 그런고로 찍어버리라!"라는 것이 주인의 판단입니다. 참 놀라운 이야기입니다. 주인은 나무를 심판하고 있습니다. 나무가 본질적으로 나빠서 열매가 없다고 판단한 것입니다. 그래서 그 나무를 찍어버리라고 주인이 말합니다. 바로 이때 과원지기가 주인의 뜻을 가로막고 믿음을 고백합니다. 저는 이걸 신앙고백이라고 생각합니다. 대단히 중요한 말씀입니다. 과원지기가 말합니다. "금년에도 그대로 두소서. 제가 두루 파고 한 번 더 수고하겠습니다. 그리고 열매가 없으면 그때 찍으십시오." 이 과원지기의 마음속에는 믿음이 있습니다. 분명히 주인은 나무가 나쁘다고 했는데, 과원지기는 "아닙니다. 제게 부족함이 있었습니다"라고 말합니다.

이 사건에는 병리적인 것과 생리적인 것이 있습니다. 우리가 혹 병에 걸려서 아플 때, 여기에는 두 가지가 있습니다. 첫째는 disease, 병리적인 것입니다. 이것은 당장은 아프지만 나을 수도 있고, 아니면 더 아플 수도 있는, 진행중인 병을 뜻합니다. 둘째는 disorder, 장애를 말합니다. 장애는 멈춘 것입니다. 치료를 위해서 조치할 필요가 없습니다. 병원에 갈 필요도 없습니다. 그런다고 고침을 받는 것이 아니기 때문입니다. 그러므로 장애와 질병은 다릅니다. 질병은 어려운 지경에 있지만, 더 나빠질 수도 있고, 다시 좋아질 수도 있습니다. 그러나 장애라는 것은 생리적인 것입니다. 멈춰진 것입니다.

그런데, 오늘 이 사건을 놓고 볼 때 주인은 말합니다. "찍어버려! 이건 다 끝난 거야!"라고 심판합니다마는, 과원지기는 딱 나서서 "아닙니다. 이것은 병리적인 것입니다. 무엇인가 잘못되어서, 무엇인가 부족해서 이렇게 열매가 없는 것이라고 저는 믿고 있습니다.

이것은 나무의 문제가 아니고 제 문제입니다. 제가 잘못해서 이렇게 된 것입니다. 저는 이 나무의 가능성을 믿습니다. 뿐만이 아니라, 미래지향적인 가능성을 믿고 있습니다. 무엇인가 바로 하면 장차 열매가 맺을 것입니다. 그런고로 주인은 참으소서. 제가 수고하겠습니다."

또 한 가지, 오늘본문에서 깊이 감동되는 것은 이 과원지기가 책임을 지는 것입니다. "제가 책임을 지겠습니다. 이 나무의 문제가 아니고, 제 문제입니다. 제가 책임을 지겠습니다." 주인은 나무에게 책임을 돌려서 찍어버리라고 했습니다마는, 과원지기는 말합니다. "아닙니다. 제가 무엇인가 잘못한 것 같습니다. 제 책임입니다." 그렇습니다. 사랑은 책임지는 마음입니다. 사랑은 남에게 책임을 묻지 않습니다. 모든 책임을 내가 집니다.

이런 재미있는 이야기가 있습니다. 제가 목회할 때 종종 어려운 일을 당하는 분들이 제 사무실에 와서 상담을 했습니다. 하루는 어떤 부부가 너무나 부부싸움을 많이 하다가 견디다 못해 제 앞에까지 왔습니다. 그 부인이 제가 보는 앞에서 자기 남편을 나무랍니다. 이 사람이 어쨌고 저쨌고 하면서 못된 이야기만 하다가 맨 마지막에는 이 사람이 나를 때리기까지 했다고 하면서 멍든 것까지도 저에게 보여주었습니다. 제가 그 이야기를 다 듣고 나서 한참 있다가 이렇게 물어보았습니다. "당신은 남편이 당신을 때렸다고 하는데, 그럼 그 직전에 당신은 남편에게 무슨 말을 했습니까?" 그랬더니 "나를 죽여라!"라고 했답니다. 그래서 제가 웃으면서 "죽이라고 했는데, 죽이지 않고 때리기만 했으니까 괜찮구먼요?" 그러니까 자기도 웃더라고요.

여러분, 화난 사람만 이야기합니까? 왜 화를 내게 한 것은 생각 안 합니까? 결정적 원인이 어디에 있습니까? 다 자신에게 있다는 것을 잊어서는 안 됩니다. 그걸 생각하는 것이 바로 중보자의 마음입니다. 이 중보자의 마음으로 과원지기는 "제가 잘못한 것 같습니다. 제가 무엇인가 잘못한 것 같습니다"라고 합니다. 이 얼마나 귀한 중보자의 고백입니까. "제가 그전과 다른, 뭔가 새로운 방법으로 무화과에게 수고를 하겠습니다. 그런 다음에 찍으십시오." 이것은 은총입니다. 새로운 기회에 대한 기다림을 말합니다. 은총은 기다림입니다. 은총은 새로운 기회를 주는 것입니다. 이걸 잊지 말아야 합니다.

많은 분이 잘 아는 테레사 수녀는 한평생을 성자와 같이 살았습니다. 그에게 누가 그동안 쌓은 업적에 대해서 물었습니다. 그는 간단히 대답합니다. "제가 한 일은 아무것도 없습니다. 제가 한 일이라고는 환자들을 대할 때마다 처음부터 끝까지 그의 말을 들어준 것뿐입니다. 저는 의사도 아니고, 제게 무슨 방법이 있는 것도 아닙니다. 다만 고통당하는 사람과 함께하며, 그의 모든 말을 끝까지 다 들어드린 것뿐입니다." 무엇을 말하는 것입니까? 들어준다는 것입니다. 우리는 먼저 심판부터 합니다. 비판해버립니다. 그래서 단번에 찍어버려야 된다고, 이것 불가능하다고 이야기합니다. 하지만 아닙니다. 새로운 소망을 가지고 기다려야 합니다. 그리고 그 속에 깊은 가능성이 있다는 것을 믿어주는 것입니다.

저에게 또 다른 경험이 있습니다. 어떤 가정에 딸 둘이 있는데, 하나는 고등학교에, 하나는 대학교에 다닙니다. 그 아버지는 의사입니다. 한데 이 아버지가 그만 바람이 났습니다. 그러니까 그 두 딸이 어머니에게 아버지는 잊어버리고 우리끼리 잘 살자고 이야기했습니다. 그러자 어머니가 한참 있다가 대답합니다. “아니다. 부부간의 일은 너희들이 모른다. 그건 비밀스러운 것이란다. 너희 아버지에게 잘못이 있는 게 아니고, 잘못은 내게 있었다. 내가 몸이 약해서 잔소리가 많았다. 너희 아버지는 착한 사람이다. 그런고로 잘못은 내게 있다.” 이 이야기를 딸 둘이 아버지한테 가서 얘기했습니다. 이 말을 들은 아버지가 눈물을 흘리면서 하는 말입니다. “아니다. 사실은 내가 잘못한 것이다.” 다행히 가정은 다시 화목하게 되었습니다.

여러분, 열쇠는 단 하나, 책임을 내가 지는 것입니다. 이 책임지는 마음이 십자가까지 올라갑니다. 예수님께서 우리의 모든 죄를 책임지시고 십자가에 돌아가십니다. 이것이 복음입니다. 언제든지 ‘내 잘못이다!’하는 마음, 다른 사람의 잘못이 보일 때마다, 열매 없는 나무가 보일 때마다 그 책임이 내게 있다고 생각하는 그 마음이 바른 믿음입니다. 과원지기에게는 믿음이 있습니다. 그는 깊은 곳을 봅니다. 현재를 보는 것이 아닙니다. 미래를 봅니다. 그리고 내가 해야 할 일을 생각합니다. 이것이 과원지기의 믿음입니다. 이제 나의 수고로 말미암아 열매 없는 무화과가 열매를 맺고, 맛없는 세상이 맛있는 세상이 되고, 불우한 세상이 화목하게 되고, 절망스러운 세상에 소망이 있게 되는 사건이 있습니까? 이 열매를 보고 있습니까?

저는 책상 앞에 알브레히트의 기도라고 하는, 두 손을 모으고 있는 그림이 하나 있습니다. 이 그림은 세계적인 명화입니다. 이것은 알브레히트라고 하는 청년이 자기 친구와 함께 시골에서 자라다가 한번 성공해보자고 같이 도시로 나왔습니다. 친구는 피아노를 치는 사람이고, 알브레히트는 그림을 그리는 사람입니다. 이 두 사람이 공부를 하려고 애써보았는데, 둘이서 벌어가면서 같이 공부해서는 도저히 안 되겠는 것입니다. 그래 서로 2년씩 교대해 가면서 공부를 하자고, 한 사람이 공부하는 동안 다른 사람은 돈을 벌어서 뒷바라지를 하자고 타협했습니다. 먼저 피아노를 치는 친구가 열심히 일해서 알브레히트의 학비를 댔습니다. 그동안 알브레히트는 열심히 그림 공부를 해서 마침내 사람들에게 인정받고, 상도 받는 성공을 거두게 되었습니다. 그런 다음 피아노를 치는 친구가 2년 동안 공부하기로 하였는데, 벌써 2년 동안 궂은 일을 하다 보니, 손마디가 굵어지고, 뼈가 잘못되어서 피아노를 칠 수 없게 되었습니다. 그 친구가 아무리 노력을 해봐도 안 되기에 하는 수 없이 포기하고 알브레히트에게 말했습니다. "나는 어차피 이렇게 됐으니까 네가 더 공부해라. 그래서 더 훌륭한 화가가 되어라."

알브레히트는 열심히 공부하여 결국 세계적인 화가가 됩니다. 그가 어느 날 상을 받고 집에 돌아와 보니까 문틈으로 기도 소리가 들리는 것이었습니다. 그 문을 살짝 열고 보았더니, 자기 친구가 손을 모으고, 알브레히트를 위해서 기도하고 있는 것이었습니다. "하나님, 제 친구가 훌륭하고, 거룩한 그림을 그려서 하나님께 영광 돌리게 해주십시오." 이렇게 간절히 기도하는 모습을 보았습니다. 그 친구의 손을 보니, 거칠고 손마디가 굵었습니다. 이에 알브레히트는 그 친구의 손을 재빨리 그림으로 그렸습니다. 그게 바로 유명한 알브레히트의 '기도하는 손'입니다. 이 손은 친구를 위해서 버려진 손입니다. 친구를 위해서 일생이 바뀐 손입니다. 희생한 손입니다. 여러분, 잊지 말아야 합니다. 내가 희생하므로 누군가가 성공하고, 내가 희생하므로 누군가 영광을 얻고, 내가 희생하므로 저가 열매를 맺고…… 나의 희생을 통하여 어딘가에서 열매 맺는 일이 분명히 있을 것입니다. 이것을 보고, 이것을 알고, 이것을 믿는 사람에게 큰 기쁨과 감격이 있습니다.

저는 믿습니다. 이 무화과나무는 분명히 그해 열매를 맺었을 것이라고요. 그리고 과원지기를 기쁘게 하고, 주인을 기쁘게 했다고 믿습니다. 우리에게도 작지만, 내가 하는 수고, 내가 희생하는 것에서 과원지기의 믿음을 가지고 숙고할 때 어딘가에 보이지는 않아도 좋은 열매가 여기저기 맺어져서 함께 하나님께 영광 돌리는 역사가 있을 것입니다. 이것을 바라보는 것이 바로 과원지기의 믿음입니다. △

# 나를 단련하시는 하나님

그러나 내가 가는 길을 그가 아시나니 그가 나를 단련하신 후에는 내가 순금 같이 되어 나오리라 내 발이 그의 걸음을 바로 따랐으며 내가 그의 길을 지켜 치우치지 아니하였고 내가 그의 입술의 명령을 어기지 아니하고 정한 음식보다 그의 입의 말씀을 귀히 여겼도다 그는 뜻이 일정하시니 누가 능히 돌이키랴 그의 마음에 하고자 하시는 것이면 그것을 행하시나니 그런즉 내게 작정하신 것을 이루실 것이라 이런 일이 그에게 많이 있느니라 그러므로 내가 그 앞에서 떨며 지각을 얻어 그를 두려워하리라 하나님이 나의 마음을 약하게 하시며 전능자가 나를 두렵게 하셨나니 이는 내가 두려워하는 것이 어둠 때문이나 흑암이 내 얼굴을 가렸기 때문이 아니로다

(욥기 23 : 10 - 17)

## 나를 단련하시는 하나님

신약성경을 보면 예수님께서 하신 말씀 가운데 수수께끼 같은 말씀이 있습니다. 바로 이 말씀입니다. "부자가 천국에 들어가려면 낙타가 바늘귀로 들어가기보다 어렵다." 이건 말이 안 됩니다. 낙타가 어찌 바늘귀로 들어가겠습니까. 그래서 이 말씀을 듣던 제자들이 여쭈어봅니다. "어찌 그런 일이 있겠습니까?" 그러자 예수님께서 이렇게 대답하셨습니다. "하나님께서는 하실 수 있느니라." 여러분은 어떻게 생각하십니까? 하나님께서는 하실 수 있느니라— 이 말씀을 구체적으로 하면, 하나님께서 낙타를 작고 조그맣게 만드셔서 바늘구멍으로 들어가게 하시겠다는 것입니다. '그럼 낙타가 바늘귀로 들어갈 만큼 작아지려면 얼마나 많은 고통과 아픔을 치러야 하겠나?' 저는 이런 생각을 해봅니다. 이것이 바로 예수님께서 하신 말씀입니다. 풍자적이기도 하지마는, 아주 구체적이고 현실적인 말씀이라고 생각합니다. '낙타가 바늘구멍만큼 작아지게 하는 일을 하나님께서는 하실 수 있다.' 이 바늘구멍만큼 작아지는 여기에 아픔이 있습니다.

1963년, 제가 처음 미국으로 유학갔던 그때 3개월간의 긴 여름방학을 맞이하게 되었습니다. 그 기간에는 기숙사 문도 닫아버립니다. 그러니까 저처럼 혼자 가서 사는 사람은 하룻밤 머물 곳도 없습니다. 그때 제가 가만히 생각했습니다. '이 3개월, 소중한 시간인데, 이걸 내가 그냥 허비할 수는 없지. 이 시간을 더 소중한 시간으로 만들어야겠다.' 이렇게 생각하고 목사님께 미국의 노동자 경험을 한번

해보고 싶다고 부탁드렸습니다. 그러자 목사님이 빙그레 웃으시며 "괜찮겠나? 견딜 수 있겠나?" 하시더니 '윌리엄스 포즈'라고 하는 큰 강철공장에 저를 소개해주셨습니다. 그 강철공장은 얼마나 외따로 떨어져 있는지, 거기서부터 차를 타고 1시간을 갈 동안 어디에도 숫제 집이라곤 없었습니다. 그뿐 아니라, 이 공장이 얼마나 시끄러운지, 거기서 일하는 모든 사람이 공장에 귀를 막고 들어갑니다. 귀마개로 귀를 꽉 틀어막고 들어가서 그 기름 속에서 기계와 함께 일하다가 저녁에 나오는데, 그러면 바로 목욕탕에 들어가 온 몸을 씻고서야 옷을 갈아입습니다.

그런 참 어려운 공장에 들어가서 제가 석 달 동안 일하면서 좋은 경험을 했습니다. 거기서 제가 본 것이 뭐냐 하면, 이렇게 커다란 쇳덩어리를 불 속에다 넣어서 벌겋게 달군 다음 꺼내어서 해머로 때립니다. 그 해머가 무려 4톤짜리입니다. 그 무거운 것이 꽝꽝 하고 공중에서 떨어집니다. 그다음에 쇳덩어리가 조금 식으면 다시 불 속에 넣었다가 다시 꺼내어서 또 때리는 것입니다. 이런 식으로 다시 넣었다가 때리기를 계속 반복합니다. 왜 그러는지 그 책임자에게 물어보았더니, 그렇게 때려야 강한 강철이 된다고 답해주었습니다. 그렇게 때릴 때마다 쇳속에 있는 찌꺼기가 빠져나가고 쇠의 분자들이 가까이 접촉해서 강한 쇠가 만들어진다는 것이었습니다.

많이 맞아야 합니다. 많이 맞아야 강한 강철이 됩니다. 기독교 심리학자인 폴 투르니에의 책 가운데 「인생의 사계절」이라는 명저가 있습니다. 내용은 간단합니다. 인생에는 사계절이 있다는 것입니다. 첫째 계절이 사랑의 계절입니다. 사랑받는 계절이지요. 한 살에서 네 살까지는 아주 제왕의 사랑을 받습니다. 모든 사람이 예뻐하고, 모든 사람이 사랑합니다. 그 아이가 잘못한다고 나무라는 사람도 없습니다. 억지를 쓴다고 해서 그것을 욕하지도 않습니다. 그런 사랑의 봄날 같은 계절이 있습니다. 둘째 계절은 고난의 계절입니다. 인생의 변화는 여기서부터 시작됩니다. 언젠가부터는 하지 말라는 일이 생깁니다. 어렸을 때는 그냥 하는 대로 내버려두었지만, 조금 크기 시작하면 "안 돼! 이것도 안 돼! 저것도 안 돼!" 합니다. 또 조금 잘못 가면 딱 하고 때립니다. 금기가 생깁니다. "이것도 안 되고, 저것도 안 돼!" 안 된다는 일들이 자꾸만 생깁니다. 그러나 이렇게 해서 그 사람이 다듬어지는 것입니다. 그의 인격이 다듬어지는 것입니다. 안 된다는 것 없이 그대로 내버려두면 불량자가 됩니다. 못 쓰게 되는 것입니다. 하려는 것을 못 하게 하고, 먹으려는 것을 못 먹게 하고…… 이런 식으로 사람을 다듬어서 변화시키는 것입니다. 셋째 계절은 동일화의 계절입니다. 단순히 금지하고 끊어버리는 것만이 아니라, 이제부터는 본받는 것입니다. 어른을 본받습니다. 선생님을 본받습니다. 예수님을 본받습니다. 내 마음속에 존경하고 사랑하는 어른이 있어 그 교훈을 따라서 본받아 가는 것입니다. 그러면서 내가 그분과 같아집니다. 동화되어 가는 것입니다. 여기서는 표본이 중요합니다. 누구를 본받느냐가 중요합니다. 누구를 닮느냐가 중요한 것입니다. 표본이 잘못되고, 모델이 잘못되면, 그 인생은 곤두박질하는 것입니다. 그러므로 좋은 분을 본받아 가는 것이 중요합니다. 넷째 계절은 적용의 계절입니다. 아주 중요합니다. 은혜의 적용입니다. 이제 본받아 깨달은 진리를 가지고 생활 속에서 적용해 가는 것입니다. 은혜로 해석하고, 은혜를 베풀고, 은혜를 생활화하고, 은혜를 성품화하는 적용, 은총의 적용단계로서 성숙해가는 것입니다. 그러니까 받는 기쁨이 아니라, 주는 기쁨으로 사는 것입니다. 사랑받는 것보다는 사랑을 베풀고, 때로는 희생하고, 수고하는 속에서 인간의 본질적 기쁨을 느끼기도 합니다. 이런 은총의 적용단계에 도달해야 날마다 새롭게 은혜를 경험하고, 은혜를 체험하고, 은혜를 확정하는 인격이 된다, 이것입니다.

오늘본문에 보면, 하나님께서 욥을 단련하셨습니다. 욥을 단련하여 순수하게 하셨습니다. 버리지 못한 것을 버리게 하셨습니다. 끊지 못한 것을 끊게 하셨습니다. 고치지 못하는 것을 고치게 하셨습니다. 사랑할 수 없는 자를 사랑하게 하셨습니다. 당연히 해야 할 줄 알면서도 하지 않고, 게을리하고 기피하는 것을 하게끔 만드십니다. 사랑하게끔 만드십니다. 이것이 하나님께서 단련하시는 역사입니다. 그리하여 강하게 만드십니다. 모든 시험을 이길 수 있는 건강한 인격을 만드십니다. 그뿐 아니라, 거룩하게 만드십니다. 그렇게 되면 이제는 어디에 갖다 놓아도 그는 거룩함을 지킵니다. 죄에 빠지지 않습니다. 유혹에 넘어가지 않습니다. 이 세상 시험에 빠지지 않는 순수하고 거룩한 심령으로 그를 하나님께서는 만들어가신다는 말씀입니다.

그런가 하면, 충성되게 하십니다. 하나님의 뜻인 줄 알면서도 행하지 않습니다. 마땅히 해야 할 일인 줄 알면서도 게을리합니다. 충성되게 하시고, 사랑하게 하시고, 진실하게 하시고, 정직하게 하시고, 부지런하게 하시고, 능력 있게 하시는 이것이 하나님의 교과과정입니다. 성경에서 보는 바와 같이 욥은 말할 수 없는, 상상할 수 없는 많은 고난을 당한 대표자입니다. 극심한 고난을 당했습니다. 먼저는 그가 동방의 제일가는 부자였습니다마는, 하루아침에 완전히 재산을 다 잃어버립니다. 자녀가 하나도 아니고 열이나 있었는데, 그 열 자녀가 하루아침에 다 죽어버리는 어려움을 당합니다. 가장 귀중한 건강도 잃어버려서 상처를 기왓장으로 긁고, 잿더미에서 뒹구는 아픔을 당하게 됩니다. 몸도 아프고, 명예도 잃어버렸습니다. 이제 남은 것은 의 하나뿐인데, 그것마저 땅에 떨어지고 말았습니다. 욥이 당한 고난 가운데 가장 의미가 있는 것은 이유를 알 수 없다는 점이었습니다. '내가 왜 이런 일을 당해야 하나?' 그는 도대체 이유를 알 수 없는 고난을 당했습니다. 그것이 욥이 받은 고난의 특징입니다. 그런가 하면, 죄 없이 고난을 당합니다. 의인으로 고난을 당합니다. 그러나 그는 하나님을 원망하지 않았습니다. 욥기 1장에 보면, 그가 재산을 다 빼앗기고, 건강을 빼앗기고, 자녀가 다 죽었습니다. 그때 유명한 말을 합니다. "주신 분도 하나님이시요, 거둬가신 분도 하나님이시다. 그런고로 하나님의 이름은 찬송을 받으리로다." 하나님을 원망하지 않았습니다. 그것이 욥의 의로움입니다.

오늘본문에서 욥은 고백합니다. "내가 가는 길을 그가 아시나니……(10절)" 내가 왜 이 고난을 당해야 하는지 하나님께서는 아신다— 그는 자신은 알 수가 없지만, 하나님께서는 아신다고 믿었습니다. 그것은 믿음입니다. 신앙고백입니다. 하나님의 능력을 믿었습니다. 하나님께서 능력이 없으셔서 내가 이 고난을 당하는 것이 아니라, 하나님의 초월적인 능력이 있기 때문에 고난을 당하는 것이라고 믿었습니다. 이것이 중요합니다. '하나님의 능력이 손이 짧아서, 하나님의 능력이 없어서……' 이것이 아닙니다. '하나님께서는 능력이 있으시기 때문에 그 초월적인 능력 속에서 내가 고난을 당한다.' 욥은 이렇게 고백합니다.

그런가 하면, 하나님의 지혜를 믿었습니다. 우리는 늘 하나님 앞에 기도할 때 하나님의 능력을 생각합니다. '하나님의 능력을 보여주사 이 고난을 면케 하여주십시오.' 이런 기도를 종종 드립니다마는, 능력은 믿으면서 지혜는 믿지 못합니다. 그 점이 부족합니다. 하나님께서는 초월적인 능력만이 아니라, 초월적인 지혜가 있으십니다. 내가 지금 생각하기에 잘못된 것 같아도 이것은 하나님 지혜의 일환으로 이루어지는 사건입니다. 그 초월적인 하나님의 지혜를 믿을 수 있어야 하는데, 욥은 그걸 믿었습니다. 그뿐 아니라, 욥은 하나님의 사랑을 믿었습니다. 이 고난 가운데서도 하나님께서는 나를 버리지 아니하시고, 나를 사랑하신다고 확실하게 하나님의 사랑을 믿고 있었습니다. 그래서 그는 고백합니다. "나를 단련하신 후에는 내가 순금같이 되어 나오리라(10절)." 정금 같이 순수하고 깨끗한 내 영혼과 내 인격이 하나님 앞에 설 것이라고 고백하고 있습니다. 그러므로 내가 당하는 시련에는 목적이 있습니다. 하나님께서 정하신 목적이 있습니다. 하나님께서 원하시는 의미가 있습니다. 나는 모르나, 그분은 아십니다. 욥은 고백합니다. 하나님께는 목적이 있고, 의미가 있고, 그래서 나를 더 순수하게, 더 겸손하게, 더 정결하게, 더 정직하게 단련하시고, 나를 훈련시키신다고 욥은 믿었습니다. 하나님의 교과과정을 믿은 것입니다. 의미가 있습니다. '왜 하나님께서 나를 이렇게 대하실까?' 지금은 내가 모르지만, 다 뜻이 있으리라고 그는 믿었습니다.

여러분, 가끔 이런 경우가 있습니다. 학교 선생님들이 이런 이야기를 합니다. 남자 학생들 가운데는 수학을 잘하는 아이들이 많은데, 여자 학생들은 그 상당수가 수학을 잘 못한다는 것입니다. 그래서 왜 그런지 궁금해서 물어보았더니 "어차피 시집가면 그만인데, 힘들게 수학을 공부할 필요가 없잖아요?" 하고 답하더랍니다. 여러분, 그렇습니까? 정말 할 필요가 없습니까? 아닙니다. 해야 합니다. 수학을 공부해야 머리가 밝아지고, 사색하는 능력이 생기기 때문입니다. 그러니까 학교에서 배우는 교과과정은 다 필요한 것입니다. 필요치 않다고 생각하고, 내가 원치 않는다고 생각해서 저버리면 안 됩니다. 학교에서 배우는 교과과정이 다 필요하니까 학교에서 가르치는 것 아니겠습니까.

욥이 당하는 고난은 하나님의 지혜 속에, 하나님의 능력 속에, 하나님의 사랑 속에 있는 교과과정입니다. 그것을 겸손하게 받아들여야 합니다. 그래서 오늘본문 14절은 말씀합니다. "내게 작정하신 것을 이루실 것이라……" 이런 의미입니다. '하나님께서는 나를 향한 작정함이 있으시다. 그것을 이루실 것이다. 그것을 이루기 위하여 오늘 이 무진장한 고생을 내가 치러야 한다. 내가 다 알 수는 없지만, 믿고 따르고, 믿고 순종하고, 믿고 사랑하겠다.' 이것이 욥의 신앙고백입니다. 단련에는 목적이 있습니다. 하나님께서 실수로 우리를 괴롭히시는 것이 아닙니다. 내가 당하는 시련이 하나님께서 나를 버리셔서 된 일이 아닙니다. 오히려 사랑하시기 때문에 된 일입니다. 이걸 잊지 말아야 합니다.

저는 어렸을 때 한 경험 가운데 가장 큰 것이 광산의 강제노동수용소에서 8개월 동안 고생했던 일입니다. 그때는 제가 왜 끌려가야 하는지를 몰랐습니다. 당시는 제가가 왜 이런 고생을 해야 하는지 몰랐지만, 그저 두고두고 생각해보면 그 8개월 동안 지옥 같은 곳에서 사람들이 고생하고, 많은 고난 당하는 것을 보았습니다. 한번은 어느 젊은 목사님이 제게 와서 “목사님, 예전에 광산에 가셔서 그렇게 고생하셨다는데, 사실입니까?” 합니다. “사실이지.” “어땠습니까?” 그래 거기서 제가 당한 일에 대해서 이야기해주니까 가만히 듣더니 “예, 목사님. 잘 알았습니다. 저는 이제 목사님처럼 설교하리라고는 생각 안 하겠습니다. 목사님께서는 그런 고생을 하셨기 때문에 이런 설교를 하실 수 있는 것이었습니다.” 그렇습니다. 그때는 제가 왜 그런 고생을 해야 하는지 몰랐습니다. 하지만 생각해보면 그것이 얼마나 중요한 고생이었는지, 얼마나 소중한 경험이었는지 모릅니다. 늘 잊지 말아야 합니다. 욥기 42장 5절, 6절에서 결론을 얻을 수 있습니다. “내가 주께 대하여 귀로 듣기만 하였사오나 이제는 눈으로 주를 뵈옵나이다 그러므로 스스로 거두어들이고 티끌과 재 가운데에서 회개하나이다.” 욥이 처음으로 회개라는 말을 합니다.

많은 고난 가운데 있습니다. 왜 이 고생을 해야 하는지 몰랐습니다. 이제 보니까 전에는 하나님의 음성을 듣기만 하더니, 이제는 하나님을 봅니다. 그만큼 하나님께 가까이 간 것입니다. 옛날에는 듣던 하나님을 오늘은 보게 됩니다. 그런고로 회개합니다. 그동안에 하나님께 섭섭히 생각한 것, 하나님께 원망한 것, 고난 가운데 하나님을 원망한 것을 회개합니다. 여러분, 이걸 잊지 말아야 합니다. 단련을 통해 하나님께 가까이 갑니다. 듣던 하나님을 이제는 보게 됩니다. 보기 위하여 우리는 이 어두운 장막을 걷어버려야 합니다. 이 단련은 욥이 선택한 것이 아닙니다. 하나님께서 강권적으로, 일방적으로 주신 시련입니다. 욥이 선택한 것은 아니지만, 하나님께서 정하신 교과과정입니다. 상황이 만든 것이 아닙니다. 하나님의 뜻이 이것을 만든 것입니다. 그래서 ‘정금같이 나오리라’ 하는 그 믿음으로 살고, 그 믿음으로 모든 시험을 이길 수 있었습니다.

오늘은 현충일입니다. 이 땅에 전쟁이 있었고, 그것에 대하여 다 잊어버렸지만, 우리가 왜 그 엄청난 시련을 당해야만 했는지, 이제는 알 만합니다. 그 큰 시련을 통하여 우리 민족에게 주신 축복이 얼마나 큽니까. 이걸 잊지 말아야 합니다. 단련하신 뒤에 정금같이 나오리라— 욥의 신앙고백을 믿고, 그것을 우리의 신앙고백으로 받아들일 때 하나님께서는 새로운 은총을 우리에게 더해주실 것입니다. △

# 주여 옳소이다

예수께서 일어나사 거기를 떠나 두로 지방으로 가서 한 집에 들어가 아무도 모르게 하시려 하나 숨길 수 없더라 이에 더러운 귀신 들린 어린 딸을 둔 한 여자가 예수의 소문을 듣고 곧 와서 그 발 아래에 엎드리니 그 여자는 헬라인이요 수로보니게 족속이라 자기 딸에게서 귀신 쫓아내 주시기를 간구하거늘 예수께서 이르시되 자녀로 먼저 배불리 먹게 할지니 자녀의 떡을 취하여 개들에게 던짐이 마땅치 아니하니라 여자가 대답하여 이르되 주여 옳소이다마는 상 아래 개들도 아이들이 먹던 부스러기를 먹나이다 예수께서 이르시되 이 말을 하였으니 돌아가라 귀신이 네 딸에게서 나갔느니라 하시매 여자가 집에 돌아가 본즉 아이가 침상에 누웠고 귀신이 나갔더라

(마가복음 7 : 24 - 30)

## 주여 옳소이다

성 프란치스코의 한 제자가 어느 날 열심히 명상하고 기도하는 가운데 천국에 올라가는 환상을 보았습니다. 그는 화려하고 아름다운 천국을 이리저리 구경하며 감격하고 있었습니다. 그러다가 어디를 갔는데, 그곳에는 아주 화려하고 높은 보좌가 하나 있었습니다. 자세히 보니, 그 보좌가 비어 있는 것이었습니다. 그런 보좌를 보고 그는 천사에게 물었습니다. "이 보좌는 누가 앉게 될 보좌입니까?" 천사가 말합니다. "이 세상에서 가장 겸손한 성 프란치스코가 앞으로 올라와서 앉게 될 보좌다." 이 말을 듣고 그는 환상에서 깨어났습니다. 그리고 사랑하는 스승 성 프란치스코를 옆에서 보았습니다. 좀 부럽기도 하고, 질투가 나기도 해서 스승에게 물었습니다. "선생님, 선생님께서는 자기 자신을 어떤 사람이라고 생각하십니까?" 성 프란치스코는 빙그레 웃으면서 대답했습니다. "나는 나를 세상에서 가장 악한 사람이자 위선자라고 생각하지." 제자는 말했습니다. "선생님, 그것은 거짓입니다. 선생님은 모든 사람이 존경하는 성자십니다. 세상에는 악한 사람들이 얼마나 많은데, '내가 세상에서 가장 악한 사람이다'라고 말씀하시면 되겠습니까. 그건 오히려 위선입니다." 그때 성 프란치스코가 태연하게 빙그레 웃으면서 말했습니다. "그것은 자네가 나를 몰라서 그래. 내 안에 있는 나의 내면세계는 아직도 해결하지 못한 온갖 정욕과 거짓과 위선으로 가득 차 있어. 그래서 열심히 기도하는 거야. 아침에 두 시간씩 기도하지 않으면 그날은 마귀가 이기는 거야. 그래서 나는 열심히 기도하면서 살고 있다네.” 성도 여러분, 어떻게 생각하십니까? 자신을 돌아볼 때 스스로 얼마나 겸손하다고 생각하십니까? 얼마나 진실하고, 얼마나 정직하다고 생각하십니까? 겸손과 정직함 가운데 참 믿음이 있습니다. 우리의 모든 잘못된 생각이나 근심 걱정이 알고 보면 다 교만 때문입니다. 겸손하지 못하기 때문입니다. 아니, 정직하지 못하기 때문입니다. 그래서 마르틴 루터는 말합니다. ‘신앙이란 하나님 앞에 정직한 것이다.’

오늘본문에 나타난 이야기는 깊은 감동을 주는 귀한 복음의 말씀입니다. 여기에 참으로 불쌍한 여자가 있습니다. 사랑하는 자기 딸이 귀신에 들렸습니다. 다른 병과는 다릅니다. 정신병입니다. 그런 딸을 가진 어머니, 얼마나 괴롭겠습니까. 전에 소망교회에서 목회할 때 많은 교인이 저를 찾아와 상담을 했는데, 그 가운데 지적 장애를 가진 아이를 둔 부모가 있었습니다. 저를 찾아와 “목사님, 어떻게 하면 좋겠습니까?” 하고 물어보는데, 그분들이 얼마나 괴로워하는지, 도대체 뭐라 위로할 길이 없었습니다. 그래 제가 교회의 허락을 받아 지적장애인들이 보살핌을 받을 수 있는 장소를 만들었습니다. 지금도 아주 모범적으로 운영되고 있습니다.

다른 것도 아니고, 귀신 들린 자녀를 둔 부모입니다. 그 얼마나 괴롭겠습니까. 이렇다 할 대책도, 치료방법도 없습니다. 특별히 이 어머니는 수로보니게 여인입니다. 그가 소문을 듣고 예수님께 나아와 아뢰니다. “주여, 저를 불쌍히 여기소서. 제 딸이 귀신들렸나이다.” 이때 예수님께서는 이상한 반응을 하셨습니다. 성경에 딱 한 번 있는 이야기입니다. 예수님께는 아마도 이 여자를 좀 시험하려 하셨거나, 또는 믿음을 키워주시려는 마음이 있었다고 생각합니다. 예수님께서 간접적으로 거절하십니다. “너는 이방 사람이다. 나는 이스라엘 사람 외에는 보냄을 받지 않았노라. 너는 축복권 밖에 있는 이방 여자다.” 뿐입니까. 참 소화하기 어려운 말입니다. “자녀의 떡을 취하여 개에게 줄 수 없다.” 이것이 무슨 말씀입니까? 사람을 개 취급하는 말씀 아닙니까. 세상에 어찌 사람을 이렇게까지 멸시하실 수가 있습니까. 아무리 상대가 이방 여자지만, 이렇게 말씀하셔도 되는 것입니까.

사실 유대 사람들은 스스로를 도덕적으로 깨끗하다고 생각하고, 이방 사람을 멸시했습니다. 그래서 이방 사람을 개라고 불렀습니다. 이렇게 편견에 빠져 이방 사람을 저주스러운 존재로 대하는 것이 유대 사람들의 도덕주의입니다. 우리는 깨끗하고 거룩한 백성이고, 이방 사람은 더러운 것들이라고 생각하는 것입니다. 그런데 예수님께서 그런 보통의 유대사람들이 하는 말을 입에 담으신 것입니다. 예수님의 그런 말씀을 들었을 때 이 여자의 마음이 얼마나 아팠을까, 하는 생각을 합니다.

그리 좋은 이야기는 아닙니다마는, 제가 미국에서 공부하고 있을 때 한인장로교회라는 교회에 목사님 자리가 공석이어서 제가 설교목사로 오랫동안 그 교회에 주일마다 가서 설교를 한 일이 있었습니다. 그 교회 바로 옆에는 아주 가난한 사람들이 사는 아파트가 하나 있었지요. 그런데 예배 시간에 그 아파트에서 부부간에 싸우면서, 또 아이들끼리 싸우면서 고래고래 욕설을 하는 통에 시끄러워서 도무지 설교를 못 할 정도였습니다. 그렇다고 우리 교인들이 나가서 말리지도 못합니다. 말렸다가는 더 큰 일이 나니까요. 주일마다 이런 일이 있어서 이걸 어떡하나 고민하다가 제가 사람을 통해서 그 소리 나는 집에 대해서 좀 알아보았습니다. 그랬더니, 그 집에는 아이가 무려 여덟 명인데, 그 아버지가 다 달랐습니다. 이럴 때 생각나는 단어가 있지요. 바로 '구제 불능'입니다.

오늘본문에 보면 예수님께서 이방 여자를 개에 비유하셨습니다. 편견과 멸시로 대하시는 것처럼 보입니다. 그러나 이 여자의 대답을 보십시오. "옳습니다. 하지만 개도 주인의 상에서 떨어지는 부스러기를 먹고 삽니다." 기가 막힌 말입니다. 여자는 예수님의 말씀을 부정하지 않았습니다. "너는 개와 같다." "예, 그렇습니다." 자신을 개로 인정했습니다. 예수님의 판단을 그대로 인정한 것입니다. 사람들의 편견도 그대로 인정한 것이고요. 그러나 은총 아래 있다는 것입니다. 비록 개이기는 하지만, 주인의 개입니다. 그 개도 주인이 먹을 것을 주어야 삽니다. 이것을 신학적인 용어로 말하면 '전적인 수용'입니다. 예수님께서 말씀하시는 대로 전적으로 수락하는 것입니다. "네가 개다." "예, 개입니다." "너는 죄인이다." "예, 죄인입니다." "너는 저주받았다." "예, 그렇습니다. 그러나 주인의 개입니다. 주인의 은총 안에 있습니다. 비록 천한 존재지만, 주인의 은혜 가운데 살고 있습니다. 제가 지금 이 아이로 말미암아 시달리고, 저주받은 생을 살고 있는 것 같으나, 이마저도 하나님의 은혜입니다." 이렇게 고백합니다. 주님께서 아주 만족하게 여기시고, 그녀를 칭찬하십니다. "네 믿음이 크도다!" 같은 내용이 있는 마태복음 15장 28절에서는 이렇게 말씀합니다. "여자여, 네 믿음이 크도다. 네 소원대로 되리라!" 이 여자에게 있던 믿음이 무엇입니까? 이분이 성경을 압니까? 사도신경을 압니까? 여기에서 말씀하시는 믿음은 겸손한 믿음을 뜻합니다. 어떤 환경에서도 하나님의 은혜를 잊어버리지 않고,

은혜 안에 내가 있음을 기억하는 것입니다. 예수님께서는 그 믿음을 칭찬하신 것입니다.

유명한 강영우 박사는 중도 실명으로 많은 어려움을 겪었습니다. 그러나 아주 열심히 공부해서 시각장애인으로서는 최초로 박사가 되었고, 미국 유학을 하면서 백악관의 관리로까지 일하신 훌륭한 분입니다. 그분이 결혼해서 아이를 낳았는데, 그 아이가 유치원 다닐 때 식사 때마다 이렇게 기도했습니다. "하나님, 우리 아버지 눈뜨게 해주세요. 그래서 나하고 야구도 하고, 축구도 하게 해주세요." 강영우 박사는 난감했습니다. 그렇게 기도하지 말라고 할 수도 없고, 하나님께서는 그런 능력이 없으시다고 할 수도 없고, 어떻게 하면 좋을까 고민하다가 한 가지 지혜를 내었습니다. 원래 아이가 밤에 자기 전 엄마가 아이 방에 들어가 성경을 읽어주었는데, 그날은 강영우 박사 자신이 들어가서 아이에게 성경을 읽어주겠다고 했습니다. 아빠가 들어오니 아이가 이상해하면서 "아빠는 앞을 못 봐서 성경을 못 읽잖아요?"라고 했습니다. 그러자 강영우 박사는 "아빠는 할 수 있어!"라고 하면서 방의 불을 일부러 껐습니다. 아이가 더욱 놀라면서 "아빠, 어두운데 어떻게 성경을 봐요?" 하자 "걱정하지 마라. 너는 못 보지만 나는 볼 수 있다!"라고 하고는 점자성경을 앞에다 놓고 더듬어가면서 성경을 유창하게 읽었습니다. 이 유치원 다니는 아이가 깜짝 놀라서 "아버지는 참 대단해요. 불도 다 껐는데, 어떻게 성경을 볼 수 있어요?" "그것 봐라. 네가 못 보는 것을 내가 보지 않느냐? 네가 못하는 걸 내가 하고 있지 않느냐? 하나님의 은총이 바로 여기에 있단다." 여러분, 생각해야 합니다. 남 보기에는 참 비참한 처지요, 어려운 처지입니다. 그러나 바로 그것이 은총입니다. 그 속에 은혜가 있고, 나만이 느끼는, 나만이 알 수 있는 절대적 은혜가 함께한다는 것을 잊어서는 안 됩니다. "너는 개와 같다." "예, 개입니다. 개도 주인의 개입니다. 은혜 안에 있는 개입니다." 이렇게 말합니다. 이걸 인정한다는 것이 참으로 중요합니다.

여러분, 예수님의 십자가 옆에 있었던 두 사람의 강도를 아실 것입니다. 그 가운데 나쁜 강도가 예수님을 향해 뭐라고 합니까? "십자가에서 내려가라! 그리고 너도 구원하고, 나도 구원해라!" 그는 십자가에 매달려서도 예수님을 비난합니다. 그때 옆에 있던 착한 강도가 하는 말을 가만히 보십시오. "우리는 우리가 한 일에 대한 마땅한 벌을 받고 있는 것이다. 하지만 이분은 아니다. 예수님께서는 이것을 지실 분이 아니심에도 이 십자가에서 귀하고 거룩한 희생을 치르고 계신 것이다." '이분은 십자가에 달릴 분이 아니시지만, 나는 맞다. 내가 당하는 고난은 내가 지은 죄의 벌을 받는 것이다.' 이렇게 인정합니다. 그 인정하는 마음이 믿음입니다.

오늘 이 여자가 "자녀의 떡을 취하여 개에게 줄 수 없다"라는 예수님의 말씀을 들었면서도 "옳으십니다. 하지만 개도 주인의 개입니다. 그 주인의 은총 안에 있습니다. 주인의 은혜 안에 있음을 알고 있습니다. 내가 비록 이렇게 비참한 시간을 보내고 있지마는, 여기까지도 은혜 안에 있습니다"라고 하며 은총의 감각을 잃지 않았습니다. 어떤 처지에도 겸손하게 마땅한 것으로 받아들이고, 뿐만이 아니라, 여기까지도 은혜라고, 이것도 은혜라고 여기는 믿음을 예수님께서 귀히 보시고 "네 믿음이 크도다. 네 소원대로 되리라!"라고 말씀하셨습니다. 그리고 여자가 집에 가서 보니, 아이가 어느덧 귀신이 나간 상태의 건강한 몸으로 있는 것입니다.

여러분, 우리의 믿음을 점검해보십시다. 믿음이 있을 뿐만이 아니라, 겸손해져야 합니다. 그렇다면 여러분은 어디까지 겸손할 수 있습니까? 어떤 비난에 대해서까지 겸손할 수 있습니까? 어떤 처지에서까지 은총을 인정할 수 있겠습니까? 하나님의 은혜에 대한 전적인 수용— 이것도 은혜고, 저것도 은혜고, 오늘도 은혜고, 내일도 은혜입니다. 그러나 은혜의 감각에서 떠날 때 그는 그만큼 교만하고, 그만큼 믿음에서 떠나게 됩니다. 가장 중요한 것은 믿음이고, 그 믿음 안에는 겸손이 있어야 합니다. 그리할 때 주께서 말씀하십니다. "네 믿음이 크도다. 네 소원대로 되리라." 이런 허락을 얻게 됩니다. 여러분, 다시 한번 반성해보십시오. 내 모든 고민, 내 모든 번민, 모든 문제의 근본은 교만 때문입니다. 여러분, 조금만 더 겸손해보십시오. 그 겸손한 믿음 위에 주께서 은총을 더하십니다. "네 믿음이 크도다. 네 소원대로 되리라." △

# 선으로 악을 이기라

너희를 박해하는 자를 축복하라 축복하고 저주하지 말라 즐거워하는 자들과 함께 즐거워하고 우는 자들과 함께 울라 서로 마음을 같이하며 높은 데 마음을 두지 말고 도리어 낮은 데 처하며 스스로 지혜 있는 체 하지 말라 아무에게도 악을 악으로 갚지 말고 모든 사람 앞에서 선한 일을 도모하라 할 수 있거든 너희로서는 모든 사람과 더불어 화목하라 내 사랑하는 자들아 너희가 친히 원수를 갚지 말고 하나님의 진노하심에 맡기라 기록되었으되 원수 갚는 것이 내게 있으니 내가 갚으리라고 주께서 말씀하시니라 네 원수가 주리거든 먹이고 목마르거든 마시게 하라 그리함으로 네가 숯불을 그 머리에 쌓아 놓으리라 악에게 지지 말고 선으로 악을 이기라

(로마서 12 : 14 - 21)

## 선으로 악을 이기라

미국의 제16대 대통령 아브라함 링컨이 대통령 되기 전 변호사 시절의 일입니다. 링컨에게는 자신을 무시하고 모욕하는 정적이 있었습니다. 에드윈 스탠턴이라고 하는 사람입니다. 그는 기회가 있을 때마다 아브라함 링컨을 얕잡아보고, 그 허술한 옷차림과 외모를 조롱하며 독설을 퍼부었습니다. 아브라함 링컨이 초등학교도 졸업하지 못한 것을 두고는 그를 무식한 사람이라며 공격했고, 링컨이 키가 유달리 큰 것을 두고는 꺽다리라고 놀렸습니다. 뿐만이 아니라, 아브라함 링컨의 아버지가 구두수선공인 것을 두고는 심지어 자신의 신발을 벗어들고 이렇게 모욕적인 말을 하였습니다. "이 신발은 저 링컨의 아버지가 수선한 것입니다. 저 링컨은 구두수선공의 아들입니다." 그 가운데 최고로 모욕적인 말은 이것이었습니다. "여러분, 고릴라를 만나려면 아프리카로 가지 마시고, 일리노이주의 스프링필드에 가십시오. 거기서 링컨이라고 하는 고릴라를 만나실 수 있습니다." 그는 공적으로 이렇게까지 심한 말로 아브라함 링컨을 비난했습니다. 나중에 세월이 흘러서 아브라함 링컨은 대통령이 됩니다. 그때도 이 스탠턴은 여전히 링컨을 비난했습니다. 그는 아브라함 링컨이 대통령이 되었다는 것은 국가적인 재난이라고까지 말했습니다. 그런데도 링컨은 대통령이 된 다음 내각을 조직할 때 이 스탠턴을 국방장관에 임명했습니다. 이것을 두고 사람들이 저마다 한마디씩 했습니다. 그때 아브라함 링컨이 대답한 말입니다. "그 사람은 나를 수백 번 무시하고, 어렵게 했습니다. 하지만 그것이 무슨 상관입니까? 그 사람은 사명감이 투철한 사람입니다." 이렇게 자기를 괴롭히는 사람을 칭찬했습니다. 그러면서 말합니다. "원수를 죽여서 없애는 것이 원수를 이기는 것이 아니고, 사랑으로 녹여서 친구로 만드는 것이 원수를 이기는 길입니다." 뒤에 아브라함 링컨이 세상을 떠나 장례식을 할 때 바로 이 스탠턴 국방장관이 조사(弔辭)를 했습니다. 그는 "여기에 세상에서 가장 위대한 지도자가 누워 있습니다"라고 말하며 울었습니다.

여러분, 원수를 이긴다는 말이 무슨 뜻입니까? 이보다 더 확실한 웅변은 없다고 생각합니다. 오늘본문은 말씀합니다. "악에게 지지 말고 선으로 악을 이기라(21절)." 우리는 지금 악한 세대에 삽니다. 악한 사람의 도전을 받으며 삽니다. 악한 사람의 비난을 받으며 삽니다. 악에게 지지 말고— 먼저, 소극적으로 지지 않는다는 말의 뜻이 무엇입니까? 악한 사람이 나를 괴롭힐 때 낙심하지 않는다는 뜻입니다. 아무리 괴롭혀도 나는 내 길을 갈 뿐입니다. 낙심할 필요가 없습니다. 낙심하면 진 것입니다. 또한, 절망하면 진 것입니다. 믿음을 잃어버리면 완전히 패한 것입니다. 하나님의 섭리, 하나님의 능력, 하나님의 지혜, 하나님의 사랑에 대한 나의 믿음을 조금도 흔들림이 없이 지켜갈 수 있을 때 이것을 승리라고 하는 것입니다. 그뿐 아니라, 악한 사람이 나를 괴롭힐 때 잠깐이라도 그를 미워하면 안 됩니다. 미워하면 진 것입니다. 이걸 잊지 말아야 합니다.

제가 인천에서 목회할 때 심방을 많이 했습니다. 하루는 심방을 하러 어떤 성도님 집에 들어가려고 하는데, 바로 문 앞에서 아이들이 싸우고 있는 것이었습니다. 자세히 보니, 그 싸우는 아이들 가운데 하나가 제가 심방 들어가는 집의 아들이었습니다. 그래 제가 뜯

어말렸습니다. 그런 뒤에 그 아들을 데리고 방에 들어가서 예배드리자고 했더니, 이 녀석이 얼마나 발버둥을 치고 소리를 지르는지, "한 대 맞았으면 한 대 때려야 되잖아요? 내가 왜 저놈한테 맞냐고요?" 하면서 왜 목사님이 자기를 붙들어 못 때리게 했느냐고 엉엉 울며 소리를 지릅니다. 그러니 도대체 예배를 드릴 수가 없었습니다. 그 때 하나님께서 제게 지혜를 주셨습니다. 그래서 이랬습니다. "너, 그 아이를 이기고 싶으냐?" "예!" "이길 자신 있느냐?" "당연하지요." "그런데, 이놈아! 울면 진 거야. 때리고 맞고의 문제가 아니야. 웃는 자가 이기는 것이고, 울면 진 거다." 그랬더니 그 아이가 울음을 뚝 그쳤습니다. 그렇게 아이를 진정시킨 다음 예배를 아주 잘 드린 경험이 있습니다. 여러분, 낙심하면 진 것입니다. 울면 진 것입니다. 쓸데없이 궁상맞게 울지 마십시오. 그리고 눈물이 무슨 의미가 있는 것입니까. 또한, 낙심하고 미워하면 진 것입니다. 그런가 하면, 어느 사이에 내가 악화되고 있습니다. 내가 악을 악으로 갚으려고 하면서 내가 악해지는 것입니다. 그러면 내가 진 것입니다. 이걸 잊지 말아야 합니다.

오늘본문은 말씀합니다. "악에게 지지 말고 선으로 악을 이기라." 악을 적극적으로 이기라— 이긴다는 말이 무엇입니까? 하나님께 맡기라는 것입니다. 오늘본문은 자세하게 말씀합니다. "원수 갚는 것, 하나님께 맡기라. 억울하더라도 다 하나님께 맡기라." 깨끗하게 하나님께 맡기고, 내가 자유해야 합니다. 원수를 사랑하기까지는 절대로 나는 자유인이 아닙니다. 어느 순간이라도 미워하고 있으면 나는 자유인이 아닙니다. 원수를 사랑하기까지는 내가 하나님의 자녀가 아닙니다. 이걸 잊지 말아야 합니다. 또한, 끝까지 화평을 도모

해야 합니다. 쉬운 말로 하면, 끝까지 웃어야 합니다. 웃는 자가 이긴 것입니다. 우는 자는 진 것입니다. 끝까지 화평한 마음을 가지고 화평한 마음의 페이스를 잊어버리지 않아야 합니다. 평안하게, 여유만만하게, 마치 스데반처럼, 돌에 맞아 죽는 순간에도 그의 마음이 천사가 되니까 그의 얼굴도 천사의 얼굴이 되었습니다.

그런가 하면, 어차피 여기까지 왔으니까 불쌍히 여겨야 합니다. 내가 당장 저와 화친할 수 없습니다. 그 사람을 당장 변화시킬 수는 없는 것입니다. 내가 할 일은 딱 하나, 불쌍히 여기는 것입니다. 어떤 처지에서도 나를 괴롭히는 자를 불쌍히 여기는 것입니다. 오늘 본문은 구체적으로 말씀합니다. 원수를 사랑하라— 어떻게 사랑합니까? "저주하지 말라. 미워하지 말고, 저주하지 마라. 그리고 배고프면 먹이고, 목마르거든 마시우라." 구체적인 말씀입니다. 대접하라— 죽어가는 사람을 내버려두면 죽습니다. 그렇게 하면 원수 갚는 것입니까? 아닙니다. "죽어가는 원수를 살려내라. 그것이 원수를 갚는 것이다. 원수를 사랑하고 먹이라. 끝까지 선하게, 끝까지 믿음으로, 끝까지 소망으로, 끝까지 사랑으로 하라!" 특별히 오늘성경말씀은 아무 때 읽어보아도 충격적입니다. "원수를 축복하라. 미워하지 말고, 원수를 위해 기도하고, 원수를 축복하라." 여러분, 이 말씀에는 걸립니다. 내가 아무리 잘한다고 하더라도 그저 미워하지 않는 정도까지는 갈 수 있지만, 축복까지는 못 갑니다. 하나님께 원수를 위해 복을 달라고까지는 빌지 못 하는 경우가 많은 것입니다. 이것이 문제입니다.

예수님께서 십자가에 돌아가실 때 하신 말씀입니다. "하나님이여, 저들의 죄를 사하소서. 저들은 자신이 하는 것을 모르기 때문입니다." 이 얼마나 위대한 기도입니까. 이 한마디가 예수님의 승리입니다. 승전가입니다. 영화 〈벤허〉의 마지막 장면을 떠올려보십시오. 벤허가 예수님께서 십자가에 돌아가실 때 그 옆에 있었습니다. 그래 예수님께서 "하나님이여, 저들의 죄를 사하소서!"라고 기도하시는 소리를 들으면서 벤허는 그 소리가 자기 가슴 깊숙이 확 들어오는 것을 느꼈고, 그 순간 자기 손에서 검이 떠났다고 고백합니다. 한평생 많은 어려움을 당하면서도 검을 손에 쥐지 않고 끝까지 선으로 악을 이긴다는 것이 〈벤허〉의 주제입니다.

여러분, 깊이 생각해야 합니다. 예수님께서 십자가를 지시기 전날 밤입니다. 앞으로 예수님께서 지실 십자가가 있습니다. 십자가의 고난이 있습니다. 더 괴로운 것은 가룟 유다의 배반이었습니다. 제자들이 이제 다 천지사방으로 도망갈 것입니다. 그것을 예수님께서는 다 알고 계십니다. 그러면서 성만찬 예식을 하시는 가운데 마지막으로 하시는 말씀입니다. "너희가 환난을 당할 것이다. 그러나 담대하라. 내가 세상을 이기었노라." 세상을 이긴다는 말이 무슨 뜻입니까? 예수님께서 십자가를 지시기 전에 "세상을 이기었노라!"라고 말씀하십니다. 왜입니까? 하나님께서 나와 함께하시기 때문입니다. 그리고 이것은 의로운 길이자 저들을 구원하는 길이니까, 그리고 하나님의 거룩하신 뜻이니까 아버지께서 주신 잔을 내가 마시지 않겠느냐, 하고 말씀하시면서, 하나님의 사랑을 느끼면서, 그 큰 은혜에 마음으로 감격하여 하시는 말씀입니다. "내가 세상을 이기었노라." 신비로운 말씀입니다. 이 말씀 속에 들어 있는 무궁무진한 진리를 우리가 깨닫고 터득해야 합니다.

폴 틸리히는 현대인의 고민으로 세 가지가 있다고 말합니다. 하나는 공허함입니다. 우리는 무엇을 하는 것 같아도 진리를 떠났기 때문에 공허합니다. 무엇을 얻었다고 얻은 것이 아닙니다. 되었다고 되는 것이 아닙니다. 공허함, 이것은 실패입니다. 둘째는 죄책감입니다. 아무리 생각해도 잘못한 일이 너무나 많습니다. 생각하면 할수록 죄지은 생각만 납니다. 이걸 이겨야 합니다. 마지막으로는 공포감에 사로잡혀 있습니다. 앞에 있는 죽음, 죽음 앞에 있는 심판, 그 하나님의 나라를 바라보면서 모두가 두려움에 떨고 있습니다. 이제 이에 대하여 우리 주님께서는 십자가를 앞에 두시고 "내가 세상을 이겼노라!"라고 말씀하십니다.

독일의 유명한 신학자인 본회퍼는 히틀러가 얼마나 많은 악행을 저지르는지를 잘 알고 있었습니다. 히틀러는 유대인이라는 이유 하나만으로 6백만 명이나 되는 사람들을 죽였습니다. 이런 사건 앞에서 많은 기독교인들은 흔들렸습니다. '어찌 이런 일이 있을 수가 있는가? 하나님께서 살아 계시는데, 왜 이런 일이 있는가?' 젊은 신학자 본회퍼는 이에 대하여 그 유명한 버스 이야기를 했습니다. '어떤 버스에 사람들이 가득 타고 있는데, 그 버스의 운전사가 술에 취해서 음주운전을 하여 그 버스에 탄 승객들을 위험에 빠뜨리고 있다다면, 그때 우리는 어떻게 해야 하겠는가? 그냥 차에 있는 사람들끼리 손을 모으고 하나님 앞에 기도만 하면 되겠는가? 도리어 저 술취한 운전사를 끌어내야 하지 않겠는가. 이것이 우리가 할 일이 아니겠는가." 바로 여기에서 혁명신학이 나옵니다. 이 말을 한 본회퍼는 히틀러를 죽일 암살단을 만들었습니다. 그러다가 그것이 발각되어서 본회퍼는 체포되었고, 결국은 죽음을 맞습니다. 그는 감옥에 있을 때 많은 글도 썼고, 기도도 했습니다. 그가 순교하기 전날 하나님 앞에 간절히 기도하고 있는데, 환상 가운데 하늘나라에 올라가게 되었습니다. 그가 하늘나라에서 보니까 히틀러가 하나님의 심판대 앞에 서 있는 것이었습니다. 하나님께서 히틀러를 엄히 책망하시는데, 그가 거기서 하는 말이 "하나님, 저는 천당과 지옥이 있다는 말을 들어본 일도 없습니다. 제가 지금 와 있는 이런 곳이 있는 줄 알았더라면 제가 왜 그런 죄를 지었겠습니까. 저는 천당과 지옥이 있다는 설교를 한 번도 들어본 일이 없습니다"라는 것이었습니다. 이 말을 듣고 본회퍼는 깨어났습니다. 그리고 그는 무릎을 꿇고 하나님 앞에 기도했습니다. "하나님, 저는 히틀러를 죽이려고만 했지, 히틀러를 위해서 기도해본 일은 한 번도 없습니다. 그를 위해 기도하지 못한 죄를 자복합니다." 본회퍼는 그 다음날 순교했습니다. 여러분, 잊지 말아야 합니다. 우리가 어려움을 많이 겪습니다마는, 내 원수를 위하여, 나를 괴롭히는 자를 위하여 기도해야 할 것입니다.

"악에게 지지 말고 선으로 악을 이기라." 이것이 그리스도인입니다. 순간순간 우리는 이것을 경험하고 삽니다. 마음 깊이 새기십시오. 악에게 지지 말고, 선으로 악을 이기라— 하나님께서 그를 기뻐하실 것입니다. 하나님께서 승리하게 하실 것입니다. 하나님께서 면류관으로 그를 위로해주실 것입니다. △

## 곽선희목사 설교집·강해집·기타

〈설교집〉

08권 물가에 심기운 나무
09권 최종승리의 비결
10권 종말론적 윤리
11권 참회의 은총
12권 궁극적 관심
13권 한 나그네의 윤리
14권 모세의 고민
15권 두 예배자의 관심
16권 이 산지를 내게
17권 자유의 종
18권 하나님의 얼굴
19권 환상에 끌려간 사람
20권 복받은 사람의 여정
21권 좁은문의 신비
22권 내게 말씀을 주소서
23권 약속의 땅을 바라보며
24권 결단이 있는 자의 행로
25권 이 세대에 부한 자
26권 행복한 사람의 정체의식
27권 미련한 자의 지혜
28권 홀로 남은 자의 고민
29권 자기결단의 허실
30권 자기십자가의 의미
31권 자기승리의 비결
32권 자유인의 행로
33권 너는 저를 사랑하라
34권 주도적 신앙의 본질
35권 행복을 잃어버린 부자
36권 지식을 버린 자의 미로
37권 신앙인의 신앙
38권 예수께 잡힌바된 사람
39권 군중 속에 버려진 자
40권 한 수난자가 부르는 찬송
41권 복낙원 인간상
42권 내가 아는 이 사람
43권 한 수난자의 기쁨
44권 스스로 종이 된 자유인
45권 내게 주신 경륜

46권 자유인의 간증
47권 한 신앙인의 신앙간증
48권 그리스도의 침묵
49권 한 알의 밀의 신비
50권 자기 승리의 비결
51권 선으로 악을 이기라
52권 한 아버지의 눈물
53권 진리를 구하는 한 사람
54권 한 고독한 선지자의 기도
55권 자유함의 은총
56권 한 지성인의 고민
57권 그리스도인의 정체의식
58권 그 아버지의 소원
59권 신앙적 경건 수업
60권 한 순례자가 들은 복음
61권 부활신앙의 부활
62권 자유케 하는 복음
63권 내 인생의 현주소
64권 한 알의 밀의 신비
65권 은혜로 은혜 되게 하는 은혜
66권 네 자신을 확증하라
67권 일체의 비결을 배운 사람
68권 두려워 말고 믿기만 하라

〈강해집〉

(빌립보서 강해) 희락의 복음

(갈라디아서 강해) 은혜의 복음

(고린도전서 사랑장 강해) 진정한 사랑의 의미

(예수님의 이적 강해) 이적으로 계시된 말씀

(사도신경 강해) 사도들의 신앙고백

(야고보서 강해) 참믿음 참경건

(예수님의 잠언 강해) 예수의 잠언

(사도행전 강해)(상) 교회의 권세

(사도행전 강해)(하) 교회의 권세

(로마서 강해) 믿음에서 믿음으로

(고린도전서 강해) 복음의 능력

(고린도후서 강해) 생명에로의 길

(예수님의 비유강해)(상) 하나님의 나라/(중) 이 세대를 보라/(하) 생명에로의 초대

(에베소서 강해) 내게 주신 은혜의 선물

(골로새서 강해) 위엣것을 찾으라

(데살로니가서 강해) 사도의 정체의식

(디모데서 강해) 네 직무를 다하라

〈기타〉

행복한 가정/참회의 기도/영성신학/종말론의 신학적 이해/생명의 길